W0267230

Der neue

BILDATLAS DER HOCHKULTUREN

Der neue
BILDATLAS DER HOCHKULTUREN

PAUL G. BAHN (HG.)

Chronik
VERLAG

Projektleitung Susan Kennedy
Leiter der Kartographie Richard Watts
Künstlerischer Leiter Frankie Wood
Redaktion Susann Kennedy, Peter Lewis
Kartographie Tim Williams
Layout (Leitung) Martin Anderson
Layout (verantwortlich) Ayala Kingsley
Bildredaktion (Leitung) Claire Turner
Bildredaktion (verantwortlich) Deborah Pownall, David Pratt
Register Ann Barrett

© 2003 Andromeda Oxford Limited
Devised and produced by Andromeda Oxford Ltd.
Kimber House, 1 Kimber Road, Abindgon, Oxfordshire OX14 1BZ, England

© 2003 für die deutschsprachige Erstausgabe
Chronik Verlag im Wissen Media Verlag GmbH, Gütersloh/München

Projektmanagement und Redaktion der deutschen Ausgabe Katja Rauschenberg
Übersetzung aus dem Englischen Dr. Marion Pausch
Layout der deutschen Ausgabe Parfactory, Denise Parfitt, Dortmund
Kartenredaktion der deutschen Ausgabe Dr. Matthias Herkt
Kartenbearbeitung der deutschen Ausgabe Gecko Lingua, Nane Samira Goth, Freiburg
Umschlaggestaltung INIT, Büro für Gestaltung, Bielefeld
Druck Hongkong Graphics and Printing, Hongkong

Dieses Werk einschließlich aller seiner Teile ist urheberrechtlich geschützt. Jede Verwertung außerhalb der engen Grenzen des Urheberrechtsgesetzes ist unzulässig und strafbar. Das gilt insbesondere für Vervielfältigungen, Übersetzungen, Mikroverfilmungen und die Einspeicherung und Verarbeitung in elektronischen Systemen.

ISBN 3-577-14622-2

Abbildungen auf dem Schutzumschlag:

Vorderseite v.l.n.r.: *Pyramiden von Gizeh* (aisa, Barcelona), *Kolossalkopf von Nemrut Dagi* (asia, Barcelona), *Ischtartor von Babylon* (Archiv für Kunst und Geschichte, Berlin); Hintergrund: *Hieroglyphen am Hathortempel von Dendera* (Document-Vortragsring e.V., München – Utzerath)

Rückseite v.l.n.r.: *Prozessionsstraße von Babylon* (aisa, Barcelona), *Statue von San Augustin* (Document-Vortragsring e.V., München – Matthäi-Latocha); Hintergrund: *Stein von Rosette* (Archiv für Kunst und Geschichte, Berlin)

Rücken: o.: *Olmekische Figur von La Venta* (Picture Press, Hamburg – Lehmann/Corbis), u.: *Ägyptische Hieroglyphen* (aisa, Barcelona)

INHALT

SCHMUTZTITEL Bronzeornament in Schlangenform. Späte Bronzezeit, Jütland, Dänemark.

HAUPTTITEL Terrakotta-Kamelkopf, Induskultur.

INHALTSVERZEICHNIS Schmuckstück aus Nong Nor, Thailand, Bronzezeit (oben links); Marmorfigurine von den Kykladen, Südägäis, um 2800 v. Chr. (unten rechts).

NEBENSTEHEND Elfenbeinplatte mit Figur und Lotusblüte; phönizische Arbeit aus dem 8. Jahrhundert v. Chr., Palast in Nimrud (rechts); Tonvotivobjekt in Form eines Wagens mit Schwänen, Bronzezeit, aus Serbien (unten rechts).

Vorwort

von Barry Cunliffe *Professor für europäische Archäologie, Universität Oxford*

In den letzten hundert Jahren haben unsere Kenntnisse der Vergangenheit sich auf spektakuläre Weise verändert. Überlegen Sie einmal, was Archäologen zu Beginn des 20. Jahrhunderts wussten und vor allem, was sie nicht wussten. In Europa lagen die großen Paläste Kretas noch unter der Erde, und die Minoische Kultur harrte ihrer Entdeckung. In Afrika bewunderte man zwar die majestätischen Ruinen von Groß-Zimbabwe, doch hielt man sie für ägyptische Bauwerke und leugnete somit die Existenz einer der bedeutendsten Kulturen südlich der Sahara. Trotz des reichen historischen Befundes machte man sich von den komplexen Ursprüngen der chinesischen Kultur nicht die geringsten Vorstellungen. Natürlich gab es schon allerhand Literatur über Griechen und Römer, auch begann man sich mit Azteken und Inkas zu befassen und begeisterte sich nach wie vor für Ägypten. Wissenschaft und Öffentlichkeit waren fasziniert von den wenigen archäologischen Funden, die sich als kleiner Vorgeschmack weitaus größerer und bahnbrechender Entdeckungen entpuppen sollten.

Vieles blieb vorerst noch unbekannt, nicht zuletzt, weil die Menschen erst einen Blick für die zeitliche Dimension ihrer eigenen Vergangenheit entwickeln mussten. Dass die Evolution des Menschen gut vier Mio. Jahre gedauert hatte, wäre damals wohl niemandem in den Sinn gekommen. Die meisten glaubten, dass die Geschichte nicht wesentlich vor der Entwicklung der großen europäischen Kulturen begonnen hatte. Dass wir all dies heute besser wissen, verdanken wir wesentlich der Archäologie. Ehemals weiße Flecken auf der Landkarte füllen sich mit Material und Informationen, und noch vor kurzem unbekannte Gemeinschaften schreiben Geschichte.

Die Entwicklung neuer Datierungsmethoden in den 1950er Jahren war vielleicht der wichtigste Meilenstein auf dem Weg zur Erforschung der Vorgeschichte. Zwar stießen diese Techniken zunächst auf Ablehnung, doch setzten sie sich bald durch, denn zum ersten Mal konnte man nicht miteinander verbundene Stätten und Schichten in aller Welt absolut datieren. Nach wie vor erleben Wissenschaftler hierbei Überraschungen. Südamerika und Australien wurden anscheinend deutlich früher besiedelt, als bislang angenommen, und noch weiß man nicht, welche Entdeckungen gerade in diesen Gebieten noch auf uns warten.

In jenen Teilen der Erde, für die eine überprüfbare und relativ gesicherte Chronologie vorliegt, können wir die Beziehungen zwischen verschiedenen Völkern und Gruppen untersuchen. Als die ersten Gemeinschaften sesshaft wurden und komplexere soziale Strukturen ausbildeten, wollten die Angehörigen der neuen Oberschichten ihre Macht mit Hilfe von Statussymbolen zur Schau stellen. Bald schon entstanden Handelswege, über die seltene Luxusgüter zum Tausch in ferne Gegenden gelangten. Die Gemeinschaften, die damals über weite Gebiete verstreut lebten, knüpften Kontakte und gaben Ideen und Wissen weiter. Betrachtet man z. B. die Karte auf Seite 71, die Westasien im 3. und 2. Jahrtausend v. Chr. zeigt, so lässt sich die Komplexität der Handelsrouten, die den östlichen Mittelmeerraum mit dem Industal verbanden, leicht nachvollziehen. Und auf Seite 75 kann man sehen, in welch enger Beziehung die europäischen Gruppen, die zwischen dem Schwarzen Meer und Irland lebten, zueinander standen.

In komplexen Systemen wie diesem erwiesen sich einige Regionen als besonders innovativ. Sie entwickelten sich zu Kerngebieten mit einer weiträumigen Peripherie, die die Nachfrage des rasch wachsenden Zentrums befriedigte. Beziehungen dieser Art stellten aber keineswegs Einbahnstraßen dar. Vielmehr stiegen Siedlungen in der Peripherie häufig ebenfalls zu bedeutenden Stätten auf. Dank des oftmals reichen archäologischen Befundes lassen sich diese faszinierenden Strukturen heute nachzeichnen und untersuchen.

Bislang ungeklärt ist, bis zu welchem Grad größere Gruppen sich von einem Ort zu einem anderen bewegten. Von Völkerwanderungen kann man aus heutiger Sicht nicht mehr sprechen, doch in einem geringeren Maßstab müssen diese Migrationen stattgefunden haben. Bis vor kurzem existierte keine objektive wissenschaftliche Methode, um derartige Hypothesen zu überprüfen. Heute eröffnen DNA-Untersuchungen jedoch völlig neue Perspektiven.

Die Archäologie als Wissenschaft ist stetig im Fluss. Der vorliegende Bildatlas fasst die Bemühungen und Ergebnisse von gut hundert Jahren Archäologie anschaulich zusammen und gibt einen fundierten und ausgewogenen Überblick über den derzeitigen Kenntnisstand, nicht ohne Lust auf weitere Entdeckungen zu machen ◆

Einleitung

von Paul G. Bahn

Stets haben Menschen gewusst, dass andere lange vor ihnen existierten – tatsächlich scheint das, was der Brite William Camden im 16. Jahrhundert als „rückwärts gerichtete Neugier" bezeichnete, zu den grundlegenden Eigenschaften zu gehören, die den Menschen vom Tier unterscheiden. Bevor jedoch die Archäologie entstand, erfuhren die Menschen von ihrer Vergangenheit nur aus Schriften, mündlichen Überlieferungen, durch Riten und Legenden. Im 17. und 18. Jahrhundert begann man sich vor allem in Europa, erstmals ernsthaft mit der Geschichte zu befassen. Vor allem Kleriker, Juristen und Ärzte betätigten sich als Altertumskundler, untersuchten Monumente wie Hügelgräber und Menhire und stellten fest, dass Spuren in der Landschaft und Überreste im Boden eine Fülle von Informationen enthielten. Zur gleichen Zeit entfachte die Entdeckung von griechischen und römischen Skulpturen eine nie da gewesene Begeisterung für die klassische Welt, genau wie Napoleons Ägyptenfeldzug das Auge der Öffentlichkeit auf die Bauwerke am Nil lenkte und die Bibel vielen Menschen den Blick für Stätten und Kulturen im Nahen Osten öffnete. Amateurarchäologen fingen in Großbritannien, Frankreich und Skandinavien an, alte Hügelgräber freizulegen. Aus dieser Schatzsuche entwickelte sich eine fundierte Wissenschaft – die Archäologie.

Erste Schritte

Als sich Anfang des 19. Jahrhunderts die Stratigraphie als gängige Untersuchungsmethode durchsetzte, begann man auch die geologische Geschichte der Erde besser zu verstehen. Man entdeckte menschliche Fossilien in tiefen Schichten und erkannte, dass der Mensch viel älter war, als bislang angenommen. Damit setzte jedoch eine Debatte um die Vereinbarkeit von biblischer Schöpfungsgeschichte und der Entwicklung des Menschen ein, die sich häufig als hinderlich für die Wissenschaft erwies. Zu einer entscheidenden Wende kam es Mitte des 19. Jahrhunderts, als Jacques Boucher de Perthes (1788–1868) in St.-Acheul bei Amiens Steinwerkzeuge in einer Kiesschicht entdeckte, in der sich auch Knochen ausgestorbener Mammuts und Wollnashörner befanden. Nur wenige Jahre später schuf Charles Darwin (1809–82) mit seinem bahnbrechenden Werk *Über die Entstehung der Arten* die Grundlage für die wissenschaftliche Betrachtung der Evolution. Bald schon war die Erforschung der Vergangenheit nicht mehr Zeitvertreib von Amateuren, sondern entwickelte sich zu einer Disziplin mit klar definierten Techniken und Begriffen. In der zweiten Hälfte des Jahrhunderts gründete man überall in Europa Museen, und viele „große Nationen" richteten archäologische Schulen in fremden Ländern ein, die dort Grabungen vornahmen.

Man erkannte, dass archäologische Funde ihre Bedeutung nur entfalteten, wenn man sie in ihrem Kontext betrachtete. Dadurch veränderten sich die Standards bei Grabungen, man schenkte Bodenschichten, in denen Knochen oder Objekte lagerten, mehr Beachtung und versuchte mit ihrer Hilfe einen chronologischen Rahmen zu erarbeiten. Außerdem wurden Artefakte zu Typen zusammengefasst, die ihrerseits eine relative Datierung ermöglichten.

Wege zu einer globalen Archäologie

Im Laufe des 20. Jahrhunderts trugen Grabungen in aller Welt zur Vervollständigung eines riesigen Puzzles bei, das ein neues Bild von der Vergangenheit des Menschen zeigte. Überall entdeckten Archäologen Gräber, Schätze, Städte, ja ganze Kulturen. Von weitaus größerer Bedeutung waren jedoch Fortschritte auf anderen Gebieten. Luftaufnahmen – zuerst von Fesselballons, dann von Flugzeugen aus fotografiert – verbanden zwei revolutionäre Techniken, Luftfahrt und Fotografie, die damals zwar noch in den Kinderschuhen steckten, sich aber hervorragend eigneten, um archäologische Stätten in ihrer Gesamtheit aus einer völlig neuen Perspektive zu erfassen. Gräben und andere Bodenveränderungen, die man von der Erde aus kaum erkennen konnte, waren nun durch Farb- oder Schattenspiele sichtbar. Aus der Luft konnte man Stätten wie Stonehenge oder die in Peru entdeckten Nazca-Scharrbilder aus einem ganz neuen Blickwinkel betrachten und kartographieren.

Mitte des 20. Jahrhunderts begann man, die Umwelt stärker in die Erforschung archäologischer Stätten einzubeziehen. Eine wichtige Rolle spielte dabei die Pollenanalyse. Spezialisten untersuchten zum Beispiel die Verteilung von Pollen in Sedimenten von Seen und Mooren und schlossen daraus auf die Vegetation früherer Zeiten und auf natürliche oder von Menschen vorgenommene Veränderungen. Gerade die Anfänge der Landwirtschaft erschienen dadurch in einem völlig neuen Licht. Umweltuntersuchungen umfassten bald detaillierte Analysen der Überreste von Pflanzen und Tieren und rundeten das Bild der Vergangenheit ab, das bis zu diesem Zeitpunkt vor allem auf Artefakten, Typologien und Sequenzen beruht hatte.

Die Dendrochronologie brachte die Wissenschaft abermals ein gutes Stück voran. Sie beruht auf dem einfachen Prinzip, dass ein Baum jedes Jahr einen neuen Wachstumsring ausbildet, dessen Größe und Zusammensetzung auf klimatischen Gegebenheiten

RECHTS Farbtafel aus Johann Georg Ramsauers Pionierarbeit über seine Grabungen in der früheisenzeitlichen Nekropole in Hallstatt, Österreich, in den 1850er Jahren. Jedes Grab (insgesamt über tausend) wurde genau abgezeichnet und beschrieben.

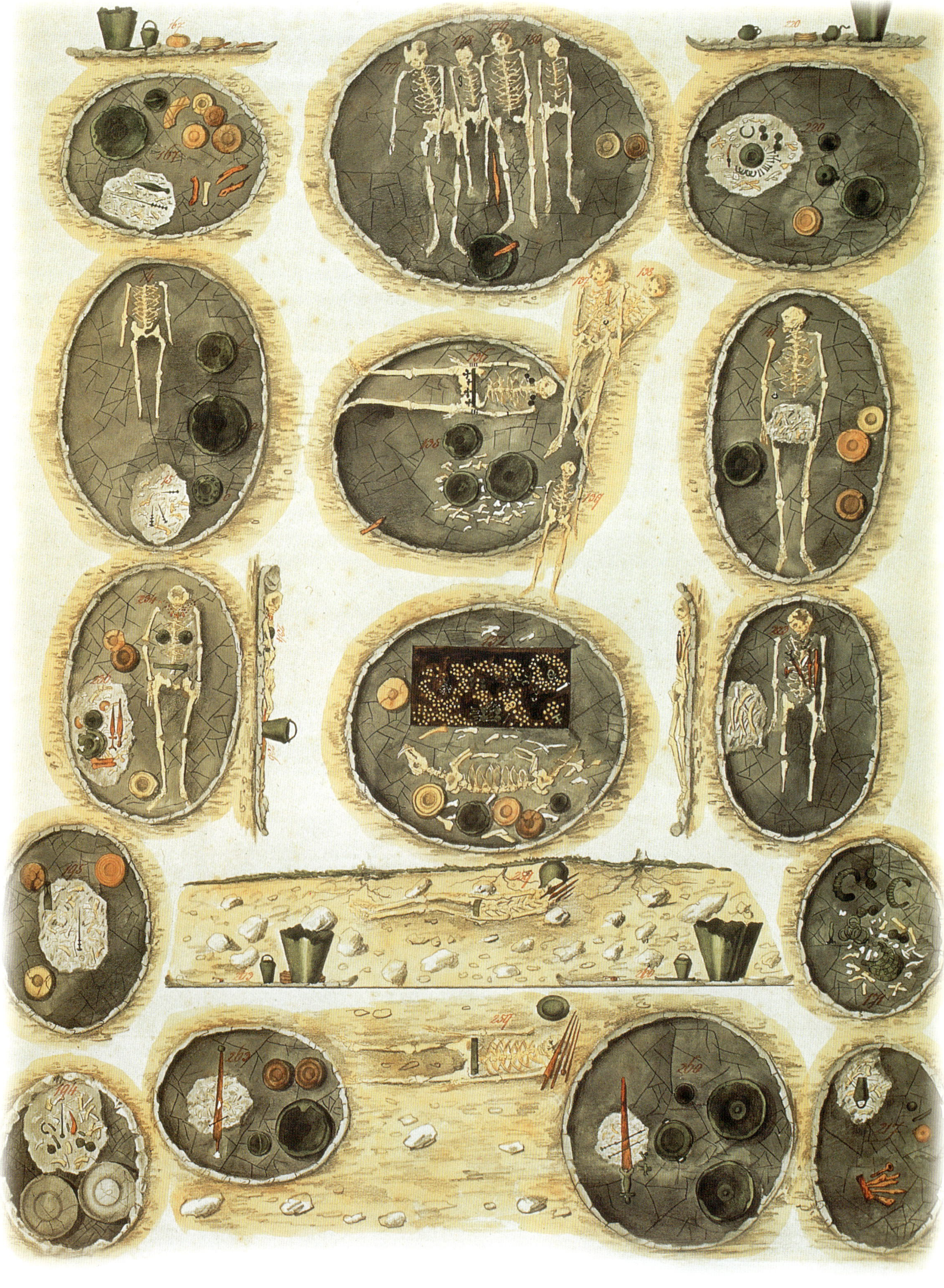

OBEN Ein winziger Knochensplitter wird mit Sauerstoff behandelt. Wenn der im Knochen enthaltene Kohlenstoff zu Kohlendioxid reagiert ist, lässt sich über Verhältnis zwischen dem radioaktiven C-14-Isotop und dem C-12-Isotop das Alter der Probe bestimmen.

OBEN Heute kann man dank neuer innovativer Labortechniken wesentlich größere Mengen organischen Materials lagern als früher. Hier wird ein Stück feuchtes Holz von einer archäologischen Grabung gefriergetrocknet, um einen möglichen Verfall aufzuhalten.

RECHTS Ein deutscher Archäologe untersucht und reinigt mit Hilfe eines Mikroskops ein Gefäß aus einem eisenzeitlichen Grab in Glauberg bei Frankfurt am Main. Große Teile der archäologischen Arbeit werden heute fernab von der Fundstätte geleistet.

beruht. Da das Klima sich Jahr für Jahr leicht ändert, besitzt jeder Baum Ringe in unterschiedlichen Größen. Durch einander überlappende Jahresringmuster kann man eine Modellreihe erstellen, die weit in die Vergangenheit zurückreicht. Dann kann man die Ringe von Fundstücken aus Holz mit dieser Mastersequenz vergleichen. Die längste Sequenz, die auf der Grannenkiefer im Westen Amerikas basiert, umfasst 9000 Jahre. Die Dendrochronologie als Datierungsmethode eignet sich nur für Gebiete, in denen die Menschen häufig Holz verwendeten und/ oder in denen Holz aufgrund besonderer Klimabedingungen gut erhalten blieb. Dies gilt vor allem für den Südwesten Amerikas und für Skandinavien.

Die Entwicklung der Radiokarbonmethode, die Williard Frank Libby (1908–80) 1947 vorstellte, veränderte die Archäologie in der Zeit nach dem Zweiten Weltkrieg stark. Diese absolute Datierungsmethode macht sich die vergleichsweise geringe Halbwertszeit von etwa 5730 Jahren des radioaktiven Kohlenstoffisotops C 14 zunutze. Dieses ist in allen organischen Stoffen (z. B. Holz- und Pflanzenreste, Knochen, Torf und Muscheln) enthalten und ermöglicht die präzise Datierung von 50 000 bis 75 000 Jahre alten Stoffen. Traditionalistische Schulen insbesondere in Mittel- und Osteuropa lehnten dieses Verfahren zur Altersbestimmung zunächst ab, doch nachdem man anfängliche Ungenauigkeiten und Fehlerquellen ausgeschaltet hatte, setzte sich die C-14-Methode als eines der grundlegenden Verfahren in der modernen Archäologie durch.

In den 1960er Jahren hatte sich die Archäologie zu einer starken, interessanten und weltumspannenden Disziplin entwickelt. Die Fülle des zu analysierenden Materials wuchs, neue Techniken standen zur Verfügung. Bis zu diesem Zeitpunkt hatten in erster Linie europäische und amerikanische Archäologen Grabungen auf allen Kontinenten durchgeführt, denn nur ihre Regierungen und Institutionen verfügten über die Mittel, um Kampagnen zu finanzieren und über wissenschaftlich geschultes Personal. Nach und nach bildeten aber auch andere Länder Experten aus. Heute unterhalten die westlichen Nationen zwar immer noch „Schulen" im Ausland und führen weltweit Projekte durch, doch werden die meisten von ihnen heute in Zusammenarbeit mit Behörden und Fachleuten der jeweiligen Länder umgesetzt.

Veränderungen

Inzwischen lassen sich die unterschiedlichsten Materialien aus ganz verschiedenen Zeiten mit Hilfe einer großen Bandbreite von Techniken datieren. Satellitenbilder und geophysische Oberflächenanalysemethoden helfen bei der Lokalisierung und Kartographie von Stätten. Dank der Unterwasserarchäologie kann man inzwischen auch Schätze aus Meeren und Flüssen bergen, und Computertechniken eignen sich hervorragend,

LINKS Archäologen haben einen Felsblock mit einem Gitternetz überzogen, um die genaue Position von Petroglyphen auf einem Stein im Petrified Forest National Park, Arizona, zu untersuchen. In der Vergangenheit wurden solche Bilder durch Abgüsse oder einfache Zeichnungen festgehalten. Heute macht man Fotos und vermeidet es weitestgehend, die Fundstücke zu berühren. Archäologen können durch sorgfältige Untersuchungen der jahrtausendealten Petroglyphen interessante Informationen über den Ort, über Maltechniken und Veränderungen von Umwelt und Stil gewinnen. Die Interpretation derartiger Zeichen und Symbole bleibt jedoch spekulativ.

um Daten zu verarbeiten und zu untersuchen. Elektronenmikroskope geben Einblick in Knochenstrukturen und -zusammensetzung, durch DNA-Untersuchungen kann man Rückschlüsse auf urzeitliche Tiere und Volksgruppen ziehen – die Liste ist endlos. Mittlerweile hat sich die Archäologie als Disziplin so stark ausdifferenziert, dass ungezählte Spezialisten auf allen denkbaren Gebieten an einem Bild der Vergangenheit arbeiten.

Die Grabungsbedingungen haben sich dadurch ebenfalls verändert. Während in den Anfängen selbst ernannte Altertumskundler mit Hacke, Spaten und manchmal sogar Dynamit Stätten freilegten, um möglichst viele Objekte für ihre Privatsammlungen nach Hause zu tragen, ist heute eher das andere Extrem gang und gäbe. Heute sind Grabungen äußerst zeitaufwändig und mühevoll, immer wieder hält man inne, um Erdreich abzubürsten oder den Boden zu sieben. Jeder Fund wird exakt dokumentiert. Da bei Grabungen sowohl Materialien als auch die Umwelt zerstört werden, müssen die Verantwortlichen heute genauestens Buch führen. Große Kampagnen haben sich zu multidisziplinären Unternehmen mit hohem Zeit- und Kostenfaktor entwickelt. Immer mehr Archäologen wenden sich daher weniger teuren Methoden zu oder arbeiten in Museen und Archiven.

Zu den grundlegenden Anliegen der Archäologie gehörte stets der Schutz und Erhalt von Objekten und Monumenten. Doch heute vermag man die Fülle vorhandener Materialien kaum noch zu überblicken. Früher bewahrten die Forscher lediglich die „besten" oder „bedeutendsten" Fundstücke auf und vernichteten viele Knochen oder Tonscherben. Heute will und muss man alles aufheben und katalogisieren, weshalb viele Museen aus allen Nähten platzen und keine Artefakte mehr akzeptieren. In ihren Kellern schlummern riesige Mengen ungesichteter Objekte, die Konservierung bereitet immer mehr Kopfzerbrechen. An einigen Orten haben Archäologen Funde bereits wieder eingegraben und überlassen es späteren Generationen, sie „neu" zu entdecken.

Viele archäologische Stätten sind vom Verfall bedroht. Der zunehmende Tourismus, aber auch Klima, Vandalismus und Kriege stellen weitere Gefahren dar. Am schlimmsten aber sind die Plünderer, die Jahr für Jahr größere Schäden anrichten, wenn sie für den blühenden Schwarzmarkt Kunstwerke, Knochen oder Mumien stehlen. Der illegale Handel mit Altertümern nimmt zu und lebt davon, dass Diebe in großem Maßstab die letztlich endlichen Stätten eines Kulturerbes berauben, das der gesamten Menschheit gehört. Bei den Plünderungen wird nicht nur der archäologische Kontext zerstört, sondern auch Material vernichtet, das für Archäologen von unschätzbarem Wert ist. Dies gilt im Übrigen nicht nur für „professionelle Diebe", die Kunstschätze aus etruskischen Gräbern oder Skulpturen von kambodschanischen Tempeln entwenden, sondern auch für Schatzsucher, die sich am Wochenende mit Metalldetektoren auf den Weg zu Fundstätten machen.

Gegenwart und Zukunft

Heute hat die Archäologie in gewissem Sinne „ihre Unschuld verloren". Zum Teil liegt das an den Archäologen selbst, die irgendwann erkannten, dass sie ihre Ansätze und Methoden überdenken mussten, zum Teil trugen hierfür auch kleine Gruppen innerhalb und außerhalb des Fachbereichs die Verantwortung, weil sie Hypothesen hinterfragten und eigene Positionen vertraten. Nach über einem Jahrhundert technischer und inhaltlicher Entwicklung war der Zeitpunkt gekommen, sich mit der Geschichte der Archäologie als Wissenschaft auseinander zu setzen und die eigene Vorgehensweise kritisch zu beleuchten. Ein Jahrhundert lang kümmerten sich Archäologen bei Grabungen nur selten um ethische Fragen, doch heute würde kein Wissenschaftler mehr eine Kampagne durch-

OBEN Plünderer haben dieses 500 Jahre alte Mumienbündel an einem Felsen in den Anden auf der Suche nach Schätzen beschädigt und das Grab zerstört.

führen, ohne zuvor die Behörden vor Ort, die in dem Gebiet lebenden Volksgruppen oder die traditionellen Eigentümer einer Stätte um Erlaubnis zu fragen und in die Arbeit einzubeziehen. Auch die Form der Darstellung von Forschungsergebnissen in Zeitungen, Büchern und Museen galt es zu verändern.

Nicht zuletzt durch die Medien ist die Archäologie aber auch ein Stück weit Opfer ihres eigenen Erfolges geworden. Mehr und mehr junge Menschen entscheiden sich für das Studienfach Archäologie, und mit ihnen steigt die Zahl der Absolventen und hoch spezialisierten Fachleute. Dies gilt aber leider nicht für die zur Verfügung stehenden Arbeitsplätze, zumal immer weniger Institutionen und Regierungen die Mittel aufbringen können, um große Grabungskampagnen zu finanzieren. Außerhalb der akademischen Disziplin, wie sie in den Universitäten gelehrt wird, ist die moderne Archäologie heute vor allem ein Geschäft, um nicht zu sagen ein Hightech-Unternehmen. In den USA zeichnet z. B. das *Cultural Resource Management* (CRM), eine überwiegend privat finanzierte Einrichtung, die für die Erfassung, Verwaltung und den Erhalt aller von Bautätigkeiten betroffenen archäologischen Stätten zuständig ist, für 90 % aller Arbeiten im archäologischen Sektor verantwortlich. In Europa und anderen Teilen der Welt sind ebenfalls immer mehr Archäologen mit dem Erhalt von Stätten, Untersuchungen zum Kulturerbe oder in Museen beschäftigt. Auch die Tourismusbranche und der Kampf gegen Vandalismus und Plünderungen gewinnen zunehmend an Bedeutung. Die Zahl der Grabungen zu Forschungszwecken wird weiter abnehmen, denn wir kennen schon mehr Stätten und verfügen über mehr Material, als alle Archäologen der Welt im Laufe vieler Jahrzehnte auswerten können. Vielleicht sollten die Forscher die meisten noch unberührten Stätten tatsächlich späteren Generationen überlassen, die sie mit besseren Techniken analysieren können.

Der Bildatlas

Archäologen, die Feldforschungen durchführen, erhalten neue Informationen in der Regel entweder durch Oberflächenuntersuchungen oder durch Grabungen. Im zuerst genannten Fall erhebt man den Bestand der Überreste vergangener Zeiten, die sich an der Erdoberfläche befinden – hierzu gehören auch die Analyse der Größe und Lage einer Stätte und Studien zu Siedlungsmustern oder der Vergleich mehrerer Stätten zu unterschiedlichen Zeiten. Grabungen umfassen den gesamten unter der Erde liegenden Bereich, wobei die Relikte der Vergangenheit mühsam freigelegt werden. Meist handelt es sich um eine Mischung aus vertikalen und horizontalen Grabungen – „vertikal", um Sequenzen und Schichten nacheinander zutage zu fördern, so, wie sie sich im Laufe der Zeit überlagert haben, und „horizontal", um eine bestimmte Schicht in einem größeren Gebiet zu untersuchen und festzustellen, was sich zu einer genauer eingegrenzten Zeit zugetragen hat. Der vorliegende Bildatlas kombiniert diese beiden Aspekte, um Informationen in beiden Richtungen zu verbinden. Einerseits geht es darum, die Geschichte des Menschen auf globaler und regionaler Ebene darzustellen und zu erklären, wie sich der Mensch und seine Umwelt entwickelt haben. Andererseits dient umfangreiches Kartenmaterial dazu, Schauplätze zu bestimmten Zeiten näher zu betrachten. Die Karten sollen auch einen Eindruck davon vermitteln, wie sich die Dinge im Laufe der Zeit veränderten, und Informationen vermitteln, die nur selten in dieser kompakten und vergleichenden Form zusammengefasst werden.

Natürlich ist es schwierig, viele Aspekte in eine einzige Karte aufzunehmen, ohne dass diese zu kompliziert und dadurch unbrauchbar wird. Es ging den Autorinnen und Autoren aber gerade darum, mehr als nur ein Set von Karten mit Grabungsorten zu erstellen, die wenig über die eigentlich interessanten Aspekte der Vergangenheit aussagen. Alle archäologischen Karten bieten ohnehin ein Bild von der Realität, das nur auf bereits interpretierten Informationen unterschiedlicher Qualität beruht, die verschiedene Forscher mit unterschiedlichen Interessen und Denkansätzen im Laufe eines Jahrhunderts zusammengetragen haben. Diese Karten zeigen vor allem, wo bereits am intensivsten geforscht wurde, und nicht, wo sich einst tatsächlich die meisten Stätten befanden. Bei der Wahl einer Stätte für eine solche Untersuchung spielen viele Faktoren eine Rolle. Unterschiedliche Forscher befassen sich mit jeweils anderen Fragen und finden in der Regel bestenfalls das, wonach sie suchen, lassen andere Aspekte aber häufig außer Acht.

Karten geben daher höchstens Aufschluss über das, was bereits gefunden wurde, und dies ist meistens nur ein kleiner Teil dessen, was die Zeiten überdauert hat und ein noch viel winzigerer Ausschnitt dessen, was einst existierte und die Realität ausmachte. Für die meisten Perioden der Vergangenheit sind unsere Datierungstechniken noch nicht so präzise, dass wir mit Gewissheit sagen können, ob auch nur zwei Stätten tatsächlich zeitgleich besiedelt waren. Entsprechend wissen wir auch nicht, wie viele Punkte auf unseren Karten tatsächlich zur gleichen Zeit existierten. Dies müssen wir stets im Hinterkopf behalten, wenn wir die Karten im Bildatlas betrachten. Sie beruhen auf den neuesten Daten und vermitteln einen Eindruck davon, wie Gemeinschaften und Gesellschaften sich entwickelt und wie sie im Laufe der Zeit miteinander in Kontakt getreten sind. Dennoch darf man das Kartenmaterial nicht als endgültig betrachten: in fünf oder zehn Jahren stehen wieder neue Informationen zur Verfügung, und in hundert Jahren wird unser Wissen sich vermutlich durch neue Entdeckungen und heute kaum vorstellbare Techniken abermals grundlegend gewandelt haben.

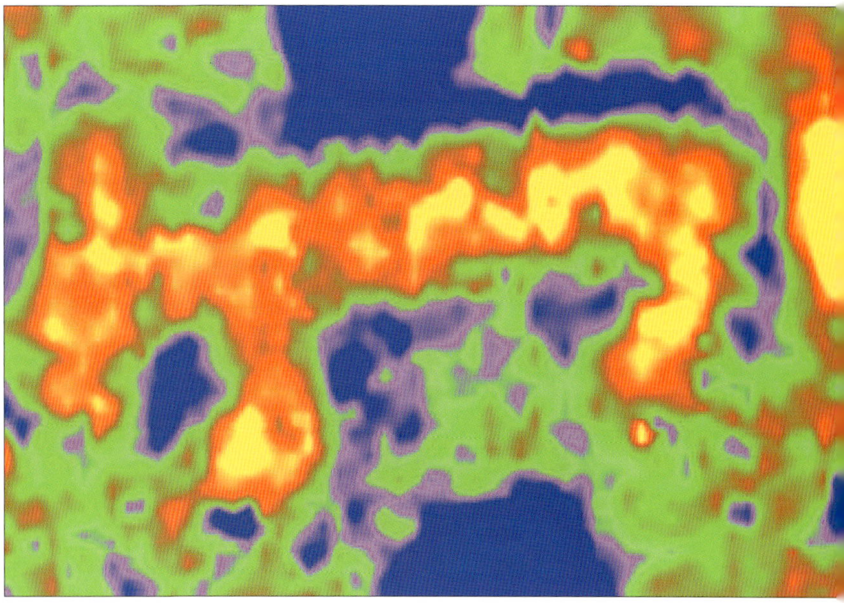

OBEN Mit magnetischen Daten erstellte Tiefenprofilkarte des Little Bear Mound in Iowa. Geophysische Oberflächenuntersuchungen, die den Boden mit Magnetometern untersuchen oder Radar einsetzen, spielen heute eine zunehmend wichtigere Rolle.

Der Bildatlas umfasst drei Teile. Der erste betrachtet die Ursprünge des Menschen von den frühesten Hominiden bis zum Ende der letzten Eiszeit. Der zweite stellt die wesentlichen Fortschritte und Errungenschaften der Menschheit in den darauf folgenden 10 000 Jahren dar. Das dritte Kapitel gliedert die Welt in fünf große Regionen und untersucht diese genauer. Das größte Problem bei der Zusammenstellung ergab sich aus dem Platzmangel. Die Autorinnen und Autoren mussten Entscheidungen treffen, was die Themen und den Umfang der betrachteten Zeitabschnitte betraf. Die Namen, die wir Kulturen und Perioden geben, sind ohnehin willkürlich, und da sie überdies unterschiedlich lange währten, macht es wenig Sinn, für alle Teile der Welt den gleichen zeitlichen Maßstab anzusetzen. Die Kapitel über die Alte Welt (Europa und Asien) enden etwa im 6. Jahrhundert, in Afrika, Amerika, Australien und im Südpazifik wird die Entwicklung dagegen bis zur Ankunft der Europäer vor 200 oder 300 Jahren verfolgt ◆

Anmerkungen zum Bildatlas

Fett gedruckte Angaben auf den Karten verweisen auf entsprechende Passagen im Begleittext.

Daten werden als Jahresangaben, evtl. ergänzt durch v. Chr. (vor dem Jahr 0), geschrieben. Bei Angaben vor 8000 v. Chr., wurde Mio. J.v.h. (Millionen Jahre vor heute) bzw. v.h. (vor heute) gewählt.

Teil Eins

DIE ERSTEN MENSCHEN

Bilder von Auerochsen, Pferden und Hirschen aus der „Halle der Stiere“, Lascaux, Frankreich.

Die ersten Hominiden

Hominiden nennt man Mitglieder einer Gruppe oder Familie aufrecht gehender Säuger mit verhältnismäßig großen Gehirnen; die Menschen sind die einzige heute lebende Art. Knochenfunde und genetische Untersuchungen zeigen, dass Hominiden und afrikanische Menschenaffen einen gemeinsamen Vorfahren hatten, von dem sie sich vor 6 bis 8 Mio. Jahren wegentwickelten. Das Aussehen von Menschenaffen und Menschen unterscheidet sich grundlegend, obgleich die Affen die engsten lebenden Verwandten des modernen Menschen sind: Schimpansen und Menschen haben zu 98,4 % dasselbe Erbmaterial, das von Gorillas und Menschen weicht nur in 2,3 % voneinander ab. Dieser hohe Ähnlichkeitsgrad legt nahe, dass es sich bei dem letzten gemeinsamen Vorfahren von Menschen und Menschenaffen um eine schimpansenähnliche Kreatur handelte, und dass die Veränderungen bei den genetischen Regulierungsmechanismen eine wichtige Rolle bei der Entwicklung einer getrennten Linie spielten, die zur Entstehung des Menschen führte. Offensichtlich nahm dieser Prozess seinen Ausgang in Afrika, dem einzigen Kontinent, auf dem man Fossilien der ältesten bekannten Hominiden entdeckte. 1924 fand Raymond Dart einen Hominidenschädel und gab ihm später den Namen *Australopithecus africanus* (Südaffe aus Afrika). Die Bezeichnung Australopithecus wird heute gemeinhin für die ersten Hominiden verwendet. Darts Behauptung, der Schädel (bekannt als „Taung-Kind“) markiere eine Übergangsphase zwischen Affen und Menschen, löste zu seiner Zeit heftige Debatten aus, hatte sich aber wenig später durchgesetzt. Fundstätten früher Hominiden-Fossilien finden sich im Ostafrikanischen Grabenbruch; eine einzelne liegt in Bahr el-Ghazal im Tschad.

Der Ostafrikanische Grabenbruch ist ein natürlicher, aus einer Reihe von Rissen in der Erdkruste gebildeter Graben, der sich in Ostafrika über eine Länge von rund 3000 km von Norden nach Süden zieht. Er liefert zahlreiche Informationen über die Ursprünge des Menschen, weil hier viele Überreste von Hominiden in Vulkanablagerungen konserviert wurden. 1959 entdeckte Mary Leakey in der Olduwai-Schlucht, einer tiefen Spalte im Grabenbruch, ein robust gebautes Australopithecus-Skelett, das zunächst den wissenschaftlichen Namen *Zinjanthropus boisei* erhielt, heute jedoch als *Australopithecus* oder *Paranthropus boisei* bekannt ist. Daraufhin begann man in dieser Region intensiver zu forschen und legte damit die Basis für die Wissenschaft der Paläoanthropologie, die sich mit den Ursprüngen des Menschen befasst. Es folgte eine regelrechte Jagd auf Fossilien, bei der man unter anderem 1974 im äthiopischen Hadar „Lucy“, das 3,18 Mio. Jahre alte Teilskelett einer kleinen, aufrecht gehenden Frau, freilegte. Dieser Fund führte zur wissenschaftlichen Beschreibung des *A. afarensis* (s. S. 18).

Die ältesten Funde

Dass Fossilien früher Hominiden erhalten blieben und gefunden wurden, grenzt an ein Wunder. Bis vor einigen Jahren besaß man nur wenige Knochen, die älter als 4 Mio. Jahre waren. Ältestes Fundstück ist das Oberkieferfragment eines Hominiden aus Lothagam im nördlichen Kenia, das auf 6 bis 5 Mio. Jahre

OBEN Die Olduwai-Schlucht, eine 40 km lange und bis zu 100 m tiefe Spalte im Ostafrikanischen Grabenbruch, birgt viele Informationen zur Evolution des Menschen. Dank ihrer geologischen Geschichte, die Vulkanausbrüche, Gesteinsaufschichtungen und Erosion umfasst, herrschen hier ideale Bedingungen für die Konservierung von Fossilien. Als Louis und Mary Leaky hier in den 1950er und 1960er Jahren ihre Entdeckungen machten, konnten sie die Lavaschichten, welche die Fossilien einschlossen, erstmals mithilfe der Kalium-Argon-Methode datieren, die später durch die Argon-Argon-Methode ersetzt wurde. Die Feststellung, dass vor 1,9 bis 1,3 Mio. Jahren Hominiden an einem See in der Olduwai-Schlucht gelebt hatten, warf ein völlig neues Licht auf die Entwicklung des Menschen, dessen Ursprünge man bislang in Asien oder Europa vermutet hatte. Zwar fand man seit der Pionierarbeit der Leakeys noch wesentlich ältere Hominidenfossilien in Ost- und Südafrika, doch die Olduwai-Schlucht spielt nach wie vor eine Schlüsselrolle.

geschätzt wird. Weitere Einblicke in diese entfernte Phase der menschlichen Evolution erhielt man, als ein Team der Universität von Kalifornien unter der Leitung von Tim White an einer 4,4 Mio. Jahre alten Stätte in Aramis in der mittleren Awash-Region (Äthiopien) Knochen entdeckte. Zu ihnen gehörte ein fast vollständiges Skelett des affenähnlichsten und vermutlich ältesten bis dahin bekannten Hominiden. Der zunächst als *A. ramidus* beschriebene Fund wurde nach eingehender Untersuchung der neuen Gattung *Ardipithecus* zugeordnet. Ob es sich tatsächlich um den ältesten bekannten aufrecht gehenden Hominiden handelt, ist noch ungeklärt.

1995 stießen Meave Leakey und ihr Team an zwei Stätten, Kanapoi und Allia Bay am Turkanasee in Nordkenia, auf 4,2 bis 3,9 Mio. Jahre alte Fossilien. Aufgrund ihrer ähnlichen, jedoch im Vergleich zum *A. afarensis* primitiveren Anatomie klassifizierte man sie als *A. anamensis*, eine neue – und die bislang älteste – Art von Australopithecinen.

Moderne Labortechniken geben Wissenschaftlern immer detailliertere Informationen über die frühen Hominiden. Zu diesen Methoden gehört die radiometrische Altersbestimmung, mit der man den Zustand radioaktiver Isotope in fossilhaltigem Vulkangestein bestimmen und Veränderungen, die für die Evolution von Bedeutung waren, genau datieren kann (Kalium-Argon- und Argon-Argon-Methode). Auch lässt sich der Anteil von Kalzium und Strontium in Knochen messen und gibt Auskunft darüber, ob die Hominiden Pflanzen, Fleisch oder Mischkost aßen. CAT-Scans (Computerised Axial Tomography Scan) machen auf der Basis von Röntgenbildern sogar die innere Struktur von Knochen sichtbar.

Erscheinungsformen des Australopithecus

Derweil geht die Suche nach Fossilien weiter, denn nach wie vor hat unser Wissen große Lücken. Der *A. afarensis* (4–3 Mio. J.v.h.), die leicht gebaute Art, zu der Lucy gehört, ist unter den Australopithecus-Funden am häufigsten vertreten. Man kennt sie von Stätten in Äthiopien, Kenia und Tansania, darunter Laetoli, wo 3,7 Mio. Jahre alte Fußabdrücke von Hominiden im Vulkangestein beweisen, dass die Art auf zwei Beinen lief, allerdings nicht genauso wie der moderne Mensch. Der 2,5 Mio. Jahre alte *A. garhi* wurde 1999 in Äthiopien gefunden, er stammt vermutlich von *A. afarensis* ab. Eine ebenfalls leicht gebaute Australopithecus-Art, *A. africanus* (über 2 Mio. J.v.h.), wurde an Stätten in Südafrika entdeckt. *A. bahrelghazali* (3,5–3 J.v.h.) aus dem nördlichen Tschad ähnelt *A. afarensis* und erweitert das bekannte Verbreitungsgebiet der Australopithecinen bis 2500 km westlich des Grabensystems.

Stätten in Süd- und Ostafrika bargen auch Fossilien schwerer gebauter Australopithecinen, u. a. *A.* oder *Paranthropus robustus* (2–1 Mio. J.v.h.), *A.* oder *P. aethiopicus* (2,7–1,9 Mio. J.v.h.) und *A.* oder *P. boisei* (2,3–1,4 Mio. J.v.h.). Einige Forscher glauben, dass die Lebensweise dieser Arten sich von jener der grazileren Australopithecinen unterschied, da ihre Backenzähne große Mahlflächen besaßen, mit denen sie zähe, faserhaltige Kost zerkauen konnten. Vermutlich gehörten sie einer anderen Linie an als der moderne Mensch und starben vor rund einer Mio. Jahren aus.

Kleine, aufrecht gehende Affen

Die Australopithecinen und vermutlich auch ihre Vorgänger, die Ardipithecinen, lebten wahrscheinlich in einem größeren Teil Afrikas, als die Funde dies vermuten lassen. Sie gehören zur Familie des Menschen, weil sie aufrecht gingen, unterscheiden sich aber von ihren Nachfahren durch ihr relativ kleines Gehirn. Früher ging man davon aus, dass die ersten Menschen große Gehirne besaßen. Doch von einigen Ausnahmen abge-

UNTEN In einer Kalksteinhöhle in Sterkfontein, Südafrika, entdeckte Robert Broom diesen versteinerten Schädel eines *Australopithecus africanus*. Broom hatte 1936 mit seiner Suche begonnen und ein Schädelfragment gefunden, das er *Plesianthropus transvaalensis* („Fastmensch aus Transvaal") nannte. Die Kalksteinspalte war so schmal, das man sie sprengen musste, um einen in zwei Teile zerbrochenen Schädel freizulegen. Nach der Säuberung erkannte man, dass es sich um den fast vollständig erhaltenen, 2,5 Mio. Jahre alten Schädel eines Erwachsenen handelte. Man hielt ihn für den einer Frau und nannte ihn „Mrs. Ples", doch heute glauben Forscher, er könnte einem Mann gehört haben. Mit diesem und anderen Funden erwachsener Australopithecinen untermauerte Raymond Dart seine These, dass es sich bei dem Taung-Kind lediglich um einen jungen Menschenaffen handelte, während die Australopithecinen frühe Vorfahren des Menschen waren.

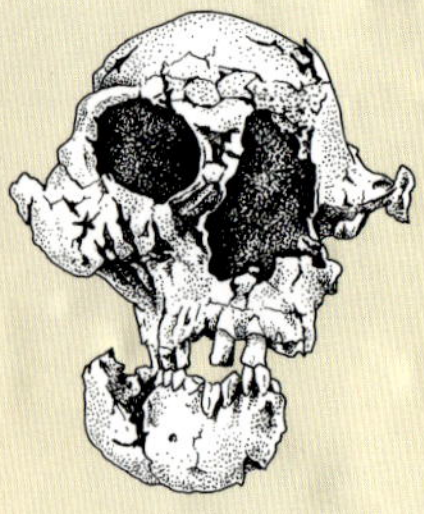

AUSTRALOPITHECUS AFARENSIS

AUSTRALOPITHECUS AFRICANUS

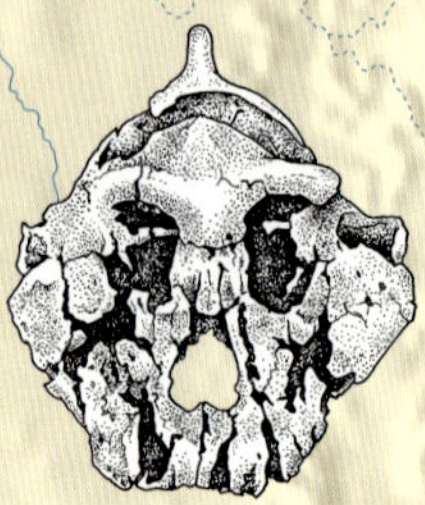

AUSTRALOPITHECUS AETHIOPICUS

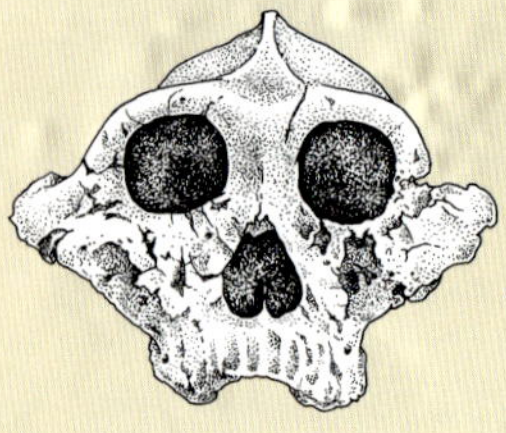

AUSTRALOPITHECUS BOISEI

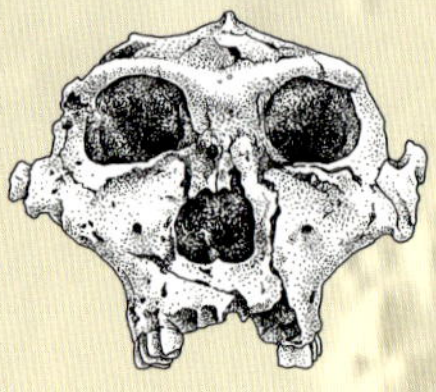

AUSTRALOPITHECUS ROBUSTUS

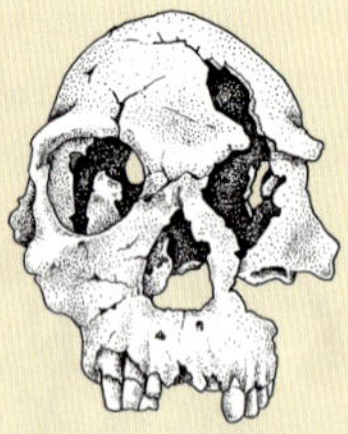

HOMO HABILIS

Lucy, der Star unter den Fossilien

Lucy, deren Teilskelett von 47 Knochen Donald Johanson 1974 in Hadar, Äthiopien, entdeckte, ist vermutlich der berühmteste Vorfahr der Gattung *Homo*. Lucy lebte vor rund 3,18 Mio. Jahren und starb wahrscheinlich mit etwa 20 Jahren. Sie war ausgewachsen, jedoch nicht größer als 110 cm. Sie lief auf zwei Beinen, aber mit leicht gebeugten Extremitäten. Gekrümmte Finger- und Zehenknochen lassen vermuten, dass sie auf Bäume kletterte, um Früchte oder Nüsse zu pflücken oder vor Raubtieren zu fliehen. Untersuchungen von 3 Mio. Jahre alten versteinerten Pollen und Tierknochen zeigen, dass Lucy wohl in der Savanne oder im offenen Waldland lebte. Lucy wurde nicht bestattet, fiel aber auch keinem Raubtier zum Opfer. Sie könnte an einer Krankheit gestorben oder in einem See oder Flussdelta ertrunken sein, woraufhin sich ihr Körper mit Sand oder Schlamm bedeckte. Nur selten stößt man auf so viele Knochen eines einzelnen Skelettes, denn fast alle Knochen im afrikanischen Busch werden von Aasfressern verschleppt oder zerfallen ◆

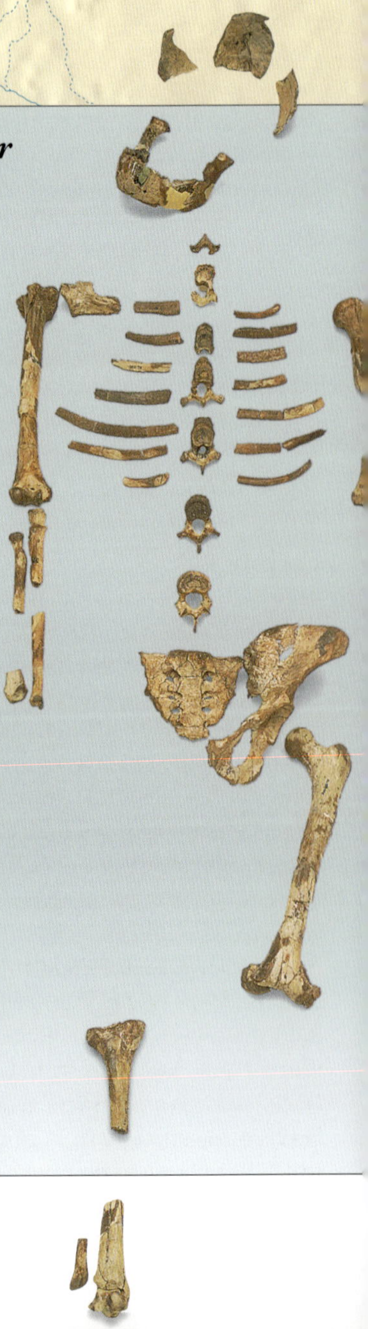

RECHTS *AUSTRALOPITHECUS AFARENSIS „LUCY".*

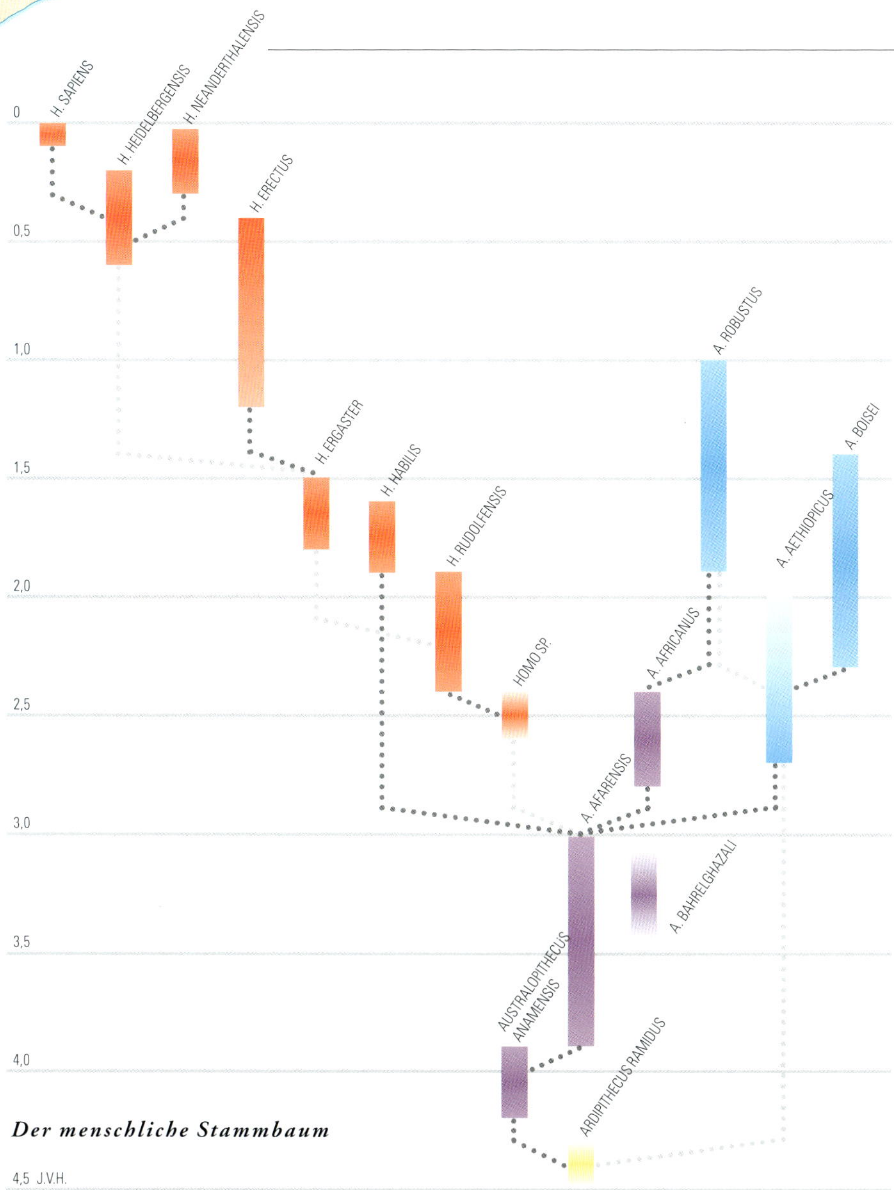

Der menschliche Stammbaum

sehen waren die Gehirne der Australopithecinen höchstens 500 cm³ groß.

Die Australopithecinen waren vermutlich dunkelhäutig, behaart und wiesen deutliche Geschlechtsunterschiede auf: das Körpergewicht der Männer lag bei rund 40 bis 50 kg, das der Frauen zwischen 27 und 35 kg. Männer waren 130 bis 150 cm groß, Frauen kaum über einen Meter. Der zweifüßige Gang (Bipedie) hatte wahrscheinlich völlig neue Formen der Nahrungsbeschaffung, Revierverteidigung, Paarung und des Zusammenlebens zur Folge. Vermutlich nahm der Australopithecus bereits eine große Bandbreite von Nahrungsmitteln zu sich, darunter Fleisch, Insekten und pflanzliche Kost. Wissenschaftler glauben, dass Australopithecinen einfache Steinwerkzeuge herstellen konnten, da die ältesten Funde dieser Art 0,3 Mio. Jahre älter sind als die frühesten Überreste von *Homo erectus.* Man weiß nicht, ob der Australopithecus mit Feuer umgehen konnte, Behausungen baute, Kunstwerke schuf oder seine Toten bestattete, doch die Verständigung mit Lauten in bestimmten sozialen Zusammenhängen könnte zur späteren Entwicklung der Sprache geführt haben ◆

OBEN Dieser vereinfachte Stammbaum (nach Johanson und Edgar, 1996) zeigt nur einen mutmaßlichen Evolutionsweg. Die Datierung von Hominidenfossilien ist schwierig, und häufig streiten Paläoanthropologen über die Verwandtschaftsverhältnisse einzelner Arten, die Zuordnung von Funden zu einer Art oder darüber, ob es sich um Australopithecus- oder *Homo*-Knochen handelt. Einige Australopithecus-Fossilien fallen in die gleiche Zeit wie frühe *Homo*-Funde. Die Entwicklung der Bipedie bei den Australopithecinen führte sicherlich nicht in einer einzigen Linie zum modernen Menschen, vielmehr entstanden verschiedene zweibeinige Wesen, die über einen bestimmten Zeitraum existierten, jedoch, mit Ausnahme von *Homo sapiens*, früher oder später ausstarben.

Die ersten Menschen

Bis vor kurzer Zeit hielt man *Homo erectus* für den ältesten Vertreter der Gattung *Homo.* Ältestes Fundstück war ein 500 000 Jahre alter Teilschädel, den man 1891 auf Java entdeckt hatte. Auch nachdem man im 20. Jahrhundert in Afrika auf Knochen von Australopithecinen gestoßen war, galt Asien noch als die Wiege der Menschheit. 1959 fand man in der Olduwai-Schlucht 2 Mio. Jahre alte Zähne. Lange beachtete man diese Verbindung nicht weiter. Als 1964 weitere Knochen aus der Olduwai-Schlucht auf 1,75 Mio. Jahre datiert wurden, begriff man, dass man einer bis dahin unbekannten Art der Gattung *Homo* auf die Spur gekommen war. Weil sie vermutlich in der Lage war, Werkzeug zu gebrauchen, nannte man sie *H. habilis*, den „Geschickten Menschen".

Nun entbrannte ein heftiger Streit in der Wissenschaft. Das Hirnvolumen von *H. habilis* war mit 680 cm³ deutlich größer als jenes der Australopithecinen. Einige Forscher wollten ihn dennoch entweder der einen oder der anderen existierenden Kategorie zuordnen. Andere betonten, dass die aufgefundenen Werkzeuge auch zu Australopithecinen, die man in den gleichen Gesteinsschichten entdeckt hatte, gehören könnten. Dass die Gattung *Homo* aus Afrika stammte und *H. erectus* ihr als eigene Spezies angehörte, wurde erst akzeptiert, nachdem man in der Olduwai-Schlucht, in Koobi Fora in Nordkenia sowie in Südafrika auf weitere Vertreter stieß. 1986 fand Tim White in der Olduwai-Schlucht ein 1,8 Mio. Jahre altes Skelettfragment, dessen Gestalt an einen Menschenaffen erinnerte, das jedoch im Verhältnis zu den Beinen relativ lange Arme besaß. *H. habilis* gilt heute als Verbindungsglied zwischen Australopithecinen und *H. erectus,* doch steht auch fest, dass die Entwicklung der Gattung *Homo* deutlich komplexer verlief als man ursprünglich angenommen hatte und sich in verschiedenen Stufen vollzog.

Die ältesten Werkzeugbauer

Mehrere, rund 2,5 Mio. Jahre alte Fossilien werden der Gattung *Homo* zugerechnet, darunter ein Schädelfragment vom Baringosee (Kenia), ein Kiefer aus Uraha (Malawi) und ein Teilschädel aus Sterkfontein (Südafrika). Älteste Überreste der Gattung *Homo* sind ein 2,3 Mio. Jahre alter Oberkiefer und Zähne (Nr. AL 666-1) aus Hadar, Äthiopien. Bis wir mehr über diese sehr fragmentarischen Fossilien wissen, gelten sie provisorisch als der Gattung *Homo, H. sp.*, zugehörig. Etwa 20 einfache Basalt- und Feuersteinabschläge und -kerne lagen bei den Knochen. Es handelt sich um die ältesten Steinwerkzeuge, die direkt bei Hominidenfossilien entdeckt wurden.

LINKS Ein junger Schimpanse holt mit einem Ast Termiten aus ihrem Bau. Australopithecinen, die wie Menschen greifen konnten, produzierten und benutzten vermutlich einfache Werkzeuge dieser Art. Schrammen an Antilopenknochen, die man bei Australopithecus-Fossilien fand, legen nahe, dass man mit ihnen Wurzeln und Knollen aus dem felsigen Boden grub. Australopithecinen besaßen vielleicht auch schon erste Steinwerkzeuge.

UNTEN Ein Steinwerkzeug aus der Olduwai-Schlucht zeigt, dass einfache Werkzeuge in dieser Gegend bereits vor 2 Mio. Jahren von den ersten Menschen hergestellt wurden, indem man Steine gegeneinander schlug, um scharfkantige Abschläge zu erzeugen. Viele dieser Werkzeuge weisen daher deutliche Gebrauchsspuren auf und dienten vermutlich unterschiedlichen Zwecken. Man bezeichnet sie als Geröllgeräte oder Abschläge.

Wertvolle Fundstücke

Koobi Fora, eine kleine Landzunge am Ostufer des Turkanasees (ehemals Rudolfsee), gehört zu den weltweit reichsten Fundstätten früher Hominidenfossilien und der ihnen zugeordneten Steinwerkzeuge. Da die Überreste in Sedimenten von See- und Flussschlamm zwischen Schichten von Vulkanasche eingeschlossen sind, kann man durch radioaktive Isotopen einen relativ genauen Zeitrahmen für sie bestimmen. Die Sammlung von Fossilien aus Koobi Fora umfasst mehrere Beispiele von Australopithecinen und mindestens zwei frühe *Homo*-Arten. Im ersten Fall handelt es sich um einen fast vollständigen Schädel (KNM-ER 1470), den Louis und Mary Leakeys Sohn Richard 1972 entdeckte. Das relativ große Hirnvolumen von rund 775 cm³ rechtfertigte die Klassifizierung als *Homo*, doch Leakey beschloss, die Spezies zunächst nicht festzulegen, weil erste Altersschätzungen das Fundstück auf 2,9 Mio. Jahre datierten, 1 Mio. Jahre älter als die *H. habilis*-Fossilien aus der Olduwai-Schlucht. Später stellte man fest, dass man zur Berechnung kontaminierte Proben herangezogen hatte und setzte 1,8 Mio. Jahre an. Neueren Schätzungen zufolge ist der Fund mit Sicherheit jünger als 3,31, wahrscheinlich jünger als 2,5 und garantiert älter als 1,9 Mio. Jahre. 1986 gab man der Spezies den Namen *H. rudolfensis* und belegte mit ihr, dass *H. sapiens* in Afrika bereits vor 2 Mio. Jahren lebte.

Der Arbeiter

Eine andere frühe *Homo*-Spezies, *H. ergaster*, wurde ebenfalls in Koobi Fora entdeckt. Die 1,8 bis 1,5 Mio. Jahre alten Fundstücke umfassen mehrere gut erhaltene Fossilien. Das erste Stück, ein Kiefer mit kleinen Backenzähnen, wurde in der gleichen Schicht wie eine Sammlung von Steinwerkzeugen gefunden, die der Spezies den Namen *ergaster* (von griech. „Arbeiter") eintrug. Zu den besten Exemplaren von *H. ergaster* und am besten erhaltenen Hominiden-Skeletten überhaupt gehört das eines Jungen, das von 1984 bis 1988 aus 1,5 Mio. Jahre alten Sedimenten am Westufer des Turkanasees freigelegt wurde. Der Körper des zunächst als *H. erectus* klassifizierten „Turkana-Jungen" entsprach dem eines modernen 11-Jährigen. Hätte der Junge das Erwachsenenalter erreicht, so hätte sein Hirnvolumen bei einer Größe von etwa 1,82 m und einem Gewicht von 68 kg ca. 900 cm³ betragen. Möglicherweise waren die Urmenschen deutlich größer, als man lange Zeit glaubte.

Viele Puzzleteile

Obgleich unsere Kenntnisse über die frühe Evolution des Menschen stetig zunehmen, ist unser Wissen insgesamt spärlich und lückenhaft. Die Klassifizierung von Fossilien gestaltet sich wie ein besonders schwieriges Puzzlespiel. Gleichwohl gilt es als wahrscheinlich, dass unter den frühen *Homo*-Arten, die vor 2,3 bis 1,5 Mio. Jahren in Afrika lebten, *H. rudolfensis* der älteste ist, gefolgt von *H. habilis* und *H. ergaster*. Von diesen Spezies scheint *H. ergaster*, was Hirnvolumen, Knochenbau und Bewegungsabläufe anbetrifft, späteren *Homo*-Arten am nächsten zu sein. Auch gilt als gesichert, dass *H. ergaster* in einer Linie mit dem modernen Menschen steht ◆

Die ersten Werkzeugmacher

Untersuchungen zur Entwicklung von Werkzeugtechniken liefern wichtige Erkenntnisse über die Geschichte der frühen Hominiden. Die ältesten Steinwerkzeuge gehören zum Oldowan-Typ (Mary Leakey entdeckte in den 1960er Jahren in der Olduwai-Schlucht eine große Sammlung von Werkzeugen in 1,9 bis 1,5 Mio. Jahre alten Schichten). Sie wurden mithilfe einer einfachen Abschlagtechnik hergestellt; man benutzte einen weichen, abgerundeten Stein als Schlagwerkzeug und trennte mit ihm kleine, scharfkantige Abschläge von einem anderen Stein ab. Experimente mit Kopien dieser meist aus Quarz oder Basalt bestehenden Abschläge zeigen, dass die frühen Hominiden damit Tierkörper öffnen sowie Sehnen und Knochen durchtrennen konnten.

Swartkrans: frühe Hominiden

Swartkrans ist einer von mehreren Steinbrüchen im Tal des Bloubank River in der südafrikanischen Provinz Gauten. Hier entdeckte man mindestens 126 Australopithecus-Fossilien – mehr als an irgendeiner anderen Stätte. Forscher stellten fest, dass viele dieser Hominiden Raubtieren wie Leoparden und Säbelzahntigern zum Opfer fielen, die ihre Beute auf Bäume am Höhlenrand schleppten, um sie vor Hyänen zu schützen. Von dort fielen die Knochen dann in die Höhle hinunter. Löcher im Schädelfragment eines jungen Australopithecus aus Swartkrans scheinen exakt zu den Eckzähnen eines Leopardenschädels zu passen, den man in der gleichen Schicht fand. Umstrittener ist die Entdeckung einer Sammlung von 279 verbrannten Knochen. Sie sind mindestens eine Mio. Jahre alt und dienen einigen Wissenschaftlern als Beweis für den kontrollierten Einsatz von Feuer. Chemische Experimente und Mikroskopanalysen belegen, dass die Knochen Temperaturen ausgesetzt waren, die eher einem Lagerfeuer als einem natürlichen Buschfeuer entsprechen. Allerdings fand man keine Feuerstelle, und niemand vermag zu sagen, ob das Feuer von frühen Hominiden entfacht wurde oder ob ein Blitzschlag es zufällig entzündete. Auch weiß man natürlich nicht, ob es zum Kochen, Wärmen oder Vertreiben von Raubtieren diente ◆

OBEN RADIOMIKROGRAPHIE VOM FRAGMENT EINES VERBRANNTEN KNOCHENS AUS SWARTKRANS, SÜDAFRIKA.

Zahlreiche Funde an ostafrikanischen Stätten belegen, dass Werkzeuge vom Oldowan-Typ bereits vor über 2,3 Mio. Jahren angefertigt wurden. Zurzeit handelt es sich bei den ältesten Objekten um 2,6 bis 2,5 Mio. Jahre alte, einfache Schneide-, Kratz- oder Schlagwerkzeuge von Stätten bei Hadar, Äthiopien. In der Shungura-Formation bei Omo im südlichen Äthiopien entdeckte man 2,4 bis 2,3 Mio. Jahre altes Geröllgerät und Abschläge aus Quarz. Ebenfalls aus Hadar stammt der Kieferknochen eines ca. 2,3 Mio. Jahre alten *Homo*-Fossils. Bei ihm fand man eine kleine Sammlung von Artefakten aus Basalt und Feuerstein – die früheste bekannte Verbindung zwischen Steinwerkzeugen und Hominiden. *H. habilis* galt lange Zeit als der erste Werkzeughersteller, doch mittlerweile gehen Wissenschaftler davon aus, dass auch andere *Homo*-Arten wie *H. rudolfensis* Werkzeuge aus Stein fertigten.

Vermutlich jagten und töteten frühe Hominiden Tiere nicht selbst, sondern waren Aasesser. Scharfkantige Abschläge, die an einigen Steinwerkzeugen gefunden wurden, eigneten sich hervorragend, um Fell, Knochen und Sehnen zu durchtrennen. Einige Tierknochen an Oldowan-Stätten weisen Scharten auf, die durch solche Werkzeuge entstanden sein könnten. Werkzeuge vom Oldowan-Typ wurden über eine Mio. Jahre verwendet, bevor vor 1,4 bis 1,3 Mio. Jahren die komplexer gestalteten Geräte vom Acheuléen-Typ aufkamen (s. S. 25).

Der Gebrauch des Feuers

Der gezielte Einsatz von Feuer gehört zu den Meilensteinen in der Entwicklung des Menschen. Feuer spendet Wärme, Licht und Schutz vor Raubtieren, es räuchert und trocknet Fleisch und trug wesentlich zur Ausformung der Sozialstruktur bei. Auch ermöglichte es den Menschen, sich bis in kalte Regionen der Erde vorzuwagen. Die Wissenschaft streitet darüber, wann Feuer erstmals benutzt wurde. Kleine Klumpen gebrannter Tonerde (1,4 Mio. J.v.h.), die man in Chesowanja (Kenia) bei Tierknochen und Steinwerkzeugen fand, dient einigen Forschern als Beleg für den kontrollierten Umgang mit Feuer, da sich ein natürliches Feuer als Erklärung ausschließen ließ. Die gebrannte Tonerde könnte aber durch einen brennenden Baumstamm, Blitzeinschlag oder sogar einen Vulkan entstanden sein. An der Stätte Swartkrans (s. Kasten) ist der Einsatz von Feuer wahrscheinlicher, aber auch nicht sicher. Auf der Grundlage von 400 000 Jahre alten Ascheschichten aus Zhoukoudian (China) erklärte man *H. erectus* zum ersten Herrscher über das Feuer, doch auch diese Festlegung scheint fraglich. Mit Sicherheit konnte man den Gebrauch von Feuer an europäischen Stätten wie Vértesszöllös (Ungarn) und Menez-Dregan (Frankreich) bereits vor rund 350 000 Jahren nachweisen. Herdfeuer fanden allerdings erst vor rund 100 000 Jahren Verbreitung ◆

Afrikanische Ursprünge

Vor 1,8 bis 0,8 Mio. Jahren lebten in der afrikanischen Savanne Hominiden, die mit den modernen Menschen nicht identisch waren, ihnen jedoch ähnelten. Sie besaßen kräftige Schädel und große Augenbrauenwülste, doch war ihr Hirnvolumen mehr als zweimal so groß wie das der Australopithecinen und etwa drei Viertel so groß wie das des modernen Menschen. Lange Zeit glaubte man, dass sich der *H. erectus* als erster Hominide über Afrika hinaus verbreitete und vor etwa 1 Mio. Jahren in Ostasien auftauchte. Afrikanische Fossilien, die man ursprünglich als *H. erectus* klassifiziert hatte, gehören aus heutiger Sicht jedoch zur Spezies *H. ergaster*, dem vermutlich direkten Vorfahren des modernen Menschen.

Früher glaubte man, dass die ältesten afrikanischen Hominiden begabte Jäger waren. Rekonstruktionen zeigen sie oft, wie sie Elefanten, Rhinozerosse oder Büffel in Sümpfe treiben, wo man sie leichter erlegen konnte. In neueren Studien fand man dagegen heraus, dass die meisten bei Steinwerkzeugen gefundenen Knochen nicht von Tieren stammten, die gejagt wurden, sondern von Aas, deren Fleisch die Hominiden von den Knochen entfernten. Vermutlich machte pflanzliche Kost den größeren Teil der Nahrung aus. Bei Fossilien von *H. erectus* und frühen afrikanischen *Homo*-Spezies wie *H. ergaster* entdeckte man keine Verzierungen oder Kunstgegenstände, auch weiß man nicht, ob sie ihre Toten bestatteten.

Zweiseitige Werkzeuge

Abgesehen von wenigen Holzwerkzeugen gehören fast alle kulturellen Überbleibsel aus jener Zeit zum so genannten Acheuléen-Typus. Diese waren zwei- oder doppelseitige Faustkeile von birnenartiger, spitz zulaufender Form mit einem scharfen Rand, der sich um das gesamte Werkzeug oder einen Teil von ihm zog. Es gab auch welche mit einer breiten, axtartigen Schneide, so genannte Spaltkeile. Die ältesten Werkzeuge dieses Typs fand man in Konso-Gardula in Äthiopien, sie sind rund 1,4 Mio. Jahre alt. Diese in Afrika bis vor ca. 150 000 Jahren hergestellten Keile gehören zu den am längsten gebräuchlichen Technologien der Menschheitsgeschichte. Die ältesten Zweiseiter entstanden, indem man mit einem Stein Stücke von beiden Seiten eines anderen abschlug. Später stellte man mit Schlagwerkzeugen aus Knochen oder Holz dünnere Zweiseiter her. Manchmal bearbeitete man einen Kern, um daraus einen Abschlag von bestimmter Größe oder Form herzustellen.

Fast immer hielt man die Werkzeuge vom Acheuléen-Typ mit den Händen, doch einige Funde sind so groß, dass man sich kaum vorstellen kann, wie sie eingesetzt wurden. Mikroskopuntersuchungen von Kratzern und Abschleifungen an der Oberfläche von Faustkeilen zeigen, dass man mit ihnen eine Vielzahl von Materialien bearbeitete. Vermutlich dienten sie als Allzweckwerkzeuge. Einige Forscher glauben, dass man einige Werkzeuge ähnlich wie einen Diskus zum Werfen benutzte.

Jenseits von Afrika

Früher ging man davon aus, dass die Hominiden die afrikanische Savanne erst verlassen und neue Lebensräume besiedeln konnten, nachdem sie Techniken entwickelt hatten, um Werkzeuge vom Acheuléen-Typ zu schaffen. Die ältesten Faustkeile, die man außerhalb von Afrika im israelischen El Ubeidiya entdeckte, sind mindestens 1 Mio. Jahre alt. Im Nahen Osten, Arabien und Teilen Indiens gab es solche Werkzeuge ebenfalls, in Europa kamen sie vor ca. 500 000 Jahren auf. In Ostasien benutzte man keine Werkzeuge dieses Typs, sondern scharfkantige Chopper (Haumesser) und kleine Abschläge vom Oldowan-Typ. In jüngerer Zeit kam die These auf, dass ein primitiverer Hominide als *H. erectus* als erster Ostasien erreichte. Dies könnte erklären, warum in diesem Gebiet keine zweiseitigen Werkzeuge existieren. Fossilien von Hominiden aus Indonesien und China würden diese Annahme untermauern. Funde aus der Longgupo-Höhle in Südostchina werden auf 1,96 bis 1,78 Mio. Jahre datiert und weisen Ähnlichkeiten mit ca. 1,6 Mio. Jahre alten afrikanischen Fossilien auf ◆

UNTEN Diese Schädeldecke des Trinil 2 oder Java-Menschen (18,5 cm) wurde Anfang der 1890er Jahre entdeckt und zunächst als *Pithecanthropus erectus* klassifiziert. Zusammen mit anderen Fossilien aus Java und China, darunter dem Peking-Menschen, ordnete man sie später der Spezies *H. erectus* zu. Trinil 2 galt lange als ältestes Hominiden-Fossil der Welt und führte zur Annahme, der Mensch stamme aus Asien. Ältere Fossilien aus Afrika widerlegten diese These.

Die Ausbreitung der Hominiden

Man weiß nicht, wann die frühen Hominiden sich über Afrika hinaus verbreiteten, auch über die Gründe kann man nur spekulieren. Mit Sicherheit spielten das größere Hirnvolumen von *H. ergaster* und verbesserte Werkzeugtechniken eine wichtige Rolle. Zu Beginn des letzten Interglazials vor 130 000 bis 125 000 Jahren (einer wärmeren Phase, die der letzten großen Kältephase der Eiszeit vorausging) hatten die Menschen weite Teile der Alten Welt erobert. Die erste Ausbreitungsphase dauerte über 1 Mio. Jahre. Paläoanthropologen bezeichnen diese Zeit auch als „Jenseits von Afrika 1", um sie von der späteren und rascheren Verbreitung des modernen Menschen (s. S. 28f.) zu unterscheiden. Die Vorfahren des modernen Menschen vermochten sich neuen Lebensräumen weniger gut anzupassen als *H. sapiens.* Es ist daher unwahrscheinlich, dass sie auch in die kälteren Regionen Nordasiens vordrangen. Der erste Exodus aus Afrika vergrößerte die biologische und nicht, wie später beim modernen Menschen, die kulturelle Vielfalt. Vor etwa 500 000 Jahren tauchten verschiedene *Homo*-Spezies in Eurasien auf. Paläoanthropologen klassifizierten sie zunächst als archaische Formen von *H. sapiens,* doch zeigt sich immer deutlicher, dass es zwischen afrikanischen, asiatischen und europäischen Spezies zu unterscheiden gilt.

Während man über die Datierung der ältesten ostasiatischen Stätten (die bis zu 1,9 Mio. Jahre alt sein könnten) noch kontrovers diskutiert, gilt es angesichts von Funden wie den El Ubeidiya-Faustkeilen als gesichert, dass die Vorfahren des modernen Menschen sich vor 1,5 bis 1 Mio. Jahren über Afrika hinaus verbreiteten. Zunächst eroberten sie die südlichen Regionen Eurasiens, wo ihr Lebensraum sich aufgrund des tropischen und subtropischen Klimas kaum von ihrem Ursprungsort unterschied.

Konservative Entwicklung

Fossilienfunde aus Asien belegen, dass der Körperbau der frühen Vorfahren des modernen Menschen sich nur sehr langsam veränderte. Stätten aus der Zeit vor 500 000 bis 200 000 Jahren bargen Überreste von Menschen, die sich nicht wesentlich von *Homo*-Populationen unterschieden, welche 1 Mio. Jahre früher in Afrika gelebt hatten. Ein 230 000 bis 180 000 Jahre alter Schädel aus Dali in Nordchina weist deutlich archaische Züge, etwa große Augenbrauenwülste und eine geringe Schädelwölbung, auf; *Homo*-Fossilien aus Ngangdong in Indonesien könnten sogar nur 100 000 Jahre alt sein. Allerdings besaßen jüngere Funde ein deutlich größeres Hirnvolumen. Die meisten asiatischen Fossilien, welche dem Erscheinen des modernen Menschen vorausgehen, wurden als *H. erectus* klassifiziert.

LINKS In Olorgesailie, einer 700 000 Jahre alten Stätte in Kenia, die Mary Leakey 1944 entdeckte, können Besucher den archäologischen Ausgrabungsort, an dem noch unzählige Kleinfunde liegen, von einem erhöhten Wandelgang aus betrachten. Die verschiedenen Artefakte wurden sichtbar, nachdem Wasser die darüber liegenden Erdschichten nach und nach fortgewaschen hatte. Der errichtete Unterstand schützt einen nicht erodierten Teil der Stätte, der durch vorsichtiges Graben freigelegt wurde.

UNTEN RECHTS Forscher glauben, dass frühe Formen der Gattung *Homo* vor rund 1,5 Mio. Jahren vom Gebiet südlich der Sahara aufbrachen und sich in den folgenden Jahrmillionen über weite Teile von Eurasien verbreiteten. In Afrika und im Nahen Osten entdeckte man rund 100 000 Jahre alte Fossilien moderner Menschen.

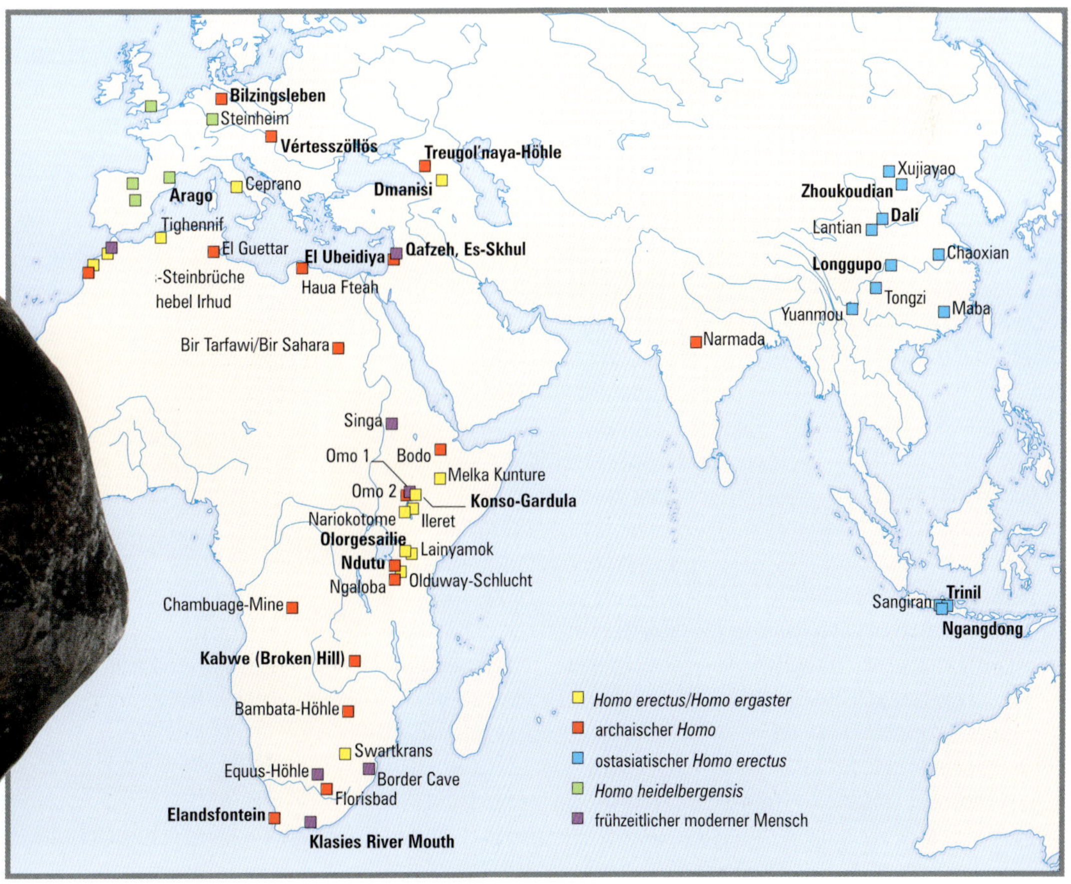

LINKS Im Höhlensystem von Zhoukoudian 46 km südwestlich von Peking fand man eine der größten Sammlungen von ca. 400 000 Jahre alten *H.-erectus*-Fossilien. Die bei den Knochen entdeckten Werkzeuge umfassten schlichte Abschläge und einige grobe Chopper; Faustkeile, wie sie in Afrika und Westeuropa zu jener Zeit üblich waren, fehlten dagegen ganz. Vier Ascheschichten weisen auf den frühen kontrollierten Einsatz von Feuer an der Stätte hin. Lange galten sie als ältester Beleg für Feuergebrauch überhaupt, doch die Funde in Swartkrans könnten noch älter sein (s. S. 21). Mittlerweile zweifeln einige Forscher überhaupt daran, dass es sich in Zhoukoudian um echte Asche handelt. Die Höhlen waren über 200 000 Jahre lang bewohnt. In dieser Zeit kam es zu erheblichen Klimaschwankungen. Hyänen und andere Raubtiere suchten in den Höhlen Schutz, und Tausende von Tierknochen belegen unstreitig, dass die Menschen sich von ihrem Fleisch ernährten. Einige Knochen tragen Spuren von Steinwerkzeugen oder waren Feuer ausgesetzt.

Wir wissen nur wenig über Ernährung und Lebensform der frühen Menschen. Sie besaßen eine begrenzte Bandbreite von Werkzeugen, etwa einfache Chopper und Abschläge. 400 000 Jahre alte Ascheschichten in der Zhoukoudian-Höhle im Norden Chinas belegen den kontrollierten Gebrauch von Feuer am Nordrand des Verbreitungsgebietes von *H. erectus*. Allerdings steht nicht fest, ob es sich tatsächlich um Herdfeuer handelte (s. Tabelle rechts).

Nordeurasien

Es sollten mehrere 100 000 Jahre vergehen, bis die Menschen nach ihrer Verbreitung über Afrika hinaus auch den Norden Eurasiens besiedelten. Nördlich des 40. Breitengrades lebten vermutlich frühestens vor 750 000 Jahren Menschen. Allerdings fand man in der heutigen Georgischen Republik einen Kieferknochen, der bis zu 1 Mio. Jahre alt sein könnte. Die Besiedlung von Gebieten, die höher im Norden lagen, stellte die Menschen vor bislang unbekannte Aufgaben, denn sie mussten sich kühleren Temperaturen und einem ausgeprägteren jahreszeitlichen Rhythmus anpassen. In vielen Regionen gab es vermutlich jene Pflanzen, von denen die Menschen sich bis dahin ihrer Gebiss- und Zahnform zufolge überwiegend ernährt hatten, in geringeren Mengen. Allerdings dürfte die frühe Besiedlung Europas in eine wärmere Periode gefallen sein, andere Orte eroberte der Mensch später während kälteren Phasen.

Die ältesten europäischen *Homo*-Fossilien stammen aus der Gran-Dolina-Höhle in Atapuerca im Norden Spaniens. Es handelt sich um drei Dutzend etwa 800 000 Jahre alter Knochen, die vermutlich zu vier Menschen gehörten, darunter mindestens ein Kind und ein Jugendlicher. In Boxgrove, England, entdeckte man 500 000 Jahre alte Skelettreste und Faustkeile als frühesten Beleg für eine Besiedlung nördlich des 50. Breitengrades. Artefakte aus der Treugol'naya-Höhle (Russland) beweisen, dass zur gleichen Zeit auch in Osteuropa Menschen lebten. Vor ca. 500 000 Jahren starben in Europa mehrere große Raubtiere aus. Vielleicht konnte man dadurch besser Fleisch jagen und/oder erbeuten.

Die frühen Atapuerca-Fossilien unterscheiden sich deutlich von ihren afrikanischen Zeitgenossen. Neuere Molekularuntersuchungen legen nahe, dass sich vor ca. 500 000 Jahren die Spezies *Homo* in zwei Zweige spaltete. Nach einem Fundort in Mauer, Deutschland, bezeichnen Paläoanthropologen den europäischen Vorfahren von *Homo sapiens* als *H. erectus heidelbergensis*. Die Fossilien aus Atapuerca könnten zu einem seiner Vorfahren gehört haben.

Über Jahrtausende entwickelte *H. sapiens* in Europa typische Züge der Neandertaler, die in vielen

Atapuerca: älteste Begräbnisstätte?

Aus dem Sima de los Huesos, einem 15,25 m tiefen Schacht am Ende einer großen Kalksteinhöhle bei Atapuerca in Nordspanien, wurden seit Beginn der Ausgrabungen 1983 riesige Mengen von *Homo*-Knochen geborgen. Darunter sind ca. 2500 zwischen 300 000 und 200 000 Jahre alte Knochen von mindestens 32 Individuen. Vermutlich gehören die Hominiden zu den Vorläufern der Neandertaler. Die Menschen waren robust und ziemlich groß, ihre Zähne waren abgewetzt, vermutlich vom Zerkauen der Pflanzen. Drei gut erhaltene Schädel zeichnen sich durch Augenbrauenwülste und längliche Gesichter aus. Man entdeckte eine identische Zahl von Männern und Frauen zwischen 4 und 35 Jahren, vor allem aber Jugendliche zwischen 13 und 22 Jahren. Die Höhle bleibt ein Rätsel. Es gab dort keine Tierknochen oder Steinwerkzeuge, weshalb sie vermutlich nicht bewohnt war, auch weisen die Knochen keine Spuren von Raubtierbissen auf. Da sie völlig durchmischt waren, glaubt man, dass über mehrere Generationen Tote in die Höhle gebracht und in einer Art archaischem Bestattungsritual in die Grube geworfen wurden ◆

RECHTS SCHÄDEL, KIEFER UND GLIEDMASSEN IM SIMA DE LOS HUESOS IN NORDSPANIEN.

	Industrie	Werkzeuge	Verbreitung	Benutzer
ALTPALÄOLITHIKUM	**2,4–1,5 J.v.h.** Oldowan	Einfache Chopper und Schaber	Afrika	Früher *Homo sp.*
	1,4–200000 J.v.h. Acheuléen	Spitze Faustkeile, flachrandige Keile	Afrika, Naher Osten, Europa	Archaische Menschen
MITTELPALÄOLITHIKUM	**200000–40000 J.v.h.** Mittlere Steinzeit	Schaber und Spitzen	Afrika südlich der Sahara, Indien	Arch. Menschen u. früher mod. Mensch
	Moustérien	Schaber, Spitzen und kleine Zweiseiter	Europa, Naher Osten	Neandertaler u. früher mod. Mensch
JUNGPALÄOLITHIKUM	**40000–34000 J.v.h.** Chatelperronien	Schaber, Spitzen und Meißel	Frankreich, Spanien	Neandertaler
	40000–28000 J.v.h. Aurignacien	Knochenspitzen, Klingen, Schaber, Meißel	Europa, Naher Osten	Moderner Mensch
	28000–22000 J.v.h. Gravettien	Schaber, Knochenspitzen, Knochenwerkzeug	Europa	
	21000–19000 J.v.h. Solutréen	Zweiseitige, blattförmige Spitzen	Frankreich, Spanien	
	18000–12000 J.v.h. Magdalénien	Knochenharpunen, Meißel, Mikrolithe	Europa	
	50000–10000 J.v.h. Jungsteinzeit	Schaber und Knochenwerkzeug	Afrika	

OBEN UND RECHTS Anhand von Techniken und Fertigkeiten unterscheiden Archäologen eine Reihe altsteinzeitlicher Geräteindustrien. Faustkeile sind typisch für das Acheuléen (vor 1,4–0,2 Mio. Jahren), in dem verschiedene Spezies der Gattung *Homo* in Afrika und Eurasien lebten. Faustkeile waren in Mittel- und Osteuropa und in Ostasien selten, schwere Steinwerkzeuge bestanden dort aus Choppern und Schlagwerkzeugen. Ihre weite Verbreitung und die Untersuchung ihrer Ränder unter dem Mikroskop zeigen, dass sie in unterschiedlichen Lebensräumen und für verschiedene Zwecke verwendet wurden, weshalb man sie auch als „Schweizer Messer der Altsteinzeit" bezeichnet hat. Rechts ein 250 000 Jahre alter Faustkeil aus dem späten Acheuléen. Nach dieser Zeit verbesserten sich die Fertigungstechniken, die Werkzeuge wurden kleiner; Stücke einer Gattung ähnelten sich stärker. Um diese Zeit verschwanden Faustkeile weitgehend. Mit der Ausbreitung des modernen Menschen vor etwa 50 000 Jahren entstanden neue Werkzeuge, auch schuf man nun Geräte für spezielle Zwecke aus Knochen, Geweih und Mammutelfenbein (s. S. 28f.).

Fällen auf eine Anpassung an das kältere Klima hindeuten (s. S. 26f.). Verschiedene Übergangsfunde, darunter ein 400 000 Jahre alter Schädel aus Arago, Frankreich, und ein 350 000 Jahre alter Schädel aus Vértesszöllös, Ungarn, weisen Merkmale des Neandertalers auf. Letzterer wurde in Ablagerungen gefunden, die zahlreiche verbrannte Knochen enthielten und auf die bislang älteste Feuerstelle in Europa hindeuten. Der kontrollierte Gebrauch von Feuer war für die Besiedlung Nordeurasiens von hoher Bedeutung. Eine weitere, ca. 300 000 Jahre alte Feuerstelle legte man in Bilzingsleben (Deutschland) frei. Eigentlich waren die frühen Menschen technisch nicht sehr innovativ. Ihre Faustkeile ähnelten jenen, die in Afrika 1 Mio. Jahre zuvor entstanden waren, wenngleich die Produktionstechniken vor über 250 000 Jahren eine gewisse Verbesserung erfuhren.

Die Bewohner der nördlichen Regionen aßen vermutlich mehr Fleisch als ihre Vorfahren im Süden, weil sie mehr Kalorien verbrannten. Außerdem gab es Pflanzen in geringerer Menge und Auswahl. Es steht nicht fest, ob die Menschen zeitgleich mit der Ausbreitung in den Norden Eurasiens verstärkt zu jagen begannen. Die Knochen großer Säuger an einigen Stätten weisen Spuren von Steinwerkzeugen auf, doch diese könnten auch entstanden sein, als die Menschen das Fleisch von bereits toten Tieren abzogen. Werkzeug und Feuer nutzte man vielleicht, um im Winter gefrorene Kadaver zuzubereiten, wenn weniger Aas fressende Räuber unterwegs waren. Erst vor ca. 250 000 Jahren machten die in Nordeurasien lebenden Menschen Jagd auf große Säuger.

Veränderungen in Afrika

Genau wie in Europa, jedoch anders als in den asiatischen Tropen und Subtropen, kam es bei den afrikanischen Spezies der Gattung *Homo* in jener Zeit zu einem signifikanten Evolutionsschub. Deutlich vergrößerte sich das Hirnvolumen, was man an den breiten, hohen Hirnschalen von den etwa 500 000 bis 200 000 Jahre alten Fossilien aus Elandsfontein (Südafrika), Ndutu (Tansania) und Broken Hill/ Kabwe (Sambia) erkennen kann. Während diese Schädel sich deutlich von jenen zeitgenössischer Hominidenfossilien aus Eurasien unterscheiden, deuten die steinernen Faustkeile und einfachen Abschläge nicht auf ein verändertes Verhalten hin. Wahrscheinlich entwickelte sich der moderne Mensch *(H. sapiens)*, der vor etwa 200 000 Jahren auftauchte, aus der afrikanischen Form von *Homo* (s. S. 28f.) ◆

Die Neandertaler

Die Bezeichnung Neandertaler bezieht sich auf die gleichnamige Stätte bei Düsseldorf, an der man im 19. Jahrhundert erstmals Knochen von Neandertalern, einer Unterart des urzeitlichen *H. sapiens*, fand. Als der moderne Mensch sich vor rund 100 000 Jahren von Afrika nach Eurasien ausbreitete, lebten Neandertaler in Europa, Zentralasien und im Nahen Osten. Genetische Untersuchungen lassen vermuten, dass sie sich unabhängig von *H. sapiens sapiens* aus der Gattung *Homo* entwickelten und dem Leben in kühleren Regionen besonders gut angepasst waren.

In einem breiten Streifen zwischen Gibraltar im Süden und Belgien im Norden, der sich im Osten bis nach Südsibirien zieht und an einigen Stellen fast bis zum Nahen Osten reicht, fand man Hunderte von Neandertaler-Fossilien. Die ältesten Funde mit den charakteristischen Merkmalen der Neandertaler sind bis zu 300 000 Jahre alt; im Westen ihres Verbreitungsgebietes lebten sie bis vor rund 30 000 Jahren.

Dass die Neandertaler sich kühlen Temperaturen gut anzupassen wussten, erkennt man an ihrem Körperbau. Mit ihrem stämmigen Rumpf, den kurzen Extremitäten und dem großen Kopf ähnelten sie heutigen Arktisbewohnern. Typisch waren auch die flache Stirn, das fliehende Kinn und die großen Schneidezähne. Die Größe des Gehirns entsprach in etwa dem des modernen Menschen; es könnte aber anders strukturiert gewesen sein. Die Knochen der Gliedmaßen deuten auf eine kräftige Muskulatur hin, vermutlich konnten die Neandertaler schwere Arbeiten verrichten und waren sehr ausdauernd. Viele tragen Spuren von Verletzungen, was auf ein gefahrenreiches Leben schließen lässt. Neandertaler wurden im Durchschnitt 40 Jahre alt.

Geringe technische Begabung

Die Neandertaler vermochten sich zwar den klimatischen Gegebenheiten in kälteren Regionen anzupassen, doch ging damit kein technischer Fortschritt einher. Während der meisten Zeit und fast überall in ihrem Verbreitungsgebiet verwendeten die Neandertaler Werkzeug vom Moustérien-Typ (dasselbe galt für die frühen modernen Menschen im nahen Osten), nur die letzten Neandertaler in Westeuropa setzten Werkzeuge vom Chatelperronien-Typ ein. Im Bereich der Steinbearbeitung besaßen sie also ähnliche Fähigkeiten wie der moderne Mensch, doch Rohstoffe vermochten sie weniger effizient zu nutzen. Vor allem aber kannten sie keine Geräte, die nicht aus Steinen bestanden. Ohne Knochenahlen und Nadeln waren sie aber nicht in der Lage, Felle von Tieren zu Kleidung zusammenzunähen. Die Vorderzähne sind bei Neandertaler-Schädeln häufig bis auf die Wurzeln abgewetzt. Da eine derartig starke Abnutzung nicht allein auf den Verzehr von Nahrung zurückzuführen ist, verwendeten die Neandertaler ihre Zähne und Kiefer vermutlich bei bestimmten Verrichtungen zum Festhalten und Ziehen.

Jäger oder Aasesser?

In ihrem Verbreitungsgebiet lebten die Neandertaler in Höhlen und unter Felsvorsprüngen. Gab es diese nicht, rasteten sie in offenem Gelände. Ihre Lagerstätten waren nicht so stark strukturiert wie jene der modernen Menschen. Selbst in den kältesten Regionen fand man wenige bis keine Spuren von künstlichen Behausungen oder Hütten. Aufgrund ihrer geringen Fertigkeiten hielt man die Neandertaler lange Zeit für schlechte Jäger, besonders was große, gefährlichere Säuger anbetraf. Vielleicht ernährten sie sich überwiegend von Tierkadavern und von pflanzlicher Kost. Allerdings deuten neuere Untersuchungen darauf hin, dass sie doch regelmäßig mittelgroße bis große Tiere jagten. Die großen, stämmigen Neandertaler lebten in kalten Gegenden und besaßen keine genähte Fellkleidung, ihr Kalorienbedarf war demnach vermutlich sehr hoch, so dass Pflanzen alleine nicht ausreichten.

UNTEN 1908 entdeckte man in einer Höhle in La Chapelle-aux-Saints in Frankreich Schädel und Knochen eines Neandertalers. Oberschenkelknochen und Wirbel waren stark deformiert. Die frühesten Skelettstudien, die bereits vor dem Ersten Weltkrieg entstanden, prägten das grundlegend falsche Bild vom gekrümmt gehenden, viehischen Neandertaler, der eher einem Affen als einem Menschen glich. Fast ein halbes Jahrhundert lang hatte dieses Bild in der öffentlichen Meinung Bestand. Erst als man das Skelett in den 1950er Jahren erneut untersuchte, stellte man fest, dass die Deformationen aus Brüchen und Knochenarthritis resultieren. Man hatte die Überreste eines alten, fast zahnlosen Mannes analysiert.

OBEN Oben Neandertaler lebten in einem großen Gebiet in Europa, Sibirien und dem Nahen Osten. Die ältesten Fossilien wurden alle in Westeuropa gefunden, wo das Klima aufgrund des Atlantikeinflusses relativ mild war. In Atapuerca (Spanien) und Biache-St. Vaast (Frankreich) entdeckte man 300 000 bis 150 000 Jahre alte Stätten. Den Osten, wo kälteres und trockeneres Klima herrschte, erreichten die Neandertaler vor etwa 130 000 Jahren. Einzelne Zähne aus der Denisowa-Höhle weisen auf die östliche Verbreitungsgrenze der Neandertaler hin. Als vor ca. 70 000 Jahren am Ende der letzten Zwischeneiszeit die Temperaturen deutlich sanken, zogen die Neandertaler vielleicht in den Nahen Osten, wenn sie sich nicht schon vorher dort aufhielten.

Kommunikation und Verhalten

Wir wissen nicht, wie sich die Neandertaler verständigten, doch lässt ihre Anatomie nicht darauf schließen, dass sie über eine große Bandbreite an Ausdrucksmöglichkeiten verfügten. Da es keine Belege für künstlerische Betätigung oder Ornamente bei ihnen gibt, verwendeten sie wahrscheinlich keine Symbole, was für die Entwicklung der menschlichen Sprache von zentraler Bedeutung war. Allerdings spielten Glaube und Rituale wohl doch eine gewisse Rolle in ihrem Alltag. An vielen Stätten und in vielen Regionen existieren Hinweise darauf, dass die Neandertaler ihre Toten bestatteten. Ob sie aber Steinwerkzeuge, Knochen und (wie für die Stätte Shanidar, Irak, behauptet) sogar Blumen als Beigaben in Gräber legten, steht keineswegs fest. Diese Gegenstände könnten auch zufällig bei den Toten gelandet sein.

Die letzten Neandertaler

Als die Temperaturen am Ende der letzten Zwischeneiszeit vor ungefähr 70 000 Jahren fielen, verließen die Neandertaler die kältesten Regionen Mittel- und Osteuropas. Sie verschwanden jedoch erst vor 30 000 Jahren, wahrscheinlich sogar noch später, aus Europa. Zu jener Zeit hatte sich der moderne Mensch bereits in ganz Nordeurasien verbreitet.

Einige Paläoanthropologen glauben, dass die heute im westlichen Eurasien lebenden Menschen noch Erbgut der Neandertaler in sich tragen. Diese Ansicht ist jedoch stark umstritten. Zwar fand man 1998 in einem Grab in Lagar Velho, Portugal, das 25 000 Jahre alte Skelett eines männlichen Kindes (die Neandertaler waren um diese Zeit angeblich bereits 5000 Jahre ausgestorben), das Merkmale von Neandertalern und von modernen Menschen aufwies, doch sind nicht alle Paläoanthropologen der Meinung, dass beide Formen sich miteinander mischten. Mitochondriale DNA-Analysen legen nahe, dass alle lebenden Menschen von einer relativ homogenen Population abstammen, die sich in den letzten 100 000 Jahren von Afrika aus verbreitete. 1997 isolierten und entschlüsselten Forscher ein mitochondriales DNA-Stück eines Neandertalers. Es wies deutliche Unterschiede zu allen lebenden Menschen auf. Vermutlich trennten sich die beiden Linien bereits vor über 500 000 Jahren ◆

Die Ausbreitung des modernen Menschen

Es gilt als gesichert, dass sich der moderne Mensch *(H. sapiens)* in Afrika entwickelte und von dort aus die Erde bevölkerte, die Gründe dafür sind jedoch umstritten. Die meisten Paläoanthropologen glauben, dass der moderne Mensch bereits existierende archaische Populationen vollständig verdrängte. Andere sind hingegen der Meinung, dass Urmenschen und moderne Menschen sich mischten und ihre Gene daher im Erbgut der heutigen Menschen fortleben. Die Ausbreitung gestaltete sich komplex und führte zu Verschiebungen von Menschen und genetischem Material. Zu den wichtigsten Fortschritten gehört mit Sicherheit die Entstehung einer echten Sprache.

Etwa 150 000 bis 100 000 Jahre alte Schädel aus Omo (Äthiopien), Laetoli (Tansania), aus der Border Cave und Klasies River Mouth (beide Südafrika) lassen sich eindeutig dem modernen Menschen *(H. sapiens)* zuordnen, wenngleich sie einige archaische Züge aufweisen. Genetische Untersuchungen stützen die These, nach der die Ursprünge des modernen Menschen in Afrika liegen. Überreste moderner Menschen, die den afrikanischen Funden ähneln, entdeckte man in Höhlen in Qafzeh und Es-Skhul (Israel). Die 100 000 bis 90 000 Jahre alten Stücke bilden den frühesten Beleg für die Verbreitung des modernen Menschen über Afrika hinaus. Hier wie bei den afrikanischen Fossilien fand man jedoch nur Werkzeuge des einfachsten Typs.

Revolutionäre Veränderungen

Die Ausbreitung des modernen Menschen über Eurasien begann vor 60 000 bis 50 000 Jahren und fiel mit der Zeit zusammen, als die Menschen sprachliche Ausdrucksformen und neue technische Fertigkeiten entwickelten. Diese revolutionären Neuerungen stellten die zweite Phase in der Entwicklung des modernen Menschen dar, die nach Meinung vieler Paläoanthropologen noch wichtiger war als die erste.

Wann dies geschah, ist nach wie vor umstritten. Einige Wissenschaftler glauben, dass der Prozess vor rund 100 000 Jahren begann und sich Schritt für Schritt vollzog, während andere für eine später einsetzende, abruptere Veränderung votieren. Über den frühesten Zeitpunkt kann man nur spekulieren. Etwa 90 000 Jahre alte knöcherne Speerspitzen aus Katanda (Republik Kongo) lassen auf hoch entwickelte Fertigungstechniken schließen. Größere Mengen von Objekten dieser Art stammen jedoch aus der Zeit vor rund 50 000 Jahren.

Die Anatomie der Fossilien lässt keine gesicherten Rückschlüsse auf den Erwerb von Sprache zu. Vielmehr leitet sich die Existenz einer Sprache aus den Ornamenten, Gravuren, Skulpturen und anderen symbolischen Formen bei archäologischen Fundstücken ab. Einige Forscher behaupten, dass sich bei den Überresten in Qafzeh und Es-Skhul Grabbeigaben befanden, doch die ältesten gesicherten Belege für Bestattungsrituale dieser Art sind 46 000 Jahre alte Straußeneier aus Enkapune ya Muto (Kenia).

OBEN Die Höhle Klasies River Mouth an der Küste der Westlichen Kapprovinz (Südafrika) barg über 100 000 Jahre alte Skelettreste früher moderner Menschen *(H. sapiens)*. Die dazugehörigen Artefakte deuten noch nicht auf die bahnbrechenden Veränderungen hin, die mit der Ausbreitung des modernen Menschen vor rund 50 000 Jahren einhergingen.

RECHTS Obgleich die Vorfahren von *H. sapiens* wie auch die Neandertaler ihre Toten manchmal bestatteten, lässt nur wenig auf Rituale oder Grabbeigaben schließen. Vor 50 000 Jahren bestreute der moderne Mensch Gräber dagegen häufig mit rotem Ocker und legte persönliche Habe auf den Körper. Manchmal begruben sie die Toten auch mit Werkzeugen, Waffen oder Kunstgegenständen. Dieser moderne Mensch aus den Grimaldi-Höhlen in Norditalien wurde bei der Bestattung mit rotem Ocker, Muscheln und Tierzähnen verziert.

Afrika	**ca. 150000–100000 J.v.h.** Ursprünge von *H. sapiens* in Afrika	**ca. 90000 J.v.h.** Verzierte Knochenspeerspitzen aus Katanda (Datierung schwierig)	**ca. 46000 J.v.h.** Perlen in einem Grab in Enkapune ya Muto (Kenia)
Naher Osten		**ca. 90000 J.v.h.** Gräber moderner Menschen in Es-Skhul und Qafzeh (Israel)	**ca. 45000 J.v.h.** Übergangssteinwerkzeuge in Boker Tachtit (Israel)
Nordeurasien			
Ostasien			
Australien			**ca. 60000 J.v.h.** Moderne Menschen erreichen Australien (unsicher)
	100000 J.v.h.	75000 J.v.h.	50000 J.v.h.

Weltweite Kolonisierung

Die Verwendung von Symbolen scheint Hand in Hand mit der grundlegenden Verbesserung der technischen Fertigkeiten gegangen zu sein. Ohne diese beiden Faktoren hätte der moderne Mensch sich vor 50 000 Jahren mit Sicherheit nicht so rasch und so weit verbreiten können. Auf ihrem schnellen Siegeszug verdrängten sie bereits existierende archaische Populationen in weiten Teilen Eurasiens; Australien erreichten sie vor ca. 35 000 Jahren. Dank ihrer Fähigkeit, neue Techniken zu entwickeln und sich den örtlichen Gegebenheiten anzupassen, konnten sie nahezu die gesamte Erde erobern. Nur die extrem niedrigen Temperaturen im nördlichen Asien verhinderten während der letzten Eiszeit das Vordringen der Menschen bis nach Nordamerika (s. S. 36f.).

Die ältesten Spuren moderner Menschen in Südostasien sind ca. 40 000 Jahre alt. Auch in Australien fand man Stätten aus dieser Zeit. Bei einigen australischen Fundorten gehen die Forscher sogar von 60 000 Jahren aus (s. S. 184f.). Vermutlich gelangte der moderne Mensch vor etwa 50 000 Jahren über das Afrikanische Horn nach Südasien. Australien, das damals eine einzige Landmasse mit Neuguinea bildete, konnten die Menschen nur erreichen, indem sie Boote bauten, die eine kurze Überfahrt von einer Insel zur nächsten ermöglichten.

Vor rund 40 000 Jahren stießen die modernen Menschen ins nördliche Eurasien vor; sehr alte Stätten fand man in Bacho Kiro (Bulgarien) und Kostienki (Russland). Von hier aus breiteten sich die Menschen westwärts aus, wobei sie vor ca. 30 000 Jahren die Neandertaler verdrängten. Überreste moderner Menschen entdeckte man in Willendorf (Österreich), Vogelherd (Deutschland), Cro-Magnon (Frankreich) und Paviland (England). Vor 40 000 bis 35 000 Jahren folgte die Kolonisierung Sibiriens. Skelettfunde weisen typische Züge der aus tropischen Regionen stammenden Populationen auf, Artefakte wie Knochennadeln und primitive Behausungen zeigen, dass die Menschen Techniken entwickelten, um in den kalten Gegenden zu überleben ◆

ca. 27500 J.v.h. Felsenbilder in der Apollo-11-Höhle (Namibia)

ca. 30000 J.v.h. Kunstobjekte mit Gravuren in den Hayonim-Höhlen (Israel)

ca. 40000–35000 J.v.h. Moderne Menschen in Europa und Südsibirien

ca. 30000 J.v.h. Höhlenkunst in Chauvet (Frankreich), Objekte in Vogelherd (Dtl.)

ca. 25000 J.v.h. Grabkunst in Sungir' (Russland)

ca. 15000 J.v.h. Höhlenbilder (Tiere u. abstrakte Zeichen) in Altamira (Spanien)

ca. 40000 J.v.h. Schädel eines mod. Menschen in der Niah-Höhle (Borneo)

ca. 29000 J.v.h. Mod. Menschen und Werkzeuge in der Badadomba-lena-Höhle (Sri Lanka)

ca. 40000 J.v.h. Axt mit Griff auf der Huon-Halbinsel (Neuguinea)

ca. 26000 J.v.h. Rituelle Bestattung am Lake Mungo (Neusüdwales)

ca. 13000 J.v.h. Größter bekannter Eiszeitfriedhof in Kow Swamp (Victoria)

40000 J.v.h. | 30000 J.v.h. | 25000 J.v.h. | 20000 J.v.h. | 15000 J.v.h.

Spezialisierte Jäger

Die letzte Eiszeit begann vor etwa 1,5 Mio. Jahren. Vor rund 10 000 Jahren zogen sich die Eismassen aus Europa und Nordamerika zurück. In dieser Periode, Jungpaläolithikum oder Späte Altsteinzeit genannt, besiedelten Menschen weite Teile der Erde. Nomadische Jäger und Sammler eroberten neue Lebensräume, vom tropischen Urwald über Savannen und Wüsten bis hin zu gemäßigten Wäldern und kalten Steppen. Im Unterschied zu früheren Menschen stellten sie sich auf die besonderen Anforderungen des jeweiligen Ortes ein, passten sich aber körperlich nur langsam den klimatischen Gegebenheiten an. Die Jäger- und Sammlergruppen, mit denen sich die Paläoanthropologie befasst, schufen die Basis für die sprachliche, kulturelle und rassische Vielfalt der modernen Welt.

GANZ RECHTS Der moderne Mensch entwickelte sich vor etwa 150 000 Jahren in Afrika und verbreitete sich vor 50 000 bis 35 000 Jahren in der ganzen Welt. Dabei verdrängte er vermutlich frühere *H.-sapiens*-Populationen wie den Neandertaler. Vor rund 35 000 Jahren entstanden auch erste regionale Kulturen. Vor ca. 18 000 Jahren erreichte die letzte Eiszeit mit maximaler Ausdehnung der Eisflächen, minimalen Temperaturen und einem sehr niedrigen Meeresspiegel ihren Höhepunkt. Diese klimatischen Bedingungen förderten die Entwicklung bestimmter Jagdtechniken und Überlebensstrategien, wodurch die Erschließung neuer Lebensräume, besonders im Norden Eurasiens, gelang.

Die letzte große Kältephase der Eiszeit erreichte ihren Höhepunkt vor ca. 20 000 bis 18 000 Jahren. Zu jener Zeit bedeckten riesige Gletscher die nördliche Hemisphäre. Im gesamten nördlichen Teil von Eurasien entwickelten die Menschen Strategien, um in der extremen Kälte zu überleben. Da bei den niedrigen Temperaturen nur wenige Pflanzen gediehen, die Menschen aber andererseits wegen der Kälte sehr viele Kalorien verbrauchten, spezialisierten sie sich schon bald auf die Jagd nach besonders großen Säugern.

Die schwierigsten Bedingungen herrschten in den kalten, trockenen, baumlosen Ebenen im Norden Eurasiens (s. Kasten). Man jagte große Grasfresser wie Mammuts, Büffel und Pferde wegen ihres Fleisches und ihrer Felle und fing Polarfüchse wegen ihrer wärmenden Pelze. In den borealen Nadelwäldern der südsibirischen Taiga gab es genügend Holz, das als Baumaterial und Brennstoff diente. Hier jagten die Menschen Rentiere. Zwar passte sich *H. sapiens sapiens* dem kalten Klima erstaunlich gut an, doch blieben die arktischen Regionen ihm als Lebensraum weitgehend verschlossen. Während des Kältehöhepunktes waren weite Teile von Sibirien nicht besiedelt, vor rund 18 000 Jahren ließen sich dann erneut Menschen dort nieder. Gebiete nördlich des 60. Breitengrades blieben unbewohnt, bis die Temperaturen vor etwa 14 000 Jahren deutlich anstiegen.

Im Westen Europas herrschten günstigere Voraussetzungen. Säuger aus der arktischen Tundra, etwa Rentiere, zogen bis nach Spanien und Italien. Dort jagte man sie zusammen mit Hirschen, Steinböcken und Pferden, um Fleisch zu gewinnen.

Neue Technologien

Besonderen Einfallsreichtum bewiesen die Menschen, wenn es darum ging, neue Techniken zur Herstellung von Jagdwaffen zu entwickeln. Gesteinskundliche Analysen von Werkzeugen zeigen, dass Rohstoffe wie Feuerstein oder Obsidian oft in einem sehr großen Gebiet gesammelt wurden. Aus Geweihen, Elfenbein und Knochen schnitzte man zum Teil aufwändig verzierte Harpunen, Ahlen oder Nadeln, mit denen man Fellkleidung zusammennähen konnte. Auch höhlte man die Röhrenknochen von Vögeln aus und fertigte daraus einfache Instrumente. Höhlen und Felsvorsprünge wurden mit Bildern von Tieren verziert, die im Leben der eiszeitlichen Jäger eine wichtige Rolle spielten (s. S. 32f.).

Wärmere Gegenden

In der südlichen Hemisphäre spürten die Menschen wenig von den Auswirkungen der Eiszeit. In einigen Teilen Afrikas und Südasiens kam es auf ihrem Höhepunkt zu Trockenperioden und Waldschwund, doch

Mesiritsch: Hütten aus Mammutknochen

Mesiritsch (Ukraine) ist ein interessantes Beispiel dafür, wie Menschen sich gegen Ende der letzten Eiszeit einem der kargsten Lebensräume der Erde anpassten. Als vor ca. 15 000 Jahren die Kälte ihren Höhepunkt gerade überschritten hatte und baumlose Steppe das Bild bestimmte, errichteten Jäger ein Lager an einem Nebenfluss des Dnjepr. Aus Hunderten von Mammutknochen und Stoßzähnen, die sie rund um eine zentrale Feuerstelle anordneten, bauten sie mindestens vier große Häuser mit 20 bis 32 m Durchmesser. Mit Sicherheit kostete es große Anstrengung, so viele Knochen zusammenzutragen, auch wenn diese wohl von „Mammutfriedhöfen" stammten, die häufig an Flussmündungen lagen. Rund um die Häuser grub man große Löcher, die vermutlich bis zum Dauerfrostboden reichten, und konservierte darin Nahrung und Mammutknochen. Letztere dienten als Brennstoff, wenn es kein Holz gab, mussten hierfür aber frisch gehalten werden. Auch Essensreste – die Nahrung bestand überwiegend aus Pferde- und Büffelfleisch – verbrannte man in der Regel. Die Kleidung der Menschen ähnelte wahrscheinlich jener, die heutige Arktisbewohner tragen. Trotz ihres harten Alltags fanden die Jäger von Mesiritsch Zeit, viele Knochen zu beschnitzen und entwickelten eigene Ornamente und Ausdrucksformen ◆

UNTEN ARCHÄOLOGISCHE REKONSTRUKTION EINES HAUSES AUS MAMMUTKNOCHEN.

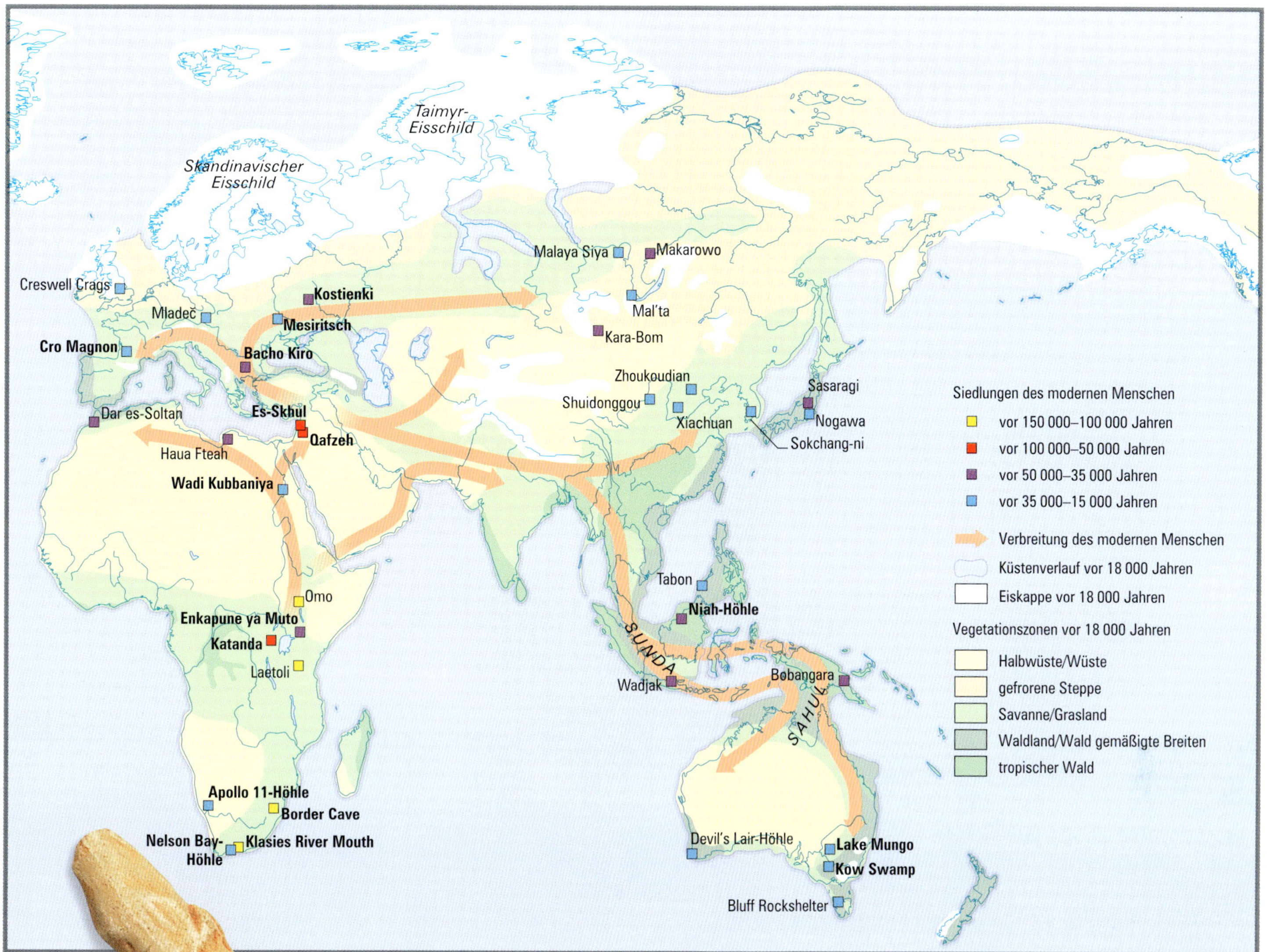

LINKS Knochen und Geweih waren während des Jungpaläolithikums die wichtigsten Rohstoffe bei der Werkzeug- und Waffenherstellung, vermutlich, weil es während der letzten Eiszeit an Holz mangelte. Geschnitzte Werkzeuge wurden häufig funktional und zugleich ästhetisch ansprechend gestaltet. Die Spitzen mit Widerhaken (17 und 14 cm lang) dienten vermutlich zum Fischfang.

RECHTS Durchbohrte Knochennadel, 5 cm lang.

ansonsten unterschieden sich die Witterungsbedingungen kaum von den heutigen. Im Jungpaläolithikum wollten oder konnten die Menschen keine Gebiete mit extremem Klima – etwa tropische Regenwälder oder Wüsten – erobern, doch in den übrigen Lebensräumen herrschte eine größere Artenvielfalt als heute, so dass die Lebensgrundlage der dort siedelnden Gruppen gesichert war. Im Nahen Osten und in Nordafrika zog es die Jäger und Sammler zu den ganzjährigen Wasserquellen der Täler und Oasen. Untersuchungen an der Stätte Wadi Kubbaniya am Nil zeigen, dass bestimmte Wildpflanzen, die man zwischen Steinen zermahlte, intensiv abgeerntet wurden. Auch Süßwasserfische gehörten zu den Grundnahrungsmitteln. In Südafrika, wo die Menschen in Küstenhöhlen lebten, jagte man Robben und fing Krustentiere. In Asien und Australien fingen die Jäger Wallabys, Wombats und Frösche und fischten nach Barschen. Zwar zeigten die Menschen in diesen Breiten weniger Neigung, sich künstlerisch oder durch Symbole auszudrücken als jene der nördlichen Hemisphäre, doch entdeckte man rund 27 500 Jahre alte Felsmalereien in Namibia und ca. 20 000 Jahre alte Höhlenbilder in Australien ◆

Eiszeitkunst

Gegenstände, die eindeutig nicht einer bestimmten Funktion dienten und damit als reine Kunstobjekte gelten, entstanden bereits vor der Zeit der Neandertaler. Doch erst während der letzten Eiszeit (vor 37 000–11 000 Jahren) erfolgte der eigentliche Durchbruch. Die modernen Menschen des Jungpaläolithikums bearbeiteten Steine, Knochen und Elfenbein und verzierten ihre Umwelt mit auffälligen Bildern. Belege finden sich auf allen Kontinenten, die meisten und best erforschten Beispiele bietet Eurasien.

OBEN Einige der Bilder aus der französischen Höhle Chauvet sollen laut Radiokarbondatierungen über 30 000 Jahre alt sein. Die außergewöhnlich hohe Kunstfertigkeit, die zu ihrer Herstellung nötig war, lässt manche Forscher aber an dem frühen Datum zweifeln.

Bilder von Tieren und Menschen zieren die Höhlenwände von Gibraltar bis zum Ural, besonders häufig die in Nodwestspanien und Südfrankreich. Ende des 19. Jahrhunderts erregte diese Kunstform erstmals Aufmerksamkeit, nachdem man 1879 im spanischen Altamira auf Höhlenbilder gestoßen war, die zu den ältesten und bemerkenswertesten überhaupt gehören. Seit dieser Zeit entdeckte man rund 300 verzierte Höhlen und Unterstände, und fast jährlich kommt ein neuer Fundort hinzu. In Portugal, Spanien und Frankreich gibt es auch an frei stehenden Steinen Beispiele für den jungpaläolithischen Kunststil. Mobile Kunst – vor allem behauene bzw. beschnitzte oder gravierte Steine, Geweihknochen und Elfenbein – spielte während der Eiszeit eine wichtige Rolle. Man fand derartige Objekte an vielen Orten zwischen Nordafrika und Sibirien, besonders häufig aber in Nordwestspanien, Südwestfrankreich und im europäischen Teil Russlands.

Verschiedene Techniken

Meist bestand Höhlenkunst aus Einritzungen oder gezeichneten Linien. Andere Techniken wie zwei- oder mehrfarbige Bilder, Reliefbilder oder Lehmarbeiten sind seltener. Die Menschen ritzten mit Feuersteinklingen Linien in den Stein und trugen mit Fingern, Händen, Zweigen oder Tierhaarpinseln Farbe auf. Manchmal entstanden Umrisse von Händen oder kleinen Tieren, indem Pigmente auf den Fels gesprüht wurden. Es gab „öffentliche" Bilder an Höhleneingängen, aber auch gut versteckte tief im Höhleninnern.

RECHTS Dieses 10,5 cm lange Geweihstück mit Einritzungen aus La Madeleine, Frankreich, zeigt einen Büffel, der seine Flanken leckt. Während der Eiszeit entstanden unzählige Objekte dieser Art; viele stammen aus dem Magdalénien (17 000–11 000 J.v.h.).

Bei Grabungen in Höhlen wie etwa Tito Bustillo (Nordspanien) fand man heraus, welche Farbgrundstoffe verwendet wurden. Einige Bilder zeichnete man im Experiment nach und stellte fest, dass begabte Künstler sie wohl in sehr kurzer Zeit anfertigten. Untersuchungen von Gemälden aus den französischen Pyrenäen belegen, dass die Farben nach unterschiedlichen Rezepturen aus Mineralien hergestellt wurden. Die rote Farbe bestand aus Eisenoxid, die schwarze nach neueren Erkenntnissen überwiegend aus Holzkohle (und nicht, wie früher angenommen, aus Mangan). Dank der Holzkohle ließen sich die Bilder in bislang zwölf Höhlen mithilfe der Radiokarbonmethode datieren. Bei den meisten bestätigte sich das anhand des Stils geschätzte Alter. Tierfiguren aus Chauvet (Frankreich), die man wegen ihres Stils, der Schattierungen, dargestellten Bewegungen und der Perspektive für 20 000 bis 15 000 Jahre alt gehalten hatte, könnten allerdings über 30 000 Jahre alt sein. Diese Stätte und die vermutlich über

32 000 Jahre alte Elfenbeinfigurine aus Vogelherd (Südwestdeutschland) weisen darauf hin, dass die Eiszeitkunst sich nicht, wie bislang vermutet, linear von groben, archaischen Werken zu den Meisterwerken von Lascaux und Altamira entwickelte, sondern viele Anfänge und Blütezeiten erlebte und vermutlich mehr als einen Ursprung besaß.

Themen und Rätsel

Am häufigsten zeigen Bilder und Objekte Tiere. Es existieren aber auch einige Darstellungen von Menschen, etwa auf gravierten Steintafeln aus La Marche (Frankreich), sowie über 100 Figurinen, die vorwiegend Frauen („Venusfiguren") zeigen. Pferde und Rinder gehören zu den am meisten abgebildeten Tieren, gefolgt von Hirschen und Steinböcken. Vögel und Fische finden sich häufiger auf mobilen Objekten als in Höhlen, und Raubtierdarstellungen sind eher selten, wenngleich Großkatzen, Bären, Wollnashörner und Mammuts in der frühen Kunst eine gewisse Rolle spielten. In allen Phasen zeigte man die meist erwachsenen Tiere im Profil, Landschaften, Kulissen, Vegetation und Grundlinien sind rar oder fehlen gänzlich. Konturen, Spalten und natürliche Vorsprünge wurden häufig geschickt in das Bild einbezogen. Neben den figürlichen Darstellungen entdeckte man auch eine Fülle abstrakter Motive aus Ornamenten und Zeichen. Sie reichen von schlichten Punkten und Linien bis hin zu komplexen Mustern. Fundort und Alter legen nahe, dass sie zur Identifikation bestimmter Gruppen dienten.

Technik und Menge der Darstellungen schwanken von Stätte zu Stätte. An einigen Orten entdeckte man nur wenige mobile Objekte oder Wandbilder, an anderen Hunderte. Außerhalb der französischen Pyrenäen fand man bislang keine Lehmarbeiten; Flachreliefs beschränken sich auf einige Teile Frankreichs wie das Périgord. Und während man auf Tonfiguren stets nur tief im Innern von Höhlen stieß, sind Skulpturen ein typisches Merkmal von Felsvorsprüngen und gut beleuchteten Teilen von Höhlen.

Untersuchungen in verschiedenen Höhlen lassen eine Art dekoratives Schema erkennen. So wählte man bestimmte Bereiche für Einritzungen oder Malereien, einige Teile waren offensichtlich wichtiger als andere. Wo welcher Dekor angebracht wurde, blieb keineswegs dem Zufall überlassen. Manchmal spielte vermutlich die Akustik eine Rolle. Studien in mehreren Höhlen zeigen, dass sich Höhlenbilder häufig dort befinden, wo die menschliche Stimme am vollsten klingt. Die Künstler wussten die Beschaffenheit der Höhle und bestimmter Felsen optimal zu nutzen, mithilfe von Fackeln oder Steinlampen ließen sie Bilder auftauchen und verschwinden oder verliehen ihnen Bewegung und schöpften vermutlich auch die akustischen Möglichkeiten des Raumes aus.

Die Bedeutung der Kunst

Unser Wissen über die Kunst der Eiszeit ist lückenhaft; alle Erklärungen enthalten wahrscheinlich einen wahren Kern. Man muss sich vor Augen halten, dass jede Interpretation den Geist ihrer Zeit widerspiegelt. Zu Beginn des 20. Jahrhunderts bevorzugte man schlichte ethnographische Modelle, die um Jagd- und Fruchtbarkeitsriten kreisten; dann gewann der französische Strukturalismus die Oberhand, der behauptete, die dargestellten Tiere veranschaulichten die sexuelle Dualität (männlich/weiblich). In der Ära der Weltraumerforschung spielte die Astronomie eine Rolle, im Computerzeitalter betrachtet man die Darstellungen als codierte Informationen, während esoterische Strömungen von Tranceerfahrungen früher Schamanen sprechen. Jedenfalls umfasst die Eiszeitkunst einen Zeitraum von mindestens 35 000 Jahren und eine Vielzahl von Techniken und Formen, von Perlen bis hin zu Statuetten, von schlichten Punkten bis zu mehrfarbigen Tieren und von tiefen Höhlen bis zu frei stehenden Steinen. Einfache Erklärungsansätze reichen meist nicht aus, um die Fülle der hoch komplexen und differenzierten Ausdrucksformen vollständig zu verstehen ◆

UNTEN Graviertes „Stierklangrohr" (18 mal 4 cm) mit geometrischen Motiven und rotem Ockerüberzug aus La Roche bei Lalinde (Dordogne, Frankreich). Mit Instrumenten dieser Art konnte man ein lautes, summendes Geräusch erzeugen, wenn man sie an einer Schnur durch die Luft wirbelte. Die Menschen der Eiszeit besaßen auch Knochenflöten und Lithophone aus Stalaktiten.

Die Nacheiszeit

Vor ca. 18 000 Jahren begannen sich die Eismassen in Skandinavien und Nordamerika zurückzuziehen, die Landschaft veränderte sich und bot nun neue Möglichkeiten für die Menschen. Gleiches galt für Europa, wo Dauerfrostböden und periglaziale Tundra Richtung Norden wichen, gefolgt von Rentierherden, die nun in ehedem zu kalten Gebieten Nahrung fanden. Kleine Gruppen von Jägern, die gelernt hatten, diese Tiere zu fangen, zu töten und zu verwenden, zogen mit ihnen nord- und ostwärts bis nach Sibirien. Über die breite Landbrücke an der heutigen Beringstraße gelangten die ersten Jäger und Sammler nach Alaska und besiedelten die Neue Welt, die größte noch unbewohnte Landmasse der Erde.

Die Gletscher hinterließen bei ihrem Rückzug in Europa lange, tunnelförmige Täler, die das unter dem Eis fließende Schmelzwasser geschaffen hatte. Diesen Pfaden folgten die Rentierherden. Jägergruppen fanden heraus, dass sie lediglich am Ein- oder Ausgang solcher Täler warten mussten, um Tiere in großer Zahl zu erlegen. An mehreren spätpaläolithischen Stätten in der Gegend von Hamburg entdeckte man bei Grabungen dicke Schichten von Rentierknochen, die offensichtlich bei solchen jahreszeitlichen Jagdzügen angefallen waren.

Die nahe gelegene Ostsee war zu jener Zeit ein reines Binnengewässer, während der südliche Teil der Nordsee überwiegend aus Sümpfen bestand, welche die südliche Hälfte Britanniens mit dem übrigen Europa verbanden. Die Menschen konnten sich also trockenen Fußes zwischen den heute getrennten Landmassen bewegen. 1931 fand die Mannschaft des Fischdampfers *Colinda* am Grund der Nordsee eine 12 000 Jahre alte Geweihspitze.

Waldland

Mit zunehmender Erwärmung eroberten Büsche und Bäume wie die Zwergbirke die morastigen Weiten mit schmelzenden Dauerfrostböden. Im Wald heimische Hirsche und wilde Rinder ersetzten die Rentierherden. Die Temperaturen stiegen allerdings nicht stetig, vielmehr sorgten einige Einbrüche erneut für periglaziale Bedingungen, doch vor etwa 10 000 Jahren glich die Landschaft in Nordeuropa bereits eher der heutigen als jener, die 5000 Jahre zuvor das Bild bestimmt hatte.

Weiter südlich spürte man die Erwärmung ebenfalls. Vor ca. 18 000 Jahren beschränkten sich die Menschen an der Mittelmeerküste und im Nahen Osten nicht mehr auf eine begrenzte Auswahl an Wild, sondern begannen viele verschiedene Nahrungsquellen zu nutzen. Die Jägerstämme der Levante (Palästina und Syrien) gingen dazu über, wilden Weizen und Gerste zu sammeln (s. S. 56). Wie die Rentierjäger im Norden fingen sie Gazellen, indem sie sie an den Migrationskorridoren abpassten.

Die Landbrücke am Beringmeer

Als am Ende der letzten Eiszeit die Temperaturen stiegen, folgten Jäger den riesigen Moschusochsen-, Mammut- und Rentierherden, die in der Trundra grasten, durch die weiten baumlosen Steppen Sibiriens. Immer weiter führte der Weg nach Osten, denn zum ersten Mal erlaubten die klimatischen Bedingungen es den Menschen, so tief ins nördliche Eurasien vorzudringen. Schließlich erreichten sie Beringia, eine etwa 1600 Kilometer breite Landbrücke, die heute zwischen Beringmeer, Beringstraße und Tschuktschensee unter Wasser liegt. Hier zog sich die eurasische Steppe bis nach Alaska hinein, bevor die schmelzenden Eismassen den Meeresspiegel ansteigen ließen und die beiden Kontinente trennte.

Wann erstmals Menschen Beringia durchquerten und Nordamerika besiedelten, ist bis heute umstrit-

RECHTS UND UNTEN Etwa 12 500 Jahre alte Steinbola, Chopper und Pfeilspitzen aus Monte Verde II im Süden Chiles. Die Stätte barg nicht nur Steinwerkzeuge, sondern auch gut erhaltene Artefakte aus Holz, Fasern, Knochen und Häuten sowie Überreste von Behausungen. Das nahe gelegene Monte Verde I dürfte deutlich älter sein.

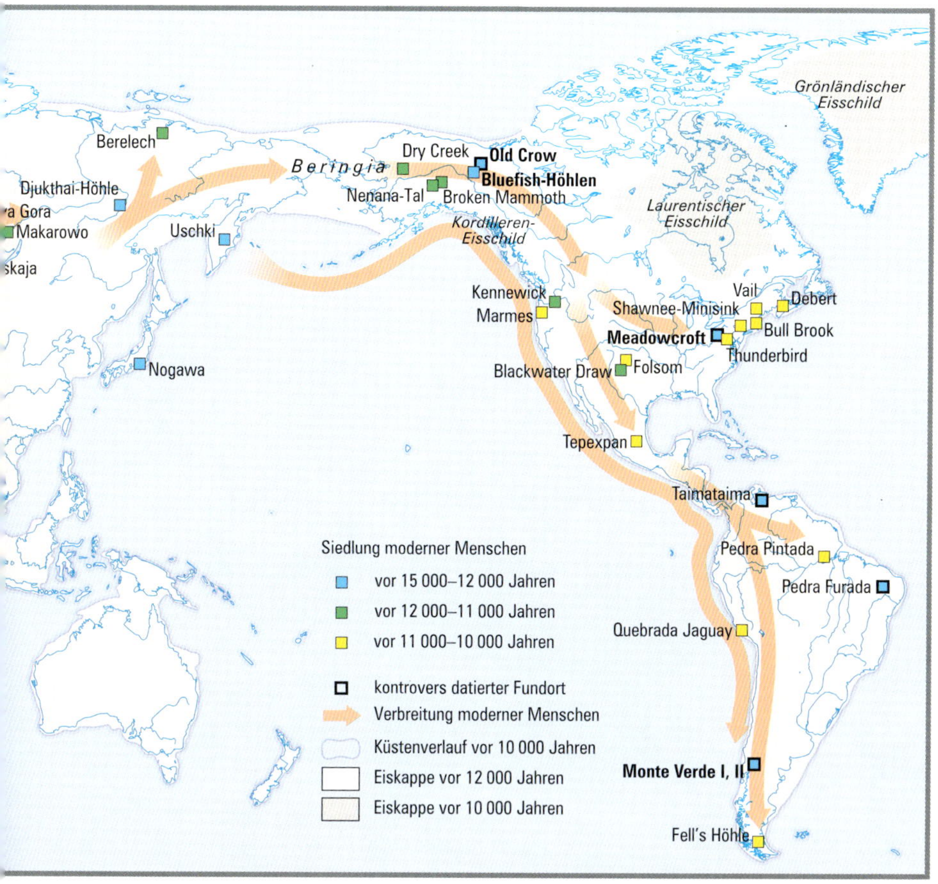

OBEN Über die Frage, wann und wie die ersten Menschen nach Nordamerika gelangten, wird unter Wissenschaftlern viel gestritten. Einer gängigen These zufolge fanden sie vor rund 13 000 Jahren einen Korridor, der durch die Eismassen ins Landesinnere führte. Als eher unwahrscheinlich gilt die Auffassung, Menschen könnten vor dem Rückzug des Eises in Booten der Westküste gefolgt sein.

ten. Einige Forscher datieren Knochenartefakte von einer Stätte bei Old Crow im Yukon-Gebiet in Nordwestkanada auf 30 000 bis 25 000 Jahre, doch mit gutem Gewissen kann man erst die Bluefish-Höhlen am nordamerikanischen Ende von Beringia, ebenfalls im Yukon-Gebiet, heranziehen, die vermutlich etwa 13 000 Jahre alt sind.

Zu dieser Zeit hatte sich das Eis aus weiten Teilen Alaskas und dem Yukontal in Nordwestkanada zurückgezogen, bedeckte aber noch fast den gesamten Rest Kanadas. Um weiter nach Süden ins Landesinnere Nordamerikas vorzudringen, mussten die Menschen einen eisfreien Korridor zwischen dem Kanadischen Schild im Osten und den Nordamerikanischen Kordilleren finden. Wissenschaftler gehen davon aus, dass die Eismassen sich erst vor ca. 13 000 Jahren weit genug zurückzogen, um einen solchen Korridor zu bilden. An Stätten südlich der Eisgrenze, etwa im Meadowcroft Rockshelter in Pennsylvania (s. Kasten), lebten bereits deutlich früher Menschen als an den am zuverlässigsten datierten Orten im Yukon-Gebiet, möglicherweise bereits vor 17 000 Jahren. Stätten im freien Gelände in Pedra Furada (Brasilien) und Monte Verde I (Chile) wurden sogar auf bis zu 33 000 Jahre datiert. Diese Funde wecken Zweifel an der bislang gültigen Chronologie der Eroberung der Neuen Welt, doch bis weitere Erkenntnisse die Wissenslücken füllen, kann man über den Zeitrahmen nur spekulieren.

Die ersten Amerikaner

Als gesichert gilt, dass Gruppen von Jägern sich rasch ausbreiteten, sobald das Eis es zuließ, und vor rund 11 500 Jahren bereits weite Teile Nord- und Südamerikas erobert hatten. Sie folgten den großen Tierherden, die über die Great Plains zogen, und entdeckten dort reiche Nahrungsquellen. Studien belegen, dass die ersten Amerikaner nicht vorrangig von der Großwildjagd lebten, sondern viele Tiere und Pflanzen kannten und nutzten. Glaubte man früher, dass die paläoindianischen Stämme wesentlich zum Aussterben großer eiszeitlicher Säuger wie Mastodonten und Mammuts beigetragen hatten, so nimmt man heute an, dass diese Tiere sich dem wärmeren, vom Rhythmus der Jahreszeiten geprägten Klima nicht anzupassen vermochten und die Jäger ihren Untergang deutlich beschleunigten ◆

Meadowcroft: eine frühe Siedlung

Der Meadowcroft Rockshelter liegt ca. 48 km südlich von Pittsburgh, Pennsylvania. Elf Schichten wurden bislang freigelegt, und Radiokarbonmessungen zeigen, dass die Stätte erstmals vor 14 000 Jahren (vielleicht sogar bereits vor 17 000 Jahren) und letztmals vor 250 Jahren besiedelt war. Nach James M. Adovasio, der von 1973 bis 1978 die Ausgrabungen in Meadowcroft leitete, beweist das frühe Datum der untersten Schichten, dass die Kolonisierung der Neuen Welt südlich der nördlichen Eismassen deutlich früher erfolgte, als Forscher bislang glaubten. Skeptiker behaupten allerdings, die untersuchten Holzkohlestücke seien durch ältere Kohlereste kontaminiert gewesen. Ungeachtet dieser Kontroverse hat Meadowcroft neue Erkenntnisse zur frühen Steinwerkzeugherstellung und zu Veränderungen von Vegetation, Klima und Nahrung gebracht. Die Werkzeuge, überwiegend kleine Klingen, unterscheiden sich deutlich von jenen, welche die nordamerikanischen Großwildjäger in der Regel verwendeten. Aufgrund der entdeckten Tier- und Pflanzenreste gilt Meadowcroft als Schutzraum, den kleine Jägergruppen aufsuchten, wenn sie zu bestimmten Jahreszeiten benachbarte Täler durchstreiften ◆

OBEN MEADOWCROFT ROCKSHELTER IST DIE AM LÄNGSTEN BEWOHNTE STÄTTE DER NEUEN WELT.

Teil Zwei

POSTGLAZIALE REVOLUTIONEN

Auf dieser Szene der „Standarte von Ur“ werden Schafe und Rinder zu einem Bankett geführt.

Die Anfänge der Landwirtschaft

Der berühmte Prähistoriker V. Gordon Childe beschrieb die Anfänge der Landwirtschaft als „neolithische Revolution" und wies auf ihre grundlegende Bedeutung für die Geschichte der Menschheit hin. Über Hunderttausende von Jahren sammelten Menschen essbare Wildpflanzen, jagten Tiere (oder schlachteten die Beute von Raubtieren aus) und fingen Fische und Meeresfrüchte. Die Jäger waren Nomaden, die von jahreszeitlich bedingten Vorkommen profitierten. In den meisten Lebensräumen benötigte eine kleine Gruppe von Jägern ein großes Streifgebiet, um genügend Fleisch für den Stamm zu erlegen. Die vorhandene Nahrungsmenge begrenzte das Bevölkerungswachstum; an Eigentum besaßen die Menschen nur mobile Güter. Der Ackerbau band sie erstmals an ein Stück Land und an Kornspeicher, mit denen sie karge Zeiten überdauerten. Feste Dörfer entstanden und mit ihnen größere und dichtere Gemeinschaften. Die sesshaften Gruppen häuften mehr Eigentum an, darunter auch Dinge, die sich nicht ohne Weiteres wegtragen ließen. In dem Maße, wie Bauern und Hirten die Natur zu ihrem Vorteil formten, veränderte die „neolithische Revolution" das Verhältnis zwischen Mensch und Natur.

Wir alle kennen die Vorteile der Landwirtschaft, doch gerade in der Anfangszeit war sie auch mit erheblichen Nachteilen verbunden. Die Menschen in bäuerlichen Gemeinschaften mussten härter arbeiten als nomadische Wildbeuter: das Säen, Ernten, Worfeln und Mahlen erforderte erhebliche physische Kräfte. Außerdem sind Bauern stets von der Natur abhängig. Wenn Trockenheit oder Nässe ihre Ernte vernichtet, bleiben die Speicher leer. Skelettuntersuchungen zeigen, dass viele frühe Bauern weniger zu essen bekamen als Jägergruppen, die weiterwanderten, wenn ihre Nahrungsressourcen zur Neige gingen.

Die Ursprünge der Nahrungsproduktion

Die aufgezeigten Nachteile legen nahe, dass die Menschen nicht einfach als Bauern arbeiteten, nachdem sie die Prinzipien der Reproduktion von Pflanzen und Tieren einmal begriffen hatten. Wahrscheinlich bauten die Jäger und Sammler Nahrung erst an, als ihnen keine andere Wahl mehr blieb. Bis heute streiten die Vorgeschichtler darüber, was letztlich zu diesem Wandel führte. Viele Theorien gehen davon aus, dass klimatische Veränderungen und höhere Bevölkerungszahlen die Jäger und Sammler weltweit zum Landbau trieben, weil sie nur so ihre Nahrungsversorgung sichern und erweitern konnten. Diese Erklärung wirkt einleuchtend, doch die Umstände, die zur Entwicklung früher bäuerlicher Kulturen rund um die Welt führten, sind so vielfältig, dass man im Grunde jeden Fall gesondert betrachten muss.

In verschiedenen Epochen der Vor- und Frühgeschichte formten sich überall auf der Welt unabhängig voneinander erste bäuerliche Kulturen, die Pflanzen sammelten, kultivierten und sie schließlich domestizierten, indem sie durch Selektion und Züchtung leichter zu erntende Sorten schufen. Viele früh domestizierte Kulturpflanzen und Tiere spielen heute auch noch eine

LINKS Diese neolithische Tonstatuette (Ungarn, 4./3. Jahrtausend v. Chr.) belegt die zentrale Rolle der Landwirtschaft in frühen Gemeinschaften. Die Figur könnte eine Gottheit darstellen, die über der rechten Schulter eine Sichel trägt. Um 8500 v. Chr. begann die Geschichte der Landwirtschaft im Nahen Osten; im 6. Jahrtausend v. Chr. verbreitete sich der Landbau in Osteuropa. Zur Entstehungszeit der Statuette kultivierte man auf weiten Teilen des Kontinents Pflanzen wie Hafer und Roggen.

Afrika

Naher Osten — **ca. 13 000–10 500 J.v.h.** Kulturpflanzen durch Veränderung von wildem Weizen, Gerste und Linsen

Europa

Asien

Amerika — **ca. 10 000 J.v.h.** anbau in Mexiko

11 000 J.v.h. — 10 000 J.v.h.

OBEN Die Domestikation von Tieren begann vermutlich bereits vor dem systematischen Anbau von Getreide. Ab 10 000 v. Chr. zähmte man Hunde für die Jagd; zwischen dem 8. und dem 2. Jahrtausend v. Chr. folgten in Indien, dem nahen Osten und Nordafrika Schweine, Schafe, Ziegen und Rinder. Dieses detailreiche Felsenbild aus Jabbaren (Sahara) an der Grenze zwischen Libyen und Algerien stammt wohl aus jener Zeit. Es zeigt Hirten mit zwei verschiedenen domestizierten Rinderarten.

wichtige Rolle, andere gerieten in Vergessenheit. Ein Vergleich der Regionen und Pflanzen lässt die einstige Vielfalt erahnen: im Nahen Osten züchtete man Weizen, Gerste und Gemüse, Schafe, Schweine und Kühe, in Mexiko Mais, Bohnen und Kürbis, in China Reis, Hirse und Schweine, in Peru Kartoffeln, Quinoa, Lamas, Alpakas und Meerschweinchen, südlich der Sahara Sorghum, Teff, Rispenhirse und Yams, in Neuguinea Yams und Taro und in Nordamerika Sonnenblumen, Gänsefuß und Holunder.

Verschiedene Wege

Es waren nicht einzelne Gründe, die Menschen überall auf der Welt zu Bauern machten. In Mexiko gestaltete die Situation sich zum Beispiel völlig anders als im Nahen Osten, wo der Klimawandel am Ende der Eiszeit das verstärkte Wachstum von Wildgetreide begünstigte. Jäger und Sammler, die von diesem natürlichen Reichtum profitierten, lernten, dass man Korn lagern konnte. In der Folge gründeten sie Dörfer, und um 8500 v. Chr. hatten sich einige dieser sesshaften Gruppen zu Bauern entwickelt, die einen Teil der Ernte für die nächste Aussaat aufbewahrten. Weitere 2000 Jahre vergingen, bis die Menschen gelernt hatten, Getreide zu domestizieren und zu züchten. Andere Wildpflanzen, etwa Hülsenfrüchte (Linsen, Kichererbsen), erfuhren ähnliche Veränderungen. Die Domestikation sollte in erster Linie die Ernte erleichtern. Die Steigerung des Ertrags spielte eine eher untergeordnete Rolle.

In Mexiko entwickelte sich die Landwirtschaft anders. Noch weit über das Ende der Eiszeit hinaus blieben die Wildbeuter Nomaden und zogen den Herden hinterher. Die wilden Vorfahren jener Pflanzen, welche die Bauern später kultivierten, spielten damals kaum eine Rolle. Vor rund 7000 Jahren mutierte dann eine eher unbedeutende Pflanze, Teosinte, spontan zu einer primitiven und sehr kleinen Form von Mais. Nun erst nahmen die Wildbeuter die Pflanze in ihren Speiseplan auf. Der älteste bekannte Maiskolben aus Mexiko ist ca. 3600 Jahre alt, doch auch nachdem man den Mais als Zuchtpflanze entdeckt hatte, verging viel Zeit, bis er zum Hauptnahrungsmittel aufstieg. Noch mehrere Jahrhunderte lang blieben die Wildbeuter Nomaden, dann erst war die Landwirtschaft so ertragreich, dass es sich lohnte, Dörfer zu errichten.

Vermutlich kam jede Form der frühen Domestikation durch eine historisch einzigartige Kombination bedeutender Faktoren – Klimawandel, Erreichbarkeit und Art der Pflanze oder des Tieres, jahreszeitliche Aktivitäten der Wildbeuter usw. – zustande, die stets von den örtlichen Gegebenheiten abhingen. Trotz aller Unterschiede führte die Landwirtschaft jedoch weltweit dazu, dass die Bevölkerung wuchs und dauerhafte Siedlungen entstanden. Diese Anfänge prägten die weitere soziale und politische Entwicklung aller Kulturen der Erde ◆

ca. 8000 J.v.h. Erste Viehherden in der Sahara

ca. 6500 J.v.h. Weizen- und Gersteanbau im Niltal

ca. 5500 J.v.h. Evtl. Anbau von Sorghum, Hirse und Teff (gesichert ab 3500 J.v.h.)

ca. 10500–9000 J.v.h. Domestikation von Wildschafen und Schweineherden

ca. 7000 J.v.h. Bewässerungskanäle in Mesopotamien

ca. 9000 J.v.h. Weizen, Gerste, Rinder, Schafe und Schweine auf dem Balkan

ca. 7000 J.v.h. Ackerbau in Mitteleuropa

ca. 6300 J.v.h. Ackerbau in Großbritannien

ca. 9000 J.v.h. Hirseanbau in Nordchina

ca. 8500 J.v.h. Erstmals Reisanbau in Südchina

ca. 8000 J.v.h. Ackerbau und Domestikation von Tieren im Industal

ca. 6000 J.v.h. Yams und Taro in Neuguinea (ab 4500 J.v.h. Verbreitung auf Inseln SO-Asiens)

ca. 5600 J.v.h. Mais- und Bohnenanbau in Mexiko

ca. 5000–4500 J.v.h. Quinoa u. Kartoffeln in den Anden; Sonnenblumen, Gänsefuß u. Holunder in Nordamerika

9000 J.v.h. | 8000 J.v.h. | 7000 J.v.h. | 6000 J.v.h. | 5000 J.v.h. | 4000 J.v.h.

Feuertechnik: Ton und Metall

Die Fähigkeit, sehr heiße Feuer zu erzeugen, bereitete den Weg für zwei bedeutende technische Errungenschaften – die Töpferei und die Metallverarbeitung. Solange die Menschen Steine, Holz, Knochen und Geweihe bearbeiteten, veränderten sie die Form der Rohstoffe, nicht aber ihre Natur. Tonerde und Erze verändern sich jedoch unter dem Einfluss starker Hitze grundlegend und dauerhaft. Immer häufiger nutzte man Feuer zu solchen Zwecken.

Der gezielte Einsatz von Feuer hatte weit reichende Konsequenzen. Aus gebranntem Ton fertigten die Menschen Behälter, die Feuchtigkeit und Schädlinge von Speisen fern hielten, so dass man sie konservieren und überdies bequemer transportieren konnte. Erze schmolzen unter dem Einfluss von Hitze und ließen sich formen; aus der Verbindung verschiedener Metalle entstanden Legierungen, die in der freien Natur nicht vorkamen. Aus Kupfer (dem ersten häufig genutzten Metall) und Zinn schuf man zum Beispiel mit Bronze ein wesentlich haltbareres Material.

Die Anfänge der Töpferei

Bereits vor ca. 30 000 Jahren brannten Menschen Tonerde. In Moravia (Tschechische Republik) fand man gebrannte Tonstücke, die zum Teil Figurinen ähneln und mit Sicherheit nicht zufällig entstanden, etwa weil sie in oder nahe bei einem Feuer lagen. In Japan und auf dem ostasiatischen Festland entstanden vor ca. 12 000 Jahren in der Jomon-Zeit erste Gebrauchsstücke aus gebranntem Ton. In den darauf folgenden Jahrtausenden schufen Töpfer im Nahen Osten, in Afrika, Europa und Amerika unabhängig voneinander Gefäße zum Aufbewahren und Zubereiten von Nahrung. Da Keramiken schwer sind und leicht brechen, eignen sie sich kaum für Nomadenvölker. Ein gewisser Grad an Sesshaftigkeit ist für die Entwicklung der Töpferei daher nötig gewesen.

Weil Ton sich leicht formen ließ und durch verschiedene Brenntechniken sein Aussehen veränderte, eignete er sich gut als künstlerische Ausdrucksform. Die Menschen entwickelten Methoden zum Verzieren, von einfachen Ritz- und Drucktechniken bis hin zu kunstvoller Bemalung. Auch gab man dem Ton immer neue Gestalt. Verschiedene Völker erfanden eigene Methoden der Keramikherstellung und -verzierung, welche die Historiker heute bestimmten „Kulturen" zuordnen, wenngleich die Grenzen zwischen den Verbreitungsgebieten eines Stils wohl nicht mit denen einzelner Volksgruppen übereinstimmten.

Vom Kupfer zur Bronze

Ehe sich die Metallbearbeitung entwickeln konnte, mussten die Menschen zunächst Metalle im Reinzustand oder als Erz entdecken und abbauen. Zuerst bearbeitete man Reinmetalle, vor allem Kupfer. Dann fanden Töpfer heraus, wie man sehr heiße Feuer erzeugt. In der Folge gelang es, Metalle aus Erzen zu

RECHTS Dieses Wandbild (ca. 1300 v. Chr.) zeigt altägyptische Goldschmiede bei der Arbeit. Die Metallkunst entwickelte sich weiter und bot den herrschenden Schichten die Möglichkeit, spezialisierten Werkstätten Aufträge für Objekte aus Kupfer, Gold und Bronze zu erteilen. Die Handwerker schufen Gegenstände, die dazu dienten, Status und Ansehen der Kunden widerzuspiegeln. Die Goldschmiedekunst gelangte in Ägypten zu hoher Vollendung, wie zahlreiche Beigaben in Gräbern zeigen.

UNTEN Einige der ältesten Keramiken der Welt stammen aus frühen Bauernkulturen im Nahen Osten. Diese bemalte Schale aus der Zeit um 4500 v. Chr. wurde bei Grabungen in der archäologischen Stätte Tell Abr in Syrien gefunden.

Afrika		**ca. 9500–8500 J.v.h.** Erste Tongefäße in Nordafrika		
Naher Osten			**ca. 9000–7500 J.v.h.** Töpferei gebräuchlich; erste Kupferarbeiten in Çatal Hüyük (Anatolien)	
Europa			**ca. 9000–7500 J.v.h.** Verbreitung der Töpferei in Südosteuropa	**ca. 7500–6500 J.v.h.** Kupferbea beitung auf dem Balkan
Asien	**ca. 12 000 J.v.h.** Erste Tongefäße in der Jomon-Kultur			**ca. 8000 J.v.h.** Tongefäße in Mehrgarh (Pakistan)
Amerika				**ca. 7500–6500 J.v.h.** Keramik i Amazonasbecken
		10000 J.v.h.	9000 J.v.h.	8000 J.v.h. / 7000 J.v.h.

schmelzen, wozu hohe Temperaturen nötig waren. In vielen Teilen der Alten Welt und im südamerikanischen Andenraum nahm in unterschiedlichen Epochen die Kunst der Metallbearbeitung ihren Lauf, nachdem man schließlich den Schmelzpunkt von Kupfer (1093 °C) erreicht hatte. Rund um den Oberen See (Nordamerika) verwendeten die Menschen dagegen stets nur Kupfer in reiner Form, weil es hier keine Töpfer gab, die den entscheidenden Durchbruch erzielten.

Da Kupfer sehr weich ist, fertigte man daraus in erster Linie Schmuckstücke wie Perlen und Anhänger. Kupfererz enthält häufig Verunreinigungen, etwa Arsen, und gewinnt durch das Schmelzen deutlich an Härte. Gleiches gilt für Legierungen aus Kupfer und anderen Metallen – durch Verschmelzen mit Zinn entsteht zum Beispiel Bronze. Kupfer- und Zinnerze kommen in der Natur nicht gemeinsam vor, um Bronze zu schaffen, mussten die Handwerker deshalb die Eigenschaften von Metallen sehr genau kennen und über umfangreiche Handelsbeziehungen verfügen, die ihnen den Austausch von Metallen ermöglichten.

UNTEN Da Bronze härter ist als Kupfer und weniger schnell bricht, konnte man sie gut für Schwerter, Äxte, Speerspitzen und Schaufeln verwenden. Geschmolzen lässt sich Bronze gut in Formen gießen (hier eine Axtklinge aus Thailand) oder mit dem Wachsausschmelzverfahren bearbeiten. Dabei wird ein Objekt aus Wachs modelliert und mit einem Gussmantel umgeben. Das Wachs wird herausgeschmolzen, an seiner Stelle fließt Bronze in den Hohlraum.

Eisen und Gold

Bereits zu einem sehr frühen Zeitpunkt bearbeiteten Menschen Stücke von meteorischem Eisen, doch erst im 2. Jahrtausend v. Chr. gelang es im heutigen Anatolien, den hohen Schmelzpunkt von Eisen zu erreichen und Metall aus Erzen zu schmelzen. Schnell erkannte man, dass Eisen sich wesentlich besser für die Herstellung von Alltagsgegenständen eignete als Bronze, die man allerdings weiter für Schmuckstücke bevorzugte. Südlich der Sahara begann die Eisenzeit im 1. Jahrtausend v. Chr., eine gesonderte Bronzezeit gab es hier nicht. Im präkolumbischen Amerika war Eisen hingegen unbekannt.

Gold, Silber und Blei spielten in der Antike eine wichtige Rolle, doch Gold faszinierte Archäologen von jeher am meisten, weil es heute am wertvollsten ist und zu den Beigaben besonders reich ausgestatteter Gräber (Tutanchamun, Mykene, Sipán) gehörte. Gräber und Schätze belegen, dass auch in Nordeuropa Handwerker in der späten Vorgeschichte erlesene Arm- und Halsringe aus Gold herstellten. In der Neuen Welt erreichte die Goldschmiedekunst im nördlichen Südamerika und in Mittelamerika mithilfe des Wachsausschmelzverfahrens ein besonders hohes Niveau ◆

ca. 3500 J.v.h. Bronzekunst in Ägypten
ca. 3000–2000 J.v.h. Eisenbearbeitung südlich der Sahara

a. 6500 J.v.h. Komplexe Metallarbeiten in der Levante
ca. 5500–4500 J.v.h. Erste Bronzearbeiten
ca. 3500–3000 J.v.h. Eisenbearbeitung in Anatolien

a. 6500–5500 J.v.h. Töpferhandwerk in Ertebølle (Dänemark)
ca. 5000 J.v.h. Goldarbeiten in Warna (Bulgarien)
ca. 4500–4000 J.v.h. Bronzebearbeitung gebräuchlich
ca. 3000–2000 J.v.h. Eisen weit verbreitet

ca. 4000 J.v.h. Bronzearbeiten in Erlitou (China)
ca. 3500 J.v.h. Bronzearbeiten in SO-Asien (Thailand)
ca. 2500 J.v.h. Eisen in China gebräuchlich

a. 6500–5500 J.v.h. Keramik in Nordkolumbien
ca. 5500–4000 J.v.h. Keramik an der Küste Ecuadors und in Panama
ca. 4000–3500 J.v.h. Keramik in O-Nordamerika und Mesoamerika
ca. 2000–1000 J.v.h. Kupfer und Gold in Peru; Kupfer in Nordamerika

6000 J.v.h. | 5000 J.v.h. | 4000 J.v.h. | 3000 J.v.h. | 2000 J.v.h. | 1000 J.v.h.

Fortschritte der Landwirtschaft

Die Domestikation von Tieren stellte in den Anfängen der Landwirtschaft einen weiteren bedeutenden Fortschritt dar. Für Wildbeuter waren nur tote Tiere bzw. deren Fleisch, Häute, Knochen und Geweihe von Nutzen. Auch nachdem man Schafe, Ziegen und Rinder zu Haustieren gemacht hatte, hielt man sie jahrtausendelang nur zu diesem Zweck. Nur langsam lernten die Menschen auch den Wert von Produkten lebender Tiere zu schätzen, wodurch sich die Landwirtschaft und der Handel grundlegend veränderten.

OBEN Diese Petroglyphe (Steinritzung) aus der südschwedischen Provinz Bohuslän zeigt einen pflügenden Bauern mit zwei Ochsen. Die ältesten Darstellungen dieser Art stammen aus dem 4. Jahrtausend v. Chr. Die primitiven Pflüge vermochten zunächst lediglich den Boden zu lockern, doch nach und nach entstanden mit der Erfindung des Rades und der Entwicklung eiserner Pflugscharen bessere Geräte. Je nachdem, wie schwer der Boden zu bearbeiten war, spannten die Bauern zwei, vier oder sogar acht Ochsen vor den Pflug. Pferde zog man erst ab dem Mittelalter zur Feldarbeit heran. Durch den Einsatz von Zugtieren konnten die Bauern immer größere Flächen bearbeiten und Böden nutzen, die sich sonst nicht zur Aussaat geeignet hätten.

Die Domestikation von Weidetieren, die nun Herden unter menschlicher Kontrolle bildeten, hatte den Vorteil, dass Fleisch ohne aufwändiges Jagen stets in der benötigten Menge zur Verfügung stand. Die Menschen erkannten den Wert dieser Ressource, doch das Halten von Tieren brachte nicht nur Vorteile, galt es doch, die domestizierten Herden beständig zu neuen Weidegründen zu treiben. In dieser Phase war der Energieaufwand von Jägern und Hirten vermutlich durchaus vergleichbar. Rund 3000 Jahre vergingen nach der Domestikation der ersten Schafe, Ziegen und Rinder, bis die Bauern ihren Wert als Lieferanten erneuerbarer Produkte wie Milch und Wolle erkannten und sie als Zug- und Lasttiere einsetzten. Man bezeichnet diese Erzeugnisse heute als „Sekundärprodukte", um sie von den primären Funktionen der Tiere (Lieferanten von Fleisch und Häuten) zu unterscheiden.

Die Entwicklung der Milchwirtschaft

Wann genau Bauern Haustiere erstmals nicht mehr in erster Linie ihres Fleisches wegen hielten, lässt sich heute nur schwer sagen. Man nimmt jedoch an, dass sesshafte Gemeinschaften in Mitteleuropa Kuhmilch mindestens ab dem 5. Jahrtausend v. Chr. verarbeiteten. Hierauf deuten mehrere Funde von Tongefäßen mit Löchern hin. Archäologen gehen davon aus, dass diese Artefakte keinesfalls zur Aufbewahrung von Flüssigkeiten geeignet waren, sondern vielmehr zur Trennung von Milch und Quark bei der Herstellung von Käse dienten. Bis vor kurzer Zeit nutzte man ähnliche Keramiksiebe in vielen Teilen der Welt für genau diesen Zweck.

Bis zu dieser Entdeckung glaubten die Vor- und Frühgeschichtler, dass die Milchwirtschaft sich erst relativ spät entwickelte, weil sie wussten, dass die meisten Völker die in Rohmilch enthaltene Laktose nicht vertragen und darauf mit Durchfall und Blähungen reagieren. Erst in den letzten Jahrtausenden entwickelte sich bei einigen wenigen Völkern das Gen für Laktosetoleranz. Allerdings ließen die Wissenschaftler außer Acht, dass frühe Kulturen Milch in verarbeiteter Form verwendet haben könnten. Beim Verzehr von Käse etwa tritt das Problem nicht auf, außerdem ist er deutlich länger haltbar.

Nachdem die Forscher erkannt hatten, dass Milchwirtschaft bereits in der Vorgeschichte eine wichtige Rolle spielte, konnten sie auch erklären, warum mitteleuropäische Bauern erstaunlich große

	7000 J.v.h.	6000 J.v.h.	5000 J.v.h.
Afrika		**ca. 5800 J.v.h.** Esel als Lasttiere im Niltal	
Naher Osten		**ca. 6000 J.v.h.** Wildesel und Esel als Zug- und Lasttiere	**ca. 5000 J.v.h.** Dromedare als Zug Arabien; Pferde als Reittiere
Europa	**ca. 7000 J.v.h.** Keramiksiebe verweisen auf Milchwirtschaft in Mitteleuropa	**ca. 6200 J.v.h.** Einsatz von Rindern zum Pflügen; Wagen in Mitteleuropa	**ca. 5200 J.v.h.** Wolle ersetzt pflanzliche Fas Pferde als Reittiere
Asien		**ca. 6000 J.v.h.** Pferde in eurasischen Steppen domestiziert	**ca. 5000 J.v.h.** Wagen in Steppen und Wasserbüffel als Zugtiere in Sü
Amerika		**ca. 5600 J.v.h.** Lamas und Alpakas in der Andenregion domestiziert	

Kuhherden hielten. Große Mengen von Weidetieren auf Waldlichtungen hätten in wirtschaftlicher Hinsicht keinen Sinn gemacht, hätte man sie nur ihres Fleisches wegen gehalten.

Zugtiere

Von großer Bedeutung waren Haustiere wegen ihrer Zugkraft. Auch in diesem Fall weiß man nicht, wann genau die Bauern sie erstmals zu diesem Zweck einsetzten (mit Sicherheit zogen Rentiere bereits vor dem 5. Jahrtausend v. Chr. in Nordeuropa Schlitten), doch archäologische Funde lassen vermuten, dass Pflüge und Wagen im gemäßigten Teil Europas bereits ab dem 4. Jahrtausend v. Chr. von Haustieren gezogen wurden. Wahrscheinlich dienten zu jener Zeit einfache Astgabeln als Pflug, mit denen man den Boden lediglich aufbrach, ohne ihn umzuwenden. Wissenschaftler entdeckten Kratzspuren solcher Pflüge auf Bodenoberflächen zwischen Grabhügeln, die in vielen Teilen Nordeuropas jahrtausendelang erhalten blieben. Aus einer etwas späteren Phase stammen südskandinavische Felsenbilder von Ochsen unter dem Joch, die einen Pflug ziehen. Bekannt ist auch ein aus Kupfer gefertigtes Ochsenpaar mit Joch aus Bytyń (Polen), das ebenfalls auf den Gebrauch von Zugtieren hinweist.

Bauern, die ihre Äcker pflügten, konnten größere Landflächen bestellen, ohne wesentlich mehr Arbeit aufzuwenden. Wagen, die wir von Tonmodellen – etwa aus Budakalász, Ungarn – kennen, machten die Feldarbeit ebenfalls effizienter. Zu diesem frühen Zeitpunkt verwendete man Wagen jedoch noch nicht für den Transport über weite Strecken. Vielmehr ging es darum, Getreide, Holz, Tierkörper und andere schwere Lasten über kurze Distanzen zu bewegen. Ab dem 3. Jahrtausend v. Chr. nutzte man zunehmend auch Pferde als Zugtiere, zunächst in der russischen Steppe, von dort ausgehend auch in vielen Teilen des Nahen Osten. Später setzte man Lasttiere auch für Langstreckentransporte ein.

UNTEN Diese bemalte weibliche Terrakottastatue (Kupferzeit, frühes 4. Jahrtausend v. Chr., Gilat, Israel) diente vermutlich als Milchkanne. Die bäuerlichen Gemeinschaften im Nahen Osten bezogen Milch wahrscheinlich vor allem von Ziegen.

Wollene Kleidung

Funde von Knochennadeln aus dem Pleistozän belegen, dass die Menschen bereits früh Tierhäute und Felle zusammennähten. Erst verhältnismäßig spät erlernten sie zu spinnen (also Fasern bzw. Schaf- oder Ziegenwolle zu zupfen und zu Garn zu verdrehen) und Stoffe zu weben. An Alpenseen gelegene Stätten zeigen, dass Textilien aus Flachs während des 3. Jahrtausends v. Chr. verschwanden, während zeitgleich in den Sümpfen Nordeuropas erstmals Wollstoffe auftauchten. Offensichtlich vollzog sich damals in weiten Teilen Europas der Übergang von pflanzlichen zu tierischen Fasern als Hauptrohstoff für Kleidung. In anderen Teilen der Alten Welt lässt sich dieser Prozess nicht genau datieren, doch im 1. Jahrtausend v. Chr. verwendete man fast überall in Eurasien Wolle.

Tiere als Symbol von Wohlstand

Als die Menschen in dieser zweiten Phase der Domestikation des Viehs den Wert lebender Tiere erkannten, veränderte dies die gesamte gesellschaftliche Ordnung. Vieh galt nun als Kapital, und je mehr Tiere ein Haushalt besaß, desto wohlhabender war er. Schafe, Rinder und Ziegen vermehrten sich zusehends und dienten als Zugtiere in der expandierenden Landwirtschaft, während gleichzeitig der verbreitete Gebrauch von Sekundärprodukten dazu führte, dass der Besitz ihrer Eigentümer sich mehrte und die Kluft zwischen jenen, die viel und denen, die nichts hatten, sich vergrößerte. Auch in frühen bäuerlichen Gesellschaften gab es bereits eine Form des Wettbewerbs, die sich jedoch nun, da einige Familien immer größere Herden hielten, immer mehr verschärfte und schließlich dazu führte, dass Menschen in Abhängigkeit von anderen gerieten. Ohne Viehhaltung konnte es bestenfalls kurzzeitig zu einem Ungleichgewicht innerhalb einer Gemeinschaft kommen. Durch den neuen Wohlstand aber blieben Besitzverhältnisse über Generation bestehen ◆

ca. 4000 J.v.h. Wagen im Niltal; Nomadenhirten in Ostafrika

ca. 2200 J.v.h. Viehhaltung in Südafrika; Dromedare in der Sahara

ca. 4200 J.v.h. Verwendung von Wagen

ca. 4000 J.v.h. Wagen in Osteuropa

ca. 4200 J.v.h. Pferde in Südasien; Nomadenhirten in den Steppen

ca. 3000 J.v.h. Nomadenhirten auf zentralasiatischen Hochebenen

ca. 2000 J.v.h. Wasserbüffel als Zugtiere in Südostasien

ca. 3800 J.v.h. Lamas als Lasttiere im Andenraum; Alpakas als Wolllieferanten

4000 J.v.h. 3000 J.v.h. 2000 J.v.h.

Frühe Städte und Staaten

Die Struktur früher Städte lässt sich nicht allgemeinverbindlich definieren. Der verkürzte und bei Archäologen nicht übermäßig beliebte Begriff „Kultur" bezeichnet häufig zugleich das kulturelle Umfeld und die Sozialordnung städtischer Gesellschaften. In diesem Sinn waren Städte jene Orte, an denen komplexe, hierarchisch geordnete Gesellschaften mit Hilfe bestimmter Institutionen ihre Macht konzentrierten. Das Erscheinungsbild der Städte aber war genauso vielfältig wie Organisation und Charakter der frühen Kulturen und Gesellschaften.

Am einfachsten lassen sich Städte wohl als Orte definieren, an denen viele Menschen dicht beieinander leben. Ab welcher Größe und Einwohnerzahl aber spricht man von einer Stadt? Archäologen setzen zuweilen etwas willkürlich 5000 Bewohner als unterste Grenze an. Dadurch gelten aber viele Orte als Dörfer oder Kleinstädte, obwohl sie nach anderen Kriterien durchaus zu den Städten gehören müssten. Eine allein auf Zahlen beruhende Definition würde auch dazu führen, dass in manchen Gegenden sehr viele, in anderen nur wenige Städte auf der Landkarte erscheinen, obgleich urbane Gesellschaften beide Regionen prägten.

Auch der Kontakt zu anderen Städten in der weiteren Umgebung gehört zu den Definitionskriterien für urbane Strukturen. In der Regel waren und sind Städte nicht autark, sondern auf Nahrungsmittellieferungen von Dörfern aus dem Umland angewiesen. Andererseits konzentrieren sich Handwerk und Handel so stark auf Städte, dass die Menschen im Umland bestimmte Güter und Dienstleistungen nur dort erhalten. Städte zeichnen sich zudem dadurch aus, dass politische und religiöse Institutionen in ihnen mehr Aktivitäten entfalten als in den kleineren benachbarten Niederlassungen. Die tatsächliche Größe einer Stadt spielt nach Meinung vieler Wissenschaftler daher eine geringere Rolle als die ökonomischen und politischen Beziehungen zu Siedlungen in ihrem näheren Umkreis. Die Städte beherrschen diese, sind aber zugleich von ihnen abhängig.

Ein dritter Ansatz definiert Städte als Kulturzentren, als Orte, in denen soziale Eliten „Hochkulturen" schaffen und erhalten und damit den Grundstein für das politische Leben eines Staates legen. Die meisten Städte verbinden alle drei Aspekte: hohe Bevölkerungszahlen, die Konzentration von Wirtschaft und Politik und kulturelle Überlegenheit – jedoch in unterschiedlichen Proportionen.

Unterschiedliche Stadtmuster

In Sumer im südlichen Mesopotamien waren Staat und Kultur untrennbar mit dem städtischen Leben verbunden. Staat und Stadt nahmen während des 4. Jahrtausends v. Chr. Gestalt an. Um 3000 v. Chr. zählte Warka (Uruk), die größte Stadt der Region, rund 80 000 Einwohner. 500 Jahre später lebten ca. 80 Prozent der Menschen in der Region in Städten. In sumerischen Städten verbanden sich die zur Bildung von Staaten nötigen politischen und wirtschaftlichen Institutionen. Tempel, Paläste, öffentliche Bauten, Schulen, Handwerksbetriebe und Läden entstanden und schufen jenes Maß an Kultur, das die dort lebenden Menschen von den

UNTEN Dieses Detail eines ägyptischen Papyrus aus der Dritten Zwischenzeit (ca. 1000 v. Chr.) zeigt einen Aufseher sowie drei Arbeiter beim Transport von Steinen. Viele frühe Staaten verpflichteten ihre Bewohner zu bestimmten Zeiten im Laufe eines Jahres zu öffentlichen Arbeiten, die dem Gemeinwohl dienten (dazu gehörten zum Beispiel das Anlegen von Bewässerungskanälen oder der Bau von Straßen) oder zwangen sie, monumentale Bauwerke zu errichten die oft Jahrtausende lang existierten. Die Einwohner mussten auch Militärdienst leisten und Abgaben zahlen, was wiederum zur Entstehung einer vielköpfigen Beamtenschicht führte, die die Verwaltungsarbeiten überwachte.

	5500 J.v.h.	5000 J.v.h.	4500 J.v.h.	4000 J.v.h.
Afrika	**ca. 5700 J.v.h.** Erste Städte in Ägypten	**ca. 5000 J.v.h.** Staatliche Strukturen (Altes Reich) in Ägypten		
Naher Osten	**ca. 9000 J.v.h.** Erste Dörfer und kleine Städte	**ca. 5000 J.v.h.** Städte und staatliche Institutionen in Südmesopotamien	**ca. 4300 J.v.h.** Sumer beherrscht Nahen Osten, erste Großmacht	
Europa				**ca. 4000 J.v.h.** Palastkulturen in Ägäis
Asien			**ca. 4600 J.v.h.** Städte und Staatsgebilde im Industal	**ca. 3800 J.v.h.** Städte u Staatsgebilde in China
Amerika				

OBEN Teotihuacán unweit dem heutigen Mexico City wurde um 200 v. Chr. gegründet. Mächtige Bauwerke entstanden in der Stadt, die ein 20 Quadratkilometer großes Areal bedeckte und während ihrer Blütezeit zu den wichtigsten Handels- und Kulturzentren Mesoamerikas zählte.

Barbaren unterschied. In anderen Teilen der Welt – etwa in Mexiko – wuchsen ähnliche Städte empor. Während der Blütezeit von Teotihuacán im 7. Jahrhundert lebten in der mittelamerikanischen Metropole bereits bis zu 200 000 Menschen in dicht bebauten Bezirken rund um ein Zeremonialzentrum.

Ganz anders sahen die ersten Städte in anderen Teilen der Welt aus. Die Maya errichteten Ritualzentren, in denen eine politische Eliteschicht residierte. Gärten und Felder verbanden den Kernbereich mit den Wohngebieten der weniger privilegierten Schichten. Im Unterschied zu den sumerischen Städten besaßen jene der Maya keine klare Grenze und umfassten auch landwirtschaftlich genutzte Flächen. Die Städte im frühen Ägypten wirkten vermutlich ähnlich. Hierakonpolis, ein frühes ägyptisches Zentrum, bestand zunächst aus einer Ansammlung von Dörfern. Einige von ihnen besaßen politische Macht, in anderen gab es viele Handwerker, die meisten waren Bauernsiedlungen. Bei den chinesischen Städten der frühen Shang-Zeit (um 1700 v. Chr.) umschlossen dicke Mauern große Flächen mit verstreuten Palästen und Hütten, Gräben und Gärten. Die Vielfalt der Stadtbilder spiegelt die unterschiedlichen Strukturen der frühen Staaten und Kulturen in aller Welt wider.

Städtische Gesellschaften

Die Entstehung von Städten schuf völlig neue – vor allem organisatorische und soziale – Probleme, die in den kleineren benachbarten Siedlungen in diesem Maße nicht auftraten. Manche betrafen die Logistik: Wie konnte man genügend Nahrung und Rohstoffe aus dem Hinterland heranschaffen, um die Menschen und städtischen Handwerksbetriebe zu versorgen? Hinzu kamen soziale Fragen. In den Dörfern kannte jeder jeden, die Menschen fühlten sich füreinander verantwortlich, arbeiteten zusammen, halfen einander und wahrten dadurch ein gewisses soziales Gleichgewicht. In größeren Siedlungen schwand die Solidarität. Um Streit und Konflikte zu vermeiden, benötigte man in städtischen Gesellschaften neue Verhaltensregeln und Strukturen.

Frühe Städte lösten diese Probleme, indem sie Institutionen schufen, welche die wirtschaftliche Integration und die soziale Harmonie förderten. Hierzu gehörten Tempel und Rituale, welche das Identitätsgefühl der Gemeinschaft stärkten oder die soziale Hierarchie zum natürlichen Bestandteil der Weltordnung erklärten, etwa weltliche Herrscher, Verwaltungsapparate, Gilden, Kaufmanns- und Nachbarschaftsverbände. Diese Institutionen kennzeichneten alle städtischen Gesellschaften, in denen Menschen unterschiedlichen ökonomischen und sozialen Klassen angehörten, verschiedenen Beschäftigungen nachgingen und unterschiedlich intensiv an der politischen und sozialen Macht teil hatten, zugleich aber durch ein komplexes Netz sozialer und wirtschaftlicher Bezüge, Traditionen und Glaubensformen miteinander verbunden waren. Äußere Zwänge, politische, religiöse oder wirtschaftliche Motive verbanden Familien und Interessengruppen, jene Keimzellen, durch die Städte entstanden und wuchsen ◆

ca. 3500 J.v.h. Städte und Reiche am oberen Nil

ca. 2500 J.v.h. Erste Städte in der westlichen Sahelzone

ca. 1000 J.v.h. Frühe Staaten in Südafrika

ca. 2700 J.v.h. Griechische und etruskische Stadtstaaten

ca. 2500 J.v.h. Erste Stadtstrukturen nördlich der Alpen in der La-Tène-Kultur

ca. 2800 J.v.h. Frühe Staaten an der peruanischen Küste

ca. 2200 J.v.h. Teotihuacán beherrscht Zentralmexiko

ca. 1800–1200 J.v.h. Klassische Periode der Maya-Stadtstaaten in Mesoamerika

3500 J.v.h. | 3000 J.v.h. | 2500 J.v.h. | 2000 J.v.h. | 1500 J.v.h.

Die Entwicklung der Schrift

Seit der altsteinzeitlichen Höhlenkunst verwendeten die Menschen in Europa abstrakte Symbole. In Gefäße oder andere Artefakte eingeritzte Zeichen gehörten zu den Ausdrucksmitteln vieler prähistorischer Kulturen. Sie verwiesen auf den Hersteller, Besitzer oder Inhalt des Objektes, doch existierte zu jener Zeit noch kein kohärentes System, um Aussagen zu fixieren. Die Schrift unterscheidet sich von einzelnen Zeichen, weil sie umfassender und systematischer angelegt ist und man mit ihr auch komplexe Inhalte ausdrücken und festhalten kann. Die ältesten Schriftsysteme wurden in frühstaatlichen Gesellschaften entwickelt, etwa nach 3500 v. Chr. in Mesopotamien oder um 1500 v. Chr. in der chinesischen Shang-Zeit. Je nachdem, in welchem sozialen Kontext sie entstanden, nahmen sie sehr unterschiedliche Formen an.

UNTEN Die sumerische Sprache in Mesopotamien ist in einer von der Bilder- zur Silbenschrift sich entwickelnden Keilschrift überliefert. Die elf Zentimeter große Tontafel (um 3100 v. Chr.) aus Dschemdet Nasr (Irak) listet Gebrauchsgüter auf. Kreis, Halbmond und umgekehrtes „D" stehen für Zahlen. Die Bilderschrift der Sumerer umfasste um 3300 v. Chr. rund 2000 Piktogramme, häufig in komplexen Kombinationen. Nach und nach ersetzten die Schreiber die Symbole durch keilförmige Zeichen, die sie mit Hilfe eines Stabes leichter in den feuchten Ton drücken konnten. Auf ihrer höchsten Entwicklungsstufe standen Wortzeichen für Laute. Im Akkadischen, Assyrischen und Babylonischen wurde das System weiterentwickelt. Sumerisch diente bis kurz vor der christlichen Zeitrechnung als Gelehrtensprache in Vorderasien.

Die frühesten bekannten Beispiele für Schrift finden sich auf Tontafeln, die man in Warka (Uruk) ausgrub und auf 3300 v. Chr. datierte. Um diese Zeit nahmen die ersten staatlichen Institutionen in den auf Landwirtschaft basierenden Städten der Region (s. S. 60f.) Gestalt an. Die Schrift entwickelte sich aus der Notwendigkeit, Waren zu verwalten und Transaktionen festzuhalten. Frühere jungsteinzeitliche Gesellschaften im Nahen Osten hatten zunächst kleine Tonobjekte unterschiedlicher Formen und Größen (Kegel, Scheiben, Zylinder usw.) verwendet, um bestimmte Mengen oder Gebrauchsgegenstände darzustellen. Auch drückten sie mit Steinstempeln einfache Bildsymbole in Tonobjekte, die auf den Besitzer verwiesen. Um 3500 v. Chr. kombinierten mesopotamische Verwaltungsbeamte beide Methoden, indem sie kleine Objekte in eine hohle Tonkugel einschlossen und außen ein Siegel und ein Bild des Gegenstandes aufdruckten. Wenig später ersetzte man die Kugel durch eine flache Tafel und versah diese mit Zeichen für die Anzahl und Bildsymbolen für bestimmte Gegenstände (Ochsenköpfe für Vieh, eine Ähre für Korn, ein Gefäß für Nahrungsmittel) oder Handlungen (ein Bein bedeutete „gehen"). Bald schon waren Hunderte solcher Symbole im Umlauf, und um sie zu systematisieren, erstellten Schreiber thematische Listen für Berufe, Ortsnamen, Pflanzen, Tiere etc. In Verbindung mit Silbenzeichen konnten sie nun die Grammatik der menschlichen Sprache durch Schriftzeichen ausdrücken. Um 2500 v. Chr. konnte man in Mesopotamien mit diesem System Geschichten niederschreiben und offizielle Dokumente verfassen.

Rituale und Politik

Über die Entwicklung der Schrift in Ägypten weiß man weniger, doch ging es hier wohl nicht in erster Linie um verwaltungstechnische Belange. Manche Archäologen glauben, dass sich die Hieroglyphen aus älteren Symbolen, die bestimmte soziale Gruppen repräsentierten, entwickelten. Die frühes-

	5000 J.v.h.	4500 J.v.h.	4000 J.v.h.	3500 J.v.h.
Afrika	**ca. 5300 J.v.h.** Anfänge der Hieroglyphenschrift in Ägypten			
Naher Osten	**ca. 5300–4800 J.v.h.** Keilschrift statt Piktogrammen in Mesopotamien			**ca. 3500 J.v.h.** Nordwestsemitis Alphabet
Europa			**ca. 3900 J.v.h.** Entwicklung der Minoischen Schrift (Linear A und B)	
Asien		**ca. 4600–4000 J.v.h.** Indusschrift		**ca. 3500 J.v.h.** Entwicklung chinesischer Schriftzeichen
Amerika				

OBEN Ägyptische Hieroglyphen zieren ein Wandbild im Grab von Königin Nefertari (19. Dynastie). Die Hieroglyphenschrift kombinierte Begriffs- und Lautzeichen. Inschriften waren ein wichtiger Bestandteil der politischen und rituellen Kunst im alten Ägypten. Texte auf Grabwänden dienten zur Verherrlichung des Verstorbenen, damit dieser im Totenreich wohlwollend aufgenommen wurde.

ten Hieroglyphen entdeckte man auf kleinen Elfenbeintafeln in Fürstengräbern aus der Zeit um 3300 v. Chr. Kurze Inschriften mit Namen von Einzelpersonen oder Verwandtschaftsgruppen fanden sich auch auf rituellen Kunstobjekten wie Opfermessern oder Zeptern und besonders wertvollen Handwerksprodukten wie Steinkrügen.

Im Alten Reich spielten Hieroglyphen bei der Monumentalkunst eine wichtige Rolle: man malte sie auf Grabwände oder fügte sie Basreliefs als Kommentar und Erklärung bei. Im Laufe der Zeit entwickelten ägyptische Schreiber auch eine kursive Gebrauchsschrift für Dokumente und Buchhaltung, doch eigentlich stand die Schrift stets in engem Zusammenhang mit Politik und Macht.

Ähnliches galt für China, wo Schamanen ab dem 3. Jahrtausend v. Chr. Sprünge in verbrannten Knochen und Schildkrötenpanzern als Antwort der Ahnen auf bestimmte Fragen interpretierten. Um 1600 v. Chr. fixierte man Fragen und Antworten durch Zeichen auf Knochen, Bronze und anderen Ritualobjekten. In der späten Shang-Zeit (um 1200 v. Chr.) kannten die Chinesen rund 3000 Zeichen, welche die Grundlage des Schriftsystems bildeten.

Etwa 3000 Jahre nach den Ägyptern erfanden die mesoamerikanischen Zapoteken eine Bilderschrift (Glyphen), die zum Beispiel steinerne Stelen zierte. Die ältesten Glyphen bezeichneten vermutlich einfach das auf der Stele dargestellte Volk. Im 3. Jahrhundert entwickelten die Maya sowohl die dargestellten Gegenstände als auch die Glyphen selbst weiter, wahrten jedoch die enge Verbindung zwischen Bildern und Wörtern. Kunst und Schrift bezogen sich stets auf die Geschichte herrschender Familien und ihre rituelle Verbindung zu den Göttern und dem zyklischen Kalender.

Alphabete und Literalität

Da die frühen Schriftsysteme sehr komplex waren und meist im politischen Kontext standen, konnten nur wenige Menschen schreiben und lesen. Dies änderte sich erst mit der Einführung von Alphabeten. Im östlichen Mittelmeerraum entstanden zwischen 1500 und 1200 v. Chr. gleich mehrere Alphabete. In den nachfolgenden Jahrtausenden ließen sich Griechen, Römer, Araber und Inder vom phönizischen oder aramäischen Alphabet inspirieren. Da diese Systeme nur aus 20 bis 30 einzelnen Zeichen bestanden, konnte man sie leichter lernen und verwenden als die älteren Silbenzeichen und Bildsymbole. Judentum, Christentum und Islam verdanken ihre rasche Verbreitung nicht zuletzt der Tatsache, dass die Lehren dieser drei Religionen in einem heiligen Buch schriftlich fixiert und damit für jedermann jederzeit abrufbar wurden ◆

RECHTS Chinesischer Orakelknochen aus der Shang-Dynastie (um 1500 v. Chr.). Viele dieser Zeichen ähneln Markierungen, die man bereits über 1000 Jahre zuvor auf Tongefäßen anbrachte. Vermutlich griffen die Schreiber auf bereits existierende frühschriftliche Ausdrucksformen zurück.

ca. 2600 J.v.h. Südarabisches Alphabet in Äthiopien übernommen

a. 3500–2700 J.v.h. Hethitische Schrift gebräuchlich

ca. 3000 J.v.h. Hebräisches, phönizisches, aramäisches und südarabisches Alphabet gebräuchlich

ca. 2800 J.v.h. Griechisches Alphabet (später von Etruskern und Römern adaptiert)

ca. 1700 J.v.h. Runenalphabet (evtl. vom etruskischen abgeleitet) bei Germanenstämmen

ca. 2600 J.v.h. Aramäisches Alphabet im Iran; Ursprung vieler süd- und südostasiatischer Schriften

ca. 1600 J.v.h. Einführung chinesischer Schriftzeichen in Korea und Japan

ca. 2200–2100 J.v.h. Bilderschrift in Mexiko; Glyphenschrift der Maya

3000 J.v.h. | 2500 J.v.h. | 2000 J.v.h. | 1500 J.v.h. | 1000 J.v.h.

Teil Drei

ANTIKE KULTUREN

Sarsensteine im inneren Kreis von Stonehenge, Südengland.

Europa & Westasien

In Europa und Westasien blickt die Archäologie auf eine sehr lange Geschichte zurück. Von den Anfängen in der Renaissance führte der Weg über erste Ausgrabungen im 19. Jahrhundert sowie frühe Klassifizierungsversuche Anfang des 20. Jahrhunderts zur wissenschaftlichen Disziplin, die sich nach dem Zweiten Weltkrieg weiter formte. Neben Feldarbeiten existieren heute vielfältige wissenschaftliche Methoden und Paradigmen, um die faszinierende Entwicklung der Menschheit bis in ihre Anfänge zurückzuverfolgen.

Man könnte die Freilegung der Hadriansvilla in Tivoli im 16. Jahrhundert an den Beginn der Geschichte der europäischen Archäologie stellen. Damals, während der Renaissance, erwachte das Interesse an den Skulpturen und Monumenten der klassischen Antike. Etwa zur gleichen Zeit brachten Entdeckungsreisen nach Asien und in die Neue Welt die Europäer in Kontakt mit Völkern, deren Sitten und Gebräuche sich stark von den eigenen unterschieden. Einige Kulturen kannten zum Beispiel keine Metallwerkzeuge. In Europa zogen geheimnisvolle Hinterlassenschaften wie Stonehenge und Artefakte wie Graburnen oder Faustkeile aus Feuerstein die Aufmerksamkeit der Altertumsforscher auf sich. Allerdings begrenzte der damals noch unumstößliche Glaube an die biblische Schöpfungsgeschichte den Horizont der Menschen. Die ältesten Fundstücke konnten bestenfalls aus der Zeit Adams stammen, der, wie James Ussher, Erzbischof von Armagh (Irland), 1650 errechnete, im Jahre 4004 v. Chr. zur Welt gekommen sein musste.

Im 18. Jahrhundert stieß man immer häufiger auch auf Spuren der Vergangenheit, und nicht selten betätigten sich Laien mit Axt und Schaufel an verheißungsvollen Orten als Ausgräber. Da man noch nicht über wissenschaftliche Methoden verfügte, ging man nach dem Zufallsprinzip vor. In Nordwesteuropa öffnete man künstlich wirkende Hügel *(Barrows)* und fand darin tatsächlich alte Grabstätten. In Herculanäum und Pompeji trieb man Tunnel in die versteinerte Lava und förderte Überreste der römischen Städte zutage, die der Ausbruch des Vesuvs 79 v. Chr. zerstört hatte. Auf dem Höhepunkt der Begeisterung für die Antike entdeckten (und plünderten) Europäer antike Stätten in Griechenland und Italien. Reisende durchquerten das Osmanische Reich, kopierten Keilschrifttafeln und stießen auf vergessene Städte wie Petra, die genau in die Vorstellungswelt der Romantik passten. Anfang des 19. Jahrhunderts zeigte sich immer deutlicher, dass Teile der Menschheitsgeschichte nicht schriftlich fixiert waren. Auch existierten Dokumente in völlig unverständlichen Sprachen. Vieles deutete darauf hin, dass die Vergangenheit, zumindest was Westasien und Europa betraf, wesentlich komplexer und verwirrender verlaufen war, als man bislang angenommen hatte. Überall tauchten Werkzeuge und Tongefäße in allen möglichen Größen und Formen auf. Mit Sicherheit hatten die Menschen bereits Werkzeuge aus Feuerstein verwendet, bevor Metall in Gebrauch kam. Geologen und Archäologen erkannten, dass man durch eine genaue Analyse von Bodenschichten Rückschlüsse auf das Alter darin eingeschlossener Materialien ziehen konnte, denn tiefer liegende Schichten mussten älter sein als weiter oben liegende. Die Stratigraphie stellte daher einen wichtigen Schlüssel zur Erforschung alter Kulturen dar.

Das Dreiperiodensystem

1817 erzielte Christian Jürgensen Thomsen (1788–1865) einen wichtigen Durchbruch, als er die Objekte der Altertümersammlung Kopenhagens den drei Kategorien Stein, Bronze und Eisen zuordnete. Die Theorie von drei aufeinander folgenden Zeitaltern, der Stein-, Bronze- und Eisenzeit, hatte bereits Anhänger, doch Thomson nutzte sie als Erster, um damit die Verbindung der Altertümer untereinander zu bestimmen. Man erkannte nun, dass die Menschen der Steinzeit bestimmte Gefäßtypen hergestellt hatten, die sich von jenen der Eisen- und Bronzezeit deutlich unterschieden. Artefakte aus Glas etwa konnten demzufolge frühestens aus der

ca. 400 000 J.v.h. *H. erectus* in Zhoukoudian, China

ca. 30 000 J.v.h. Panaramittee-Felsenbilder in Australien

Regionaler Zeitstrahl

ca. 800 000 J.v.h. Vormenschen in Atapuerca (Spanien)

ca. 1,8–1,4 Mio. J.v.h. Vormenschen in Dmanisi (Georgien) und El Ubeidiyah (Israel)

ca. 200 000–30 000 J.v.h. Neandertaler in Europa

200 000 J.v.h.

ca. 30 000–10 000 J.v.h. Felsen- und Höhlenkunst

ca. 90 000 J.v.h. Moderne Menschen in Es-Skhul und Qafzeh (Israel)

ca. 9000–7500 J.v.h. Töpferei im Nahen Osten u. Balkan; Kupfer in Çatal Hüyük (Tü

ca. 13 000–10 000 J.v.h. Domestikation v. Wildgetreide im Nahen Osten

10 000 J.v.h.

OBEN Der britische Archäologe Mortimer Wheeler (1890–1976) teilte bei der Ausgrabung von Maiden Castle (1926) die Stätte in quadratische Abschnitte mit Trennmauern zur Verdeutlichung der Schichten.

GANZ LINKS Goldene Totenmaske aus einem Grab in Mykene (16. Jh. v. Chr.).

Eisenzeit stammen. Das Prinzip der Assoziation, demzufolge Funde aus einer Kulturschicht aus derselben Zeit stammen müssen, führte zur Entstehung einer noch sehr groben relativen Chronologie der europäischen Vor- und Frühgeschichte.

Die Stratigraphische Methode und das Assoziationsprinzip ließen sich indes nur anwenden, wenn man Funde vorsichtig freilegte. Bei Zufallsgrabungen gingen wichtige Informationen unwiderruflich verloren. Im Laufe des 19. Jahrhunderts entwickelte man neue Grabungstechniken und Methoden, um die Zugehörigkeit von Stücken zu bestimmen. Als Johann Georg Ramsauer (1797 bis 1876) zum Beispiel in den 1850er Jahren am früheisenzeitlichen Friedhof in Hallstatt (Österreich) arbeitete, wurde jedes Grab sorgfältig gereinigt und dokumentiert (s. S. 9). Noch heute sind diese Aufzeichnungen für Archäologen von unschätzbarem Wert.

Die Entdeckung vergangener Kulturen

Im Nahen Osten rückten die Kulturen Mesopotamiens, Ägyptens und Palästinas ins Blickfeld. Grabungen in Ninive und Nimrud förderten Friese und Dokumente des assyrischen Reiches zutage, während Henry Rawlinson (s. S. 106) die akkadische Keilschrift entschlüsselte, so dass man alte Tontafeln entziffern konnte. Man entdeckte, dass Siedlungshügel *(Tell)* im Nahen Osten Überreste antiker Städte bargen, ja aus im Laufe von Jahrtausenden übereinander geschichteten Lehmziegelbauten bestanden. Indem sie sich durch die einzelnen Schichten frühzeitlicher Besiedlung gruben, entdeckten die Archäologen Spuren der ältesten urbanen Zentren von Babylon und Sumer.

In den letzten Jahrzehnten des 19. Jahrhunderts war die Klassifizierung und zeitliche Ordnung von Artefakttypen so weit vorangeschritten, dass man neue Funde zu bereits vorhandenen in zeitliche Relation setzen konnte. So gelang es immerhin, eine relative Chronologie für Artefakttypen von der Stein- bis zur Eisenzeit zu definieren. Dort, wo eisenzeitliche Funde Völkern mit schriftlich fixier-

ca. 4000 J.v.h. Induskultur

ca. 7500–6500 J.v.h. Landwirtschaft in Mitteleuropa

ca. 5000 J.v.h. Bronze im Nahen Osten; Gold in Warna (Bulgarien)

ca. 4900–3650 J.v.h. Entstehung von Stonehenge

ca. 4600–4500 J.v.h. Königsgräber von Ur

ca. 3900–3250 J.v.h. Minoische und Mykenische Kultur

ca. 3500–3000 J.v.h. Eisenbearbeitung in Anatolien

ca. 2800–2400 J.v.h. Etruskische Kultur

ca. 2500 J.v.h. Klassisches Griechenland: Parthenon

2335–2323 J.v.h. Feldzüge Alexanders des Großen

ca. 1900 J.v.h. Blüte des Römischen Reiches

6000 J.v.h. | 4000 J.v.h. | 2000 J.v.h.

ter Chronologie wie Römern und Griechen zugeordnet werden konnten, ließ sich die relative Chronologie sogar mit konkreten Daten verbinden. Je weiter entfernt Ort und Zeit lagen, desto zufälliger und unsicherer gestaltete sich die Rekonstruktion historischer Zusammenhänge. Dennoch begann man Altertümersammlungen erstmals so zu ordnen, dass die Ausstellungsstücke die Menschheitsgeschichte chronologisch beleuchteten.

In den 1870er Jahren begann der deutsche Kaufmann Heinrich Schliemann (1822–1890) in Hissarlik in der Türkei zu graben, weil man dort das antike Troja vermutete. Schliemann wollte unbedingt die berühmte Stadt finden, von der Homer erzählt hatte. Zwar war Schliemann Amateur und ging nicht sehr wissenschaftlich vor, doch entdeckte er tatsächlich eine Stätte mit zahlreichen Schichten. Ein Feuer hatte die zweite Schicht zerstört, und in den Ruinen fand Schliemann eine gewaltige Fülle an Gold- und Silbergefäßen. Triumphierend (leider jedoch fälschlich) behauptete Schliemann, hierbei könne es sich nur um das Ilion Homers handeln. Danach richtete sich sein Augenmerk auf Mykene in Griechenland, wo er Königsgräber mit goldenen Totenmasken freilegte und damit den Beweis erbrachte, dass hier bereits 1000 Jahre vor der klassischen Epoche Griechenlands eine Kultur existiert hatte. Die Beschreibung und Ausstellung der Funde beflügelte die Fantasie der Öffentlichkeit mehr als viele andere Entdeckungen und machte die Archäologie in Europa und im Nahen Osten populär. 20 Jahre später stieß Arthur Evans (1851–1941) in Knossos (Kreta) auf Überreste der Minoer, der ältesten europäischen Kultur.

Anfang des 20. Jahrhunderts endete die Zeit der Amateurgräber. Nun organisierten europäische und amerikanische Museen und Universitäten Grabungskampagnen in den Ländern der klassischen Antike, in Ägypten und im Nahen Osten. In den 1920er und 1930er Jahren legte Leonard Woolley (1880–1960) die frühsumerischen Königsgräber von Ur frei, auch grub man in Mari und Megiddo im Nahen Osten und an der Agora in Athen.

Der Diffusionismus

In Nord- und Mitteleuropa erweiterten Grabungen an großen Stätten wie der bandkeramischen Bauernsiedlung von Köln-Lindenthal (Deutschland), am Seedorf Biskupin (Polen) und an der Festung Maiden Castle (England) das Wissen über die europäische Vorgeschichte, lösten aber auch Debatten über die Verbreitung von Kulturen aus. Lange schon hatte man erkannt, dass die geographische Verbreitung und auch die Form von Objekten sich im Laufe der Zeit änderten. Bestimmte Werkzeug-, Gefäß- und Ornamenttypen, die gemeinsam auftraten, fasste man nun unter dem Begriff „Kultur" zusammen. Anhänger des Diffusionismus gingen davon aus, dass die Ausbreitung (Diffusion) und Veränderung von Kulturen stets durch Wanderung von Völkern oder durch den Transfer von Ideen zustande gekommen waren.

UNTEN Die Moorleiche des Mannes von Tollund (Dänemark) entdeckte man in den 1950er Jahren. In einer der ersten paläobotanischen Untersuchungen des Mageninhaltes prähistorischer Menschen fand man heraus, was er zuletzt gegessen hatte.

Allerdings behaupteten die Diffusionisten, dass sich Kulturen stets von einem gemeinsamen Zentrum aus verbreiteten und Völker, die einer Kultur angehörten, sich gleich verhielten, was nicht unbedingt den Tatsachen entsprach. Hieraus entwickelte sich in der Ethnologie die Lehrmeinung, dass die Kulturen als frühe Vorläufer heute existierender ethnischer und nationaler Gruppen zu betrachten seien. Im politischen und sozialen Klima der 1920er und 1930er Jahre trieb nationalistisches Gedankengut dann auch in der Archäologie zum Teil bedenkliche Blüten.

Die Archäologen erkannten aber auch, dass es prähistorische Stätten in einem größeren Kontext zu betrachten galt, wenn man verstehen wollte, wie Menschen in der Vergangenheit gelebt hatten. Im Jahr 1931 verfing sich beispielsweise ein Stück Torf in den Netzen des Nordseeschleppers *Colinda*. Darin entdeckte man eine später auf 11 000 Jahre datierte Harpune aus Geweih. Offensichtlich hatte der Fundort einst auf dem trockenen Land gelegen – das Klima der Steinzeit musste sich daher deutlich von dem des 20. Jahrhunderts unterschieden haben. Mithilfe der damals noch neuen Technik der Pollenanalyse rekonstruierte man vor allem in Europa Pflanzen der Vergangenheit und damit Lebensraum und Umfeld historischer Stätten.

Kohlenstoff-14 und neuere Ansätze

Ende der 1940er Jahre gelang es erstmals, das Alter von Artefakten mit radioaktivem Kohlenstoff zu bestimmen. Archäologen in Europa und im Nahen Osten verfügten nun über eine verhältnismäßig leicht anwendbare, absolute Datierungsmethode, die es erstmals ermöglichte, geschichtliche Ereignisse anhand archäologischer Fundstücke chronologisch zu ordnen. In der Folge erkannte man, dass die Theorie des Diffusionismus zu vielen Fehlinterpretationen geführt hatte. 1952 entschlüsselte Michael Ventris (1922 bis 1956) die Linear-B-Schrift und revolutionierte dadurch die Archäologie im ägäischen Raum. Die Zahl der Berufsarchäologen nahm zu, und die Disziplin hielt Einzug an vielen neuen Universitäten und Forschungsinstituten. Gleichzeitig arbeitete man enger mit Botanikern, Zoologen und anderen Wissenschaftlern zusammen, um die Lebensweise vorgeschichtlicher Gesellschaften so umfassend wie möglich zu ergründen.

In den 1960er und 1970er Jahren formulierte man die Ziele der prähistorischen Archäologie neu. Detailfragen zur Chronologie und Typologisierung sowie die Geschichte einzelner Kulturen traten nun etwas in den Hintergrund, stattdessen befasste man sich stärker mit sozialem Wandel und großräumigen Entwicklungen. Zwei große Problemfelder beschäftigten die Wissenschaft, nämlich die Ursprünge und Verbreitung der Landwirtschaft und die Entstehung und Ausformung komplexer Gesellschaften, besonders jener von Städten und Stadtstaaten. In beiden Fällen betrieb man Ursachenforschung. Bei der Landwirtschaft schienen Klimawandel und Bevölkerungswachstum eine wichtige Rolle zu spielen, bei den Städten und Staaten machte man Handel, Religion und Kriege als entscheidende Faktoren aus. Die zielgerichtete Suche hatte eine Fülle neuer Grabungen zur Folge, die sehr systematisch durchgeführt, dokumentiert und veröffentlicht wurden. Dennoch konnte man in den meisten Fällen bestenfalls ein Bündel von Gründen für soziale Veränderungen und deren Konsequenzen ausmachen.

OBEN In Arslantepe (*Tepe* bedeutet „Hügel") in Anatolien dauern die Grabungsarbeiten an. Im 4. Jahrtausend v. Chr. stand hier eine Stadt. Bauern, die Tongefäße verwendeten, siedelten dort jedoch bereits vor etwa 8000 Jahren.

Neue Modelle

Während der letzten beiden Jahrzehnte wurden in Eurasien neue Paradigmen entwickelt. In der Literatur- und Sozialtheorie wurzelnde Ansätze betrachten archäologische Funde zum Beispiel als „Texte", die zahlreiche Interpretationsmöglichkeiten bieten. Etwas gemäßigtere Schulen gehen davon aus, dass zahlreiche unterschiedliche Faktoren zur Veränderung prähistorischer Kulturen führten, wobei individuelle Entscheidungen von Einzelpersonen und Gruppen im Rahmen bestimmter, auf den Lebensraum beruhender Vorgaben eine entscheidende Rolle spielten. Die kontinuierliche Entwicklung und Verfeinerung archäometrischer Techniken brachte neue Erkenntnisse in Bezug auf die Entwicklung der Menschheit und bewirkte, dass man alte Positionen überdachte. Auch auf dem gut erforschten archäologischen Terrain Europas und Westasiens gibt es aber noch vieles zu entdecken ◆

Wildbeuter des Mesolithikums

Das europäische Mesolithikum, die Zeit zwischen dem Rückzug der Eismassen vor etwa 10 000 Jahren und der Verbreitung der Landwirtschaft, gilt unter Archäologen heute als Zeit des produktiven Wandels, in der Gruppen von Jägern, Sammlern und Fischern bequem von dem leben konnten, was die Natur ihnen bot. Als die Temperaturen stiegen, entstanden an der Stelle von Tundra und Steppe dichte Wälder. Rentierherden zogen nordwärts, in ihren ursprünglichen Streifgebieten lebten nun Hirsche und Wildschweine. Die Wildbeuter mussten den Herden nun nicht mehr während des ganzen Jahres über weite Strecken folgen.

UNTEN Das Skelett einer 50-jährigen Frau aus Vedbæk, Dänemark, ruht auf einem Rothirschgeweih. Es gehört zu 22 Körpern, die man in 17 Gräbern eines Wildbeuterfriedhofs der Ertebølle-Kultur fand. Diese Gruppen siedelten vor ca. 6000 Jahren an den Küsten Südskandinaviens. Knochenuntersuchungen zeigen, dass sich diese Menschen vornehmlich von Fisch und Meeresfrüchten ernährten. An einigen Orten gab es so viel Nahrung, dass die Wildbeuter lange Zeit dort blieben und ihre Toten auf Friedhöfen bestatteten. Bei den bestatteten Skeletten in Vedbæk fand man Geweihstücke, Muscheln, Feuersteinklingen, Tierknochen und -zähne.

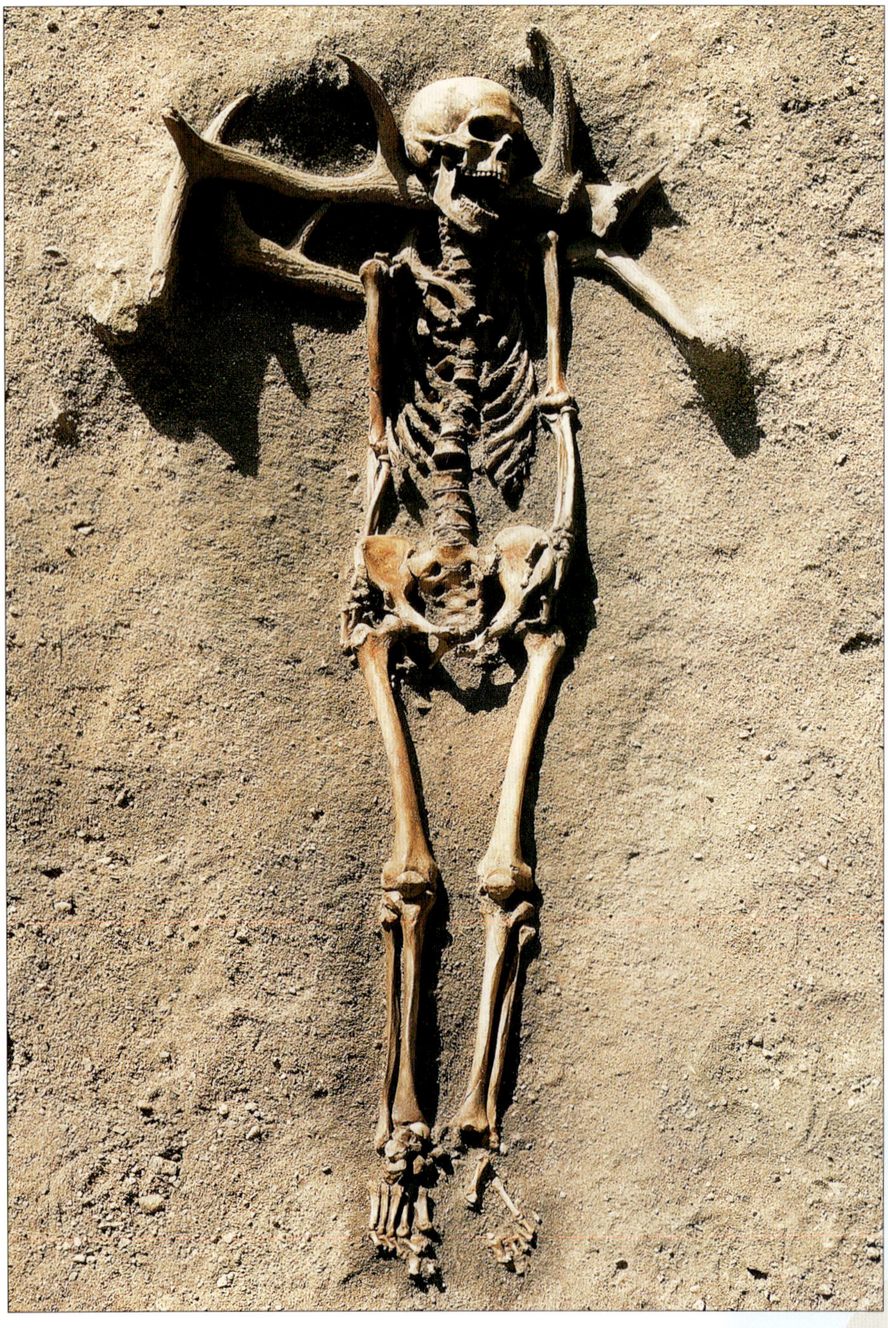

Die neuen Waldgebiete ließen sich auf vielerlei Weisen nutzen. Analysen von Pollen aus Mooren und Ablagerungen an Seen dieser Zeit zeigen, dass nacheiszeitliche Jäger in den Waldgebieten durch Brandrodung Lichtungen schufen. Dort wuchsen Büsche, die Kleinwild anzogen. Auch essbare Wildpflanzen wie Nüsse, Beeren, Pilze, Wurzeln und Knollen standen auf dem Speiseplan. Sie wurden von Mitgliedern der Gemeinschaft gesammelt, die zuvor nicht zur Nahrungsmittelversorgung beitragen konnten, etwa von Kindern.

Harpunen, Netze und Fallen

Die Steinwerkzeuge hatten sich auf winzige Feuersteinsplitter reduziert, die man als Speerspitzen oder Messerklingen in Griffe aus Holz und Geweih einfügte. Auch fertigten die Jäger Harpunen, die aus zwei gebogenen, an einem Griff befestigten Geweihstücken bestanden und sich über den Rücken eines Fisches legten, um ihn zu greifen. Bäume und Büsche dienten als Material für größere Konstruktionen. So verwendete man nun Einbäume und flocht konische Fischfallen aus Weiden- und Haselsträuchern. Diese legte man in Flüssen und Mündungsgebieten aus, um Lachse auf ihrer jährlichen Wanderung zu fangen. Die Fische wurden durch Räuchern konserviert. Bei archäologischen Unterwasseruntersuchungen, die während des Baus der Brücke über den Großen Belt (Dänemark) durchgeführt wurden, fand man so große Mengen solcher Fallen im Mündungsschlamm, dass man von einer regelrechten Fischfangindustrie sprechen kann.

Die Funde weisen auch darauf hin, dass die Eigentumsrechte bereits klar geregelt waren. Eine Gemeinschaft – oder ein einzelner Haushalt – hätte keine Zeit oder Mühe darauf verwendet, Fallen an einem Ort aufzustellen, den auch andere für sich beanspruchen konnten. Verschiedene, in den letzten Jahrzehnten entdeckte mesolithische Gräber lassen ebenfalls auf Ordnungsstrukturen größerer Gemeinschaften schließen. An Stätten wie Vedbæk (Dänemark), Skateholm (Schweden) und Oleneostrowskij Mogilnik (Russland) scheinen Bestattungsrituale stattgefunden zu haben, auch existierten möglicherweise bereits soziale Unterschiede. Dort, wo Ressourcen ständig zur Verfügung standen, gab es bereits dauerhafte Siedlungen.

Vielfältige Ressourcen

In Mittel- und Südeuropa bildeten sich an den Ausläufern der Alpen Jägergemeinschaften rund um Seen, die die zahlreichen Ressourcen der Bergregion nutzten: Fische und Wasservögel von Seen und Flüssen, Kleinwild, Nüsse und Beeren von bewalde-

OBEN Am Ende der letzten Eiszeit machten Landbrücken im Süden die Ostsee zu einem Binnengewässer. Der Süden Großbritanniens war mit dem europäischen Festland verbunden. Vom Schwarzen Meer gab es keinen Zugang zum Mittelmeer. Als die Eismassen schmolzen, stieg der Meeresspiegel und überschwemmte die Landbrücken. Land, das unter Millionen Tonnen schwerem Eis gelegen hatte, löste sich. Einstmals trockene Flächen lagen nun unter Wasser, Küstenorte im Landesinnern.

ten Hängen sowie Wildziegen von Almen oberhalb der Baumgrenze. Kalksteinhöhlen an Mittelmeer und Adria eigneten sich gut als Unterstände. Jägergruppen nutzten zum Beispiel die Frankhthi-Höhle in Südgriechenland zu bestimmten Jahreszeiten als Lager. Als gegen Ende der Eiszeit der Meeresspiegel stieg, rückte die Höhle näher an die Küste – vor ca. 8500 Jahren war sie nur noch rund einen Kilometer vom Wasser entfernt –, weshalb man neben zahlreichen Pflanzenarten auch Überreste von Fischen und Meerestieren an der Stätte entdeckte.

Viele mesolithische Fundorte wurden im Eisernen Tor, dem Durchbruchstal der Donau zwischen Karpaten und Serbischem Erzgebirge, untersucht. In den dortigen Wäldern gab es Wild im Überfluss und der Fluss bot eine Vielzahl an Fischarten, weshalb Jäger sich hier dauerhaft niederließen. Lepenski Vir, die am besten bekannte und erforschte Siedlung, entstand um 6000 v. Chr. und umfasste mehrere Dutzend Häuser mit festem Boden und zentralem Herdfeuer an einer niedrigen Flussterrasse. Zu fast jedem Haus gehörte eine Kalksteinskulptur, oft in Form eines Fisch- oder Menschenkopfes.

Als die Landwirtschaft vor etwa 8000 Jahren in Südosteuropa Einzug hielt, gaben viele Wildbeuter ihre Lebensweise nur zögernd auf. Nach einiger Zeit nahmen sie jedoch selbst angebaute Feldfrüchte und Produkte von Haustieren, die sie in ihren Siedlungen züchteten, in ihren Speiseplan auf oder gingen in Bauerngesellschaften auf (s. S. 58f.) ◆

Erste Bauern im Nahen Osten

Bis vor ca. 13 000 Jahren lebten kleine Wildbeutergruppen im Nahen Osten. Sie zogen in regelmäßigen Zyklen durch das Land und rasteten dort, wo ihnen die Natur genügend Nahrung bereitstellte. Die Jahrmillionen alte Lebensweise änderte sich zusehends, als die Temperaturen am Ende der Eiszeit stiegen und es feuchter wurde. Eichen- und Pistazienwälder breiteten sich zusammen mit wildem Getreide und anderen Gräsern in vielen Gebieten des Nahen Ostens aus. Der feste Rhythmus ihres Wachstums machte die Menschen von nun an sesshafter.

Der Übergang vom Wildbeuter zum Bauern war ein sehr langsamer Prozess und fand über eine Periode von insgesamt fünf Jahrtausenden statt. Durch den Klimawandel gediehen in einigen günstigen Lebensräumen Wildgräser in solchen Mengen, dass man genug Korn erntete, um eine Familiengruppe ein Jahr lang damit zu ernähren – vorausgesetzt, es gelang, das Getreide zu konservieren. Dank der gesicherten und stetigen Nahrungszufuhr konnten die Menschen jetzt größere Gruppen bilden und längere Zeit an einem Ort verweilen. Die Energie, die sie zuvor beim Wandern auf der Suche nach Nahrung verbraucht hatten, verwendeten sie nun auf den Bau dauerhafter Siedlungen.

Die ersten Dörfer

Auf der ersten Stufe dieser natürlichen Entwicklung entstanden kleine Gruppen von Häusern, die sich dort befanden, wo es besonders viel Nahrung gab. Die Menschen der Natufkultur, die einen Korridor mit bewaldeten Hügeln an der Ostküste des Mittelmeeres (Levante) bewohnten, bauten die ersten Dörfer. Sie lebten in Rundbauten und gruben Speicher für das gesammelte Wildgetreide, nutzten zu bestimmten Zeiten des Jahres aber auch Lager, um vorbeiziehende Herden zu jagen oder Korn zu ernten.

Eine ähnliche Entwicklung fand im Norden, im Taurus- und im Sagros-Gebirge in der Osttürkei, im Norden Iraks und im Westen des Iran statt. Hier hüteten Wildbeuter Schweine an den bewaldeten Hängen und Schafe in höher gelegenen Regionen. Wildgetreide spielte eine geringere Rolle. Tierknochen aus Zawi Tschemi und Shanidar lassen vermuten, dass bereits um 8500 v. Chr. Schafe gehütet wurden. In Hallan Tschemi hielt man vor allem Schweine.

Die Anfänge der Landwirtschaft

Die meisten Gemeinschaften pflanzten Wildgetreide zunächst an einer günstig gelegenen Stelle an, um ihren Speiseplan aufzubessern. Unwissentlich begründeten sie damit ein neues Wirtschaftssystem, in dem der Mensch Natur und Umwelt zu seinem Vorteil veränderte. Die ältesten Formen domestizierten Getreides stammen aus Abu Hureira (Syrien) und wurden auf 11 000 v. Chr. datiert. Viele Gruppen im Nahen Osten sammelten aber noch lange danach Wildgetreide. Dort, wo man Getreide anpflanzte, veränderte sich das Leben der Menschen grundlegend, da sie nun sesshafter wurden. Deutlich tritt die Bedeutung des Getreideanbaus an Stätten wie Jericho (s. Kasten) oder Netiv HaGedud in der südlichen Levante und Tell Aswad (Syrien) zutage. Archäologen bezeichnen diese Zeit als Präkeramikum (A), denn Tongefäße, die ursprünglich als Kennzeichen neolithischer Kulturen gegolten hatten, fehlen hier.

OBEN Diesen beinernen Sichelgriff (10,5 cm hoch) in Tierform aus der Natufkultur fand man in einer Höhle auf dem Berg Karmel. Er könnte einst rituellen Zwecken gedient haben.

Jericho: rätselhafte Strukturen

Als ein britisches Team in den 1950er Jahren in Jericho die Überreste einer steinernen Ringmauer freilegte, erkannte man, dass die Stadt bereits Jahrtausende alt gewesen sein musste, als die Israeliten sie eroberten, denn Archäologen datierten die Entstehung der Mauer auf die Zeit um 8300 bis 7300 v. Chr. Das in der Bibel beschriebene Ereignis fand vermutlich um 1150 v. Chr. statt. Die Mauer umschloss eine Bauernsiedlung, in der über 500 Menschen lebten, und lag unweit einer nie versiegenden Quelle im Jordantal. Von der ursprünglichen Mauer ist heute noch ein vier Meter hohes und drei Meter breites Fragment zu bewundern. Einst verlief rings um die Mauer ein Graben, im Innern erhob sich ein acht Meter hoher Rundturm, in dem eine Steintreppe zum flachen Dach hinaufführte. Bei der Entdeckung glaubte man zunächst, Turm und Mauer seien zu Verteidigungszwecken errichtet worden. Heute geht man eher davon aus, dass die Mauer eine Art Wasserableitungssystem war, das das Dorf vor Überflutung schützen sollte. Hierauf verweisen Ablagerungen von Schlamm und Kieselsteinen an ihrer Basis. Die eigentliche Funktion des Turmes bleibt jedoch weiter rätselhaft. Bauweise und Größe dieser frühen Konstruktionen sind nichtsdestoweniger sehr eindrucksvoll ◆

OBEN DIE STEINERNE MAUER UND DER TURM GEHÖRTEN ZUR FRÜHESTEN SIEDLUNG VON JERICHO.

UNTEN Im Nahen Osten entwickelte sich die Landwirtschaft zwischen 11 000 und 7000 v. Chr. Wildbeutergruppen begannen damals, Wildgetreide wie Einkorn, Emmer und Gerste anzupflanzen. Nach und nach entstanden durch Selektion ertragreichere und domestizierte Sorten. In der gleichen Zeit fing man vor allem im Norden der Region an, Haustiere zu halten, vor allem Ziegen, Schafe und Schweine. Um 7000 bis 6500 v. Chr. schufen die erfolgreich domestizierten Pflanzen und Tiere die Basis für die Entstehung von ersten Dörfern und Städten in vielen Teilen des Nahen Ostens und für die Entwicklung späterer Hochkulturen, die wir noch heute kennen.

Bauerngemeinschaften

Zwischen 7600 und 6300 v. Chr. (Präkeramikum B) züchteten die Bauern im Nahen Osten durch gezielte Selektion domestizierte Getreide- und Tierarten, die sich besonders als Nahrungsquellen, Zugtiere, Woll- oder Milchlieferanten eigneten. Diese Arten hielt man in Gegenden, in denen ihre wilden Vorfahren nicht vorkamen – Schafe und Ziegen etwa in der südlichen Levante, bestimmte Getreidesorten in den trockeneren Regionen des Nahen Ostens.

Nun nahm der Handel mit Rohstoffen wie Obsidian zu. Er verband entfernte Gebiete und machte die Ackerbaugemeinschaften mit neuen Produkten bekannt. Neue, größere Siedlungen entstanden. In Ain Ghazal und Basta in der südlichen Levante lebten bereits mehrere tausend Menschen. Überall im Nahen Osten errichtete man Gebäude mit festem Fundament und Kalk- oder Terrazzoböden. Es gab sogar zweistöckige Häuser. In Nevalla Tschori und Göbekli in der südöstlichen Türkei fand man aus jener Zeit Schreine mit eindrucksvollen Stelen; in Ain Ghazal und Jericho wurden Statuen aus Gips modelliert. Die Bestattungsrituale, die vermutlich mit dem Ahnenkult in Verbindung standen, räumten dem Schädel besondere Bedeutung ein. Dieses Ritual war in unterschiedlicher Weise ausgeprägt. In der südlichen Levante stellten Gipsköpfe die Gesichter verstorbener Verwandter dar, in Syrien und der Türkei begrub man die Toten oder ihre Schädel in Gemeinschaftsgräbern.

Diese außerordentlich bedeutsamen Entwicklungen verwandelten den Fruchtbaren Halbmond, der sich von der Mittelmeerküste über das Taurus- und das Sagros-Gebirge bis zum Persischen Golf zog, in eine Landschaft mit Bauerndörfern und kleinen Städten. Die türkische Siedlung Çatal Hüyük (um 6300–5400 v. Chr.), die einst aufgrund ihrer Größe und erlesenen Wandbilder als Sonderfall galt, erscheint in diesem Kontext als konsequente Weiterentwicklung einer präkeramischen Stadt ◆

Frühe Bauern in Eurasien

Die relativ rasche Ausbreitung der Landwirtschaft in Europa zwischen 6500 und 5000 v. Chr. gestaltete sich als komplexer Prozess. In einigen Fällen eroberten Bauerngemeinschaften mit ihren Saaten und ihrem Vieh neue Lebensräume. An anderen Orten wurden Jägergruppen langsam zu Bauern und gaben ihre traditionelle Lebensweise auf. Archäologen versuchen herauszufinden, wo man welchen Weg einschlug, und zu erklären, warum Bauern fortzogen oder Jäger Felder zu bestellen begannen. Während die frühesten Ackerbaugemeinschaften im Südosten Europas ihren Vorläufern im Nahen Osten durchaus ähnelten, gestalteten sich die Anfänge der Landwirtschaft im Norden und Westen anders.

OBEN Die fruchtbaren Schwemmebenen Thessaliens. Einwanderer aus dem Gebiet Anatoliens führten vermutlich die Landwirtschaft auf dem Balkan ein. Sie brachten Getreidesorten wie Emmer und Einkorn sowie Schafe und Ziegen mit.

In Südosteuropa entwickelte sich die Landwirtschaft etwa 7000 v. Chr. Bäuerliche Gemeinschaften in Thessalien und Nordgriechenland weisen zwar viele Parallelen zu zeitgleichen Siedlungen im Nahen Osten auf, doch existieren auch entscheidende Unterschiede. In Nea Nikomidhia und Sesklo (Griechenland) bestehen sie aus frei stehenden Einraumhäusern, nicht aus Zusammenschlüssen wie in vielen Orten des Nahen Ostens, etwa Çatal Hüyük.

Funde aus der Frankhthi-Höhle und anderen bewohnten Orten Griechenlands zeigen, dass Jägergemeinschaften bereits sehr früh Landwirtschaft zu betreiben begannen und diese sich von Griechenland aus nach Westen durch das Mittelmeerbecken entlang der Küstenwege ausbreitete. In Arene Candide (Italien) und Châteauneuf-les-Martigues (Südfrankreich), Orte, die Jägergruppen seit langer Zeit aufsuchten, entdeckte man Belege für Ackerbau und Viehzucht sowie Überreste von Gefäßen. Die ältesten Bauernsiedlungen unterschieden sich kaum von den Gemeinschaften, in denen Jäger und Sammler zusammenlebten. Saaten und Tiere wurden vermutlich von Gruppe zu Gruppe weitergegeben und nach und nach in das Leben der Gemeinschaften integriert.

UNTEN Ein typisches Bandkeramikgefäß aus dem Rheinland. Die frühen Bauern, die Gefäße in diesem Stil herstellten, lebten in kleinen Siedlungen mit bis zu 30 Meter langen, hölzernen Langhäusern, die auf Lichtungen inmitten kleiner Felder standen. An Bandkeramikstätten fand man vielfach Knochen von Hausrindern, während die Menschen in Südeuropa besonders Schafe und Ziegen züchteten.

Verbreitung nach Norden

Die Landwirtschaft breitete sich – vermutlich durch Gruppen auf der Suche nach neuen Lebensräumen – vom Balkan nach Norden aus. An anderen Orten begannen bereits ansässige Jägergruppen Kulturpflanzen und Tiere zu nutzen (s. S. 55). Mitteleuropa wurde wahrscheinlich von Bauern kolonisiert, die an den großen Flüssen entlangzogen und sich auf Hügeln mit feinkörnigem Lößboden niederließen, den sie Jahr für Jahr bestellen konnten. Um 5300 v. Chr. hatten sich die frühen bäuerlichen Kulturgruppen, die man wegen ihrer charakteristischen, mit eingeritzten Bändern verzierten Keramik als Linienbandkeramikkulturen bezeichnete, im Westen bis zum Seinetal und in die Niederlande ausgebreitet.

Vom Jäger zum Bauern

Bis die Fischer-Jäger-Wildbeuter an den Küsten Nord- und Westeuropas domestizierte Pflanzen und Tiere verwendeten, sollten noch Jahrhunderte vergehen. Ähnlich verhielt es sich in den alpinen Regionen Mitteleuropas. Fast immer waren die letzten Jäger zugleich die ersten Bauern, denn Getreide und Vieh führten zunächst kaum zu Veränderungen. Die Menschen in den Wäldern Nord- und Osteuropas gaben Fischfang und Jagd als Hauptnahrungsgrundlage noch langsamer auf. Dafür lernten sie rasch, wie man Gefäße fertigte und benutzten sie, um Vorräte aufzubewahren und Essen zuzubereiten ◆

OBEN Von der Levante breitete sich die Landwirtschaft über die iranische Hochebene und die zentralasiatischen Oasen nach Osten aus, während sie gleichzeitig in Europa Einzug hielt. Landwirtschaft und die Domestikation von Tieren sind in Mehrgarh (Pakistan) um 6000 v. Chr. belegt. Um diese Zeit gab es auch Bauernsiedlungen in Djeitun und den benachbarten Oasen Turkmenistans. Hier wie dort bestanden die Dörfer aus rechteckigen Lehmziegelbauten.

OBEN Die Landwirtschaft erreichte den Balkan auf zwei Wegen. Einer führte über die Inseln und Halbinseln des Mittelmeers nach Westen, der andere an großen Flüssen entlang nach Norden.

OBEN SPEICHERGRUBEN IN BYLANY, EINER FRÜHEN BANDKERAMIKSIEDLUNG.

Bylany: eine frühe Bauernsiedlung

Der Bandkeramiksiedlungskomplex in Bylany (Tschechische Republik), der seit 1953 intensiv erforscht wird, gehört zu den bedeutendsten frühen Bauernsiedlungen Mitteleuropas. Zwischen 5400 und 5000 v. Chr. entstand die Siedlung in einer Region mit Lößboden zu beiden Seiten eines kleinen Flusses. Archäologische Ausgrabungen an verschiedenen Stellen brachten Dutzende übereinander gesetzter Langhausstrukturen und Lagergruben zum Vorschein. In mühsamer Kleinarbeit identifizierten die Archäologen auf der Basis der sich immer wieder verändernden Keramikstile und sich überschneidender Lagen von Häusern und Gruben insgesamt fünf große Siedlungsphasen. Die Häuser wurden wahrscheinlich kontinuierlich errichtet, aufgegeben und neu erbaut. Der Boden ist in dieser Gegend sehr sauer, weshalb nur wenige Tierknochen erhalten blieben, doch hielt man vermutlich vor allem Rinder. Die Entdeckung weiterer Bandkeramiksiedlungen in der Nähe lässt vermuten, dass frühe mitteleuropäische Bauern diese Gegend bevorzugten ◆

Erste Städte im Nahen Osten

Rund drei Jahrtausende (ca. 6500–3500 v. Chr.) vergingen, bis sich aus den frühen Ackerbaugemeinschaften im Nahen Osten (s. S. 56f.) die ersten Städte und Stadtstaaten entwickelten. In dieser Zeit formten sich viele prähistorische Gesellschaften, die sich durch verschiedene Gefäß- und Häusertypen und andere Aspekte auszeichneten. Im Norden, wo genügend Regen fiel, veränderte sich die Landwirtschaft kaum. Bereits im 6. Jahrtausend v. Chr. schafften es die Bauern jedoch, Flusswasser auf Felder zu leiten. Sie konnten kargere Gegenden nutzen und eroberten die fruchtbare Ebene zwischen Euphrat und Tigris. Bewässerungstechnik und natürliche Gegebenheiten führten dazu, dass die bäuerlichen Gemeinschaften Nord- und Südmesopotamiens unterschiedliche Wege nahmen. Während der Urukzeit (ca. 4000–3100 v. Chr.) kam es durch Veränderungen der Gesellschaftsstruktur im Süden zur Entstehung der ersten Städte.

Da die ersten Bauern Nordmesopotamiens auf Regen angewiesen waren, um ihre Felder und Weiden zu erhalten, banden sie sich nicht wie die Bauern im Süden des Landes allzu fest an ein bestimmtes Gebiet. Ihre Siedlungen lagen weit über das Land verstreut. Jede Familie war weitgehend eigenständig organisiert, zumindest unter normalen Bedingungen. Sie musste weder ein Bewässerungssystem mit anderen teilen, noch war sie auf Unterstützung durch eine Gemeinschaft angewiesen. Im Süden, wo die Bauern mit Bewässerungskanälen arbeiteten, gestaltete sich die Situation ganz anders. Hier bestellte man das Land gemeinsam, wodurch größere soziale Einheiten entstanden. Typische Siedlungen, etwa in Tell as-Sauwan, Tell Abbada und Tell Madschur, umfassten große Gebäude mit mehreren Räumen zu beiden Seiten einer zentralen Halle und boten vielköpfigen Familienverbänden Platz. An einigen Orten (z. B. Tschoga Mami) entdeckte man Überreste von Bewässerungskanälen.

Tempelbau

In diesen Gemeinschaften existierte anscheinend kein ausgeprägtes soziales Gefälle. Unterschiede, was Status und Wohlstand anbetraf, gab es kaum. Religiöse Institutionen sorgten dafür, dass die soziale und die ökonomische Stabilität gewahrt blieb. Bei Ausgrabungen in Eridu (die man in späteren mesopotamischen Mythen als älteste Stadt identifizierte), legte man Reste von 16 übereinander erbauten Tempeln frei. Der älteste bestand aus einem quadratischen Raum mit einem Altar in einer Nische in der Rückwand. Im Laufe der Zeit kamen weitere Räume rund um den Altarraum hinzu. An anderen Orten entdeckte man ähnliche Strukturen. Allmählich erlangten einige Siedlungen mehr und mehr politische, religiöse und wirtschaftliche Bedeutung und entwickelten sich zu Städten.

OBEN Ausgrabungen in Warka, der bedeutendsten mesopotamischen Stadt im 4. vorchristlichen Jahrtausend. Archäologen nennen sie nach der zeitgleichen historischen Epoche auch Uruk. Um 3000 v. Chr. lebten in Warka rund 50 000 Menschen auf einem 200 Hektar großen Gebiet. Die genaue Rolle der Tempel in frühen mesopotamischen Kulturen ist unklar, doch befanden sie sich im Herzen der Städte. In Warka umfasste der 25 Hektar große Tempelbezirk für die Gottheit Eanna zahlreiche Stufentempel (Zikkurat).

Urbane Strukturen

Diese Veränderungen bildeten die Grundlage für den tief greifenden Wandel, der die südmesopotamischen Gesellschaften während der Urukzeit im 4. Jahrtausend v. Chr. erfasste. Die Städte wuchsen rasch: einige dehnten sich bald über 50 Hektar aus. Gleiches galt für die Tempel, die immer gößer und ausgeklügelter wurden. Bauern und andere Arbeiter lieferten vermutlich einen Teil ihrer Erzeugnisse – Korn, Wolle, Fisch und andere Güter – an die Tempelbezirke, die damit einerseits ihr Personal ernährten, andererseits Vorräte anlegten, um bestimmte Mitglieder der Gemeinschaft zu versorgen. Die wirtschaftliche und soziale Funktion der Tempel zog weitere Menschen in die Städte und bildete zugleich die Grundlage der frühstaatlichen Strukturen. Inwieweit die Tempel auch politische Macht besaßen, ist noch nicht geklärt. Mit Sicherheit existierten parallel zu ihnen weitere politische Institutionen.

Die im Tempel (und bei anderen öffentlichen Einrichtungen) arbeitenden Menschen entwickelten Methoden, mit denen sie wirtschaftliche Transaktionen festhalten konnten und schufen damit die Basis für die Entstehung von Schriftsystemen (s. S. 46f.). Schreiber besaßen Fähigkeiten und Wissen, die sie über Bauern und Hirten – den Großteil der Bevölkerung – erhoben. Andere Einwohner spezialisierten sich auf Handwerke wie Töpferei, Weberei, Siegelschneiderei, Metallverarbeitung oder Bildhauerei. Die Handwerker arbeiteten direkt für die Tempel (und wurden von ihnen versorgt) oder lieferten

RECHTS Diese Tonfigurine (ca. 5000 v. Chr.) stammt aus der späten Halafkultur, bekannt für schön bemalte Tonwaren. Sie entwickelte sich um 5500 v. Chr. und verbreitete sich über weite Teile Nordmesopotamiens. Keramiken kamen in Mesopotamien Mitte des 7. Jahrtausends auf. Die Erzeuger des älteren Hassunastils mit einfachen Einritzungen oder Bemalungen lebten in Mehrraumhäusern in kleinen Dörfern. Familien der Halafkultur wohnten dagegen oft in Rundbauten.

Waren für das wachsende Handelsnetz. Mitte des 4. Jahrtausends v. Chr. zogen Kaufleute auf der Suche nach Rohstoffen weit nach Norden. Uruk gründete sogar in Syrien (Habuba Kabira) Kolonien. Die sozialen und ökonomischen Strukturen waren jetzt so komplex, dass man die Gebilde durchaus als Staaten bezeichnen konnte.

Im 4. Jahrtausend v. Chr. veränderte sich der Nahe Osten. In Syrien und Ostanatolien errichteten die Herrscher von Orten wie Arslantepe, Tell Hammam at-Turkman, Tell Brak und Tepe Gaura – vermutlich angeregt durch Handelskontakte mit Uruk – Prachtbauten und schufen Verwaltungssysteme. Diese urbanen Strukturen brachen jedoch Ende des 4. Jahrtausends v. Chr. zusammen und erreichten erst 500 Jahre später wieder ihr vorheriges Niveau. In der südlichen Levante blieb das Anfang des 3. Jahrtausends v. Chr. entstandene Stadtwesen in den Anfängen stecken. Auf der iranischen Hochebene und in Zentralasien gab es im späten 4. und im 3. Jahrtausend v. Chr. erste Städte, der Niedergang folgte um 2000 v. Chr. In den Gebirgsregionen jenseits von Mesopotamien lebten die Menschen weiterhin in kleinen Bauernsiedlungen ◆

OBEN Auf die Hassunakultur folgte die sehr erfolg- und einflussreiche Halafkultur. Die Samarrakultur entwickelte sich an den Ufern am mittleren Lauf des Tigris, an dem bereits Bewässerungsanlagen zum Besprengen der Felder genutzt wurden. Beide wurden Anfang des 5. Jahrtausends v. Chr. von der Obedkultur aus dem Süden abgelöst, wo auch die ersten Städte entstanden.

Die Landwirtschaft in Europa

Um 4500 v. Chr. kam es in den Bandkeramikgemeinschaften Mitteleuropas zu einer Reihe von tief greifenden Veränderungen, die sich besonders in neuen Gefäßstilen und Häusertypen widerspiegelten. Die folgenden tausend Jahre waren geprägt von weit reichenden regionalen Unterschieden und der Bildung hierachisch strukturierter Gesellschaften. In Westeuropa breitete sich in zunehmendem Maße die Landwirtschaft aus und erreichte um 4000 v. Chr. Gebiete wie die Britischen Inseln und Skandinavien.

OBEN Steinerne „Augenfiguren" – vielleicht Darstellungen einer Gottheit – entstanden im späten Neolithikum/der frühen Bronzezeit in Los Millares und an anderen iberischen Stätten. Starrende Augen erscheinen auch auf Statuen-Menhiren in Frankreich und Italien und als Motive auf westeuropäischen Gefäßen.

Ab 4500 v. Chr. entwickelten die Bauern der Bandkeramikkultur neue Keramikstile wie die Lengyelkultur im Osten und die Rössener Kultur im Rheinland, die Archäologen als Unterscheidungsmerkmale dienen. Um 4200 v. Chr. entstand am Nordrand der Lößbodenregion die Trichterbecherkultur und verbreitete sich mit den Siedlungen von Flusstälern aus über die nordeuropäische Ebene bis zur Ostseeküste. Weiter westlich löste die Michelsberger Kultur zwischen Rheinmündung und Alpen die Rössener Kultur ab, während die Chasséenkultur weite Teile Frankreichs prägte.

Zwischen 4500 und 3500 v. Chr. gibt es Belege dafür, dass sich die sozialen Unterschiede in den Ackerbaugemeinschaften Mitteleuropas – vermutlich aufgrund der beständig größer werdenden Bedeutung der Viehherden – immer mehr ausprägten (s. S. 42f.). Pflugspuren und andere Anzeichen belegen, dass man Vieh in der Zeit um 3500 v. Chr. bis nach Dänemark hinauf, im Westen jedoch weit seltener als Zugtiere einsetzte. Neue Häusertypen entstanden, und die Techniken der Kupferbearbeitung, die auf dem Balkan und in den Karpaten etwa in Vinča und der Tripoljekultur üblich waren (s. S. 66f.), fanden in Mittel- und Nordeuropa rasch Verbreitung. Befestigte Hügelsiedlungen, etwa in der Dölauer Heide (Ostdeutschland), weisen auf wachsende soziale Spannungen zwischen den verschiedenen Gruppierungen hin, die mit dem Bevölkerungsanstieg einhergingen.

Im Alpenraum bildeten sich ab 4000 v. Chr. größere Pfahlbausiedlungen, die oft an Seeufern oder in Sumpfgebieten errichtet wurden. Sie ließen sich gut verteidigen und ermöglichten die wirtschaftliche Nutzung von Wasser und Festland. Mit Hilfe von Einbäumen konnte man sich leicht zwischen ihnen bewegen. Außergewöhnlich gut erhaltene Reste von Holzstrukturen dieser Orte lassen sich mit dem dendrochronologischen Verfahren analysieren und geben Aufschluss über die genaue Siedlungsgeschichte dieser Stätten. Zu den am besten erhaltenen Stätten dieser Zeit gehört Egolzwil (Schweiz), wo man den Holzboden und die Feuerstelle eines zehn Meter langen Hauses freilegte.

Kommunikation und Handel

In der Jungsteinzeit spielten das Roden von Wäldern und die Eroberung neuer Lebensräume eine wichtige Rolle. In Südwestengland fanden Archäologen einen gut erhaltenen hölzernen Zugpfad, auf dem die Menschen die sumpfigen Höhen Somersets trockenen Fußes durchqueren konnten. Der auch als „Sweet Track" bekannte Pfad ist dendrochronologischen Erkenntnissen zufolge während des Winters 3807/08 v. Chr. angelegt worden. Eine Grünsteinaxt, die man

Skara Brae: ein neolithisches Dorf

Zwischen 3100 und 2500 v. Chr. wurde in Skara Brae an der Nordküste von Mainland, einer der Orkney-Inseln vor der Nordostküste Schottlands, ein Dorf mit Steinhäusern erbaut. Die Stätte, die Vere Gordon Childe (1892–1957) in den 1920er Jahren freilegte, deutet auf eine hohe Entwicklungsstufe am Nordostrand des neolithischen Europas hin: die durch überdachte Gänge verbundenen Häuser besaßen in die Mauern eingelassene Betten, Anrichten und Regale. Die Einwohner von Skara Brae hielten Schafe und Rinder und jagten Wale und andere Meeressäugetiere oder weideten sie aus. Walknochen, die auf der Fundstätte entdeckt wurden, dienten vermutlich dazu, die Dächer zu stützen; ausgehöhlte Walwirbel wurden möglicherweise als Handmühlen genutzt. Die einheitliche Gestalt der Häuser in Skara Brae und anderen Siedlungen der Orkney-Inseln wie etwa der später entdeckten Fundstätte Barnhouse lässt vermuten, das kulturelle Aspekte die Architektur prägten und festlegten, wie Menschen sich in ihrem Umfeld bewegten. Unter den Mauern eines Hauses entdeckte man die Gräber zweier älterer Frauen, die meisten Bewohner wurden jedoch in Megalithgräbern beigesetzt ◆

OBEN SKARA BRAE, EINE DER BESTERHALTENEN NEOLITHISCHEN SIEDLUNGEN NORDEUROPAS.

UNTEN Mit der Sesshaftwerdung bäuerlicher Gemeinschaften in Europa ersetzten Regionalkulturen die einheitlicheren Stile der ersten Agrargesellschaften. Der Fernhandel nahm zu; große, befestigte Siedlungen prägten zunehmend das Bild.

unweit des Sweet Track entdeckte, stammte aus dem Alpenraum. Auch stieß man auf viele andere Anzeichen für weiträumigen Handel.

Größere spätjungsteinzeitliche Stätten grub man in Dänemark aus, etwa in Trelleborg. Es handelte sich weniger um Siedlungen als um Plätze, an denen sich zu bestimmten Zeiten viele Menschen versammelten. Auch in Großbritannien lebten viele neolithische Gruppen mehr oder weniger nomadisch. Eine große Grube in Coneybury in Südengland enthielt Knochen von Rindern, Hirschen und Schweinen sowie große Mengen von Keramikscherben – vielleicht Überreste saisonaler Feste. Ab 3500 v. Chr. kamen in Europa Gräben als Einfriedungen auf. Beispiele fand man in Sarup (Dänemark) und Lublin-Wolhynien (Polen), wo ein drei Meter tiefer Graben ein 170 mal 210 Meter großes Gebiet umschloss. In Windmill Hill (England) entstanden nach und nach konzentrisch angelegte Gräben. An all diesen Orten fanden wahrscheinlich Treffen mit Festen oder anderen sozialen Aktivitäten statt.

Südliche Iberische Halbinsel

Im späten Neolithikum (ca. 3000–2200 v. Chr.) befestigten einige Ackerbaugemeinschaften im Süden der Iberischen Halbinsel ihre Siedlungen mit konzentrischen Trockensteinmauern und errichteten Bastionen, um ihre bewässerten Felder zu schützen. Sie bestatteten ihre Toten mit reichen Beigaben in Gemeinschaftsgräbern (s. S. 64f.). Untersuchungen in Los Millares (Südostspanien) und Zambujal (Portugal) gaben Hinweise auf spezialisierte Handwerke (z. B. Töpferei und Kupferbearbeitung), die sich hier möglicherweise unabhängig voneinander entwickelten. Auch existierten abgetrennte Bereiche zur Verarbeitung und Lagerung von Getreide ◆

Megalithbauten und -gräber

Früher glaubten die Archäologen, dass die Megalithkultur in Westeuropa, die sich durch große Gemeinschaftsgräber, aufrecht stehende Steine und Steinkreise auszeichnet, auf die frühen Mittelmeerkulturen zurückgehen müsse. Man meinte, nur eine „Hochkultur" habe derart komplexe architektonische Strukturen schaffen können. In den 1950er Jahren fanden Wissenschaftler dank fortschrittlicher Datierungsmethoden jedoch heraus, dass die Megalithen in Europa bereits in der Jungsteinzeit oder Bronzezeit errichtet worden waren.

OBEN Riesige Sarsensteine (Sandsteinblöcke) versperren den Eingang zum Langhügelgrab von West Kennet (Südengland, ca. 3500 v. Chr.). Unter dem 100 Meter langen Hügel liegen fünf durch eine zentrale Galerie verbundene Grabkammern mit Gebeinen von mindestens 46 Menschen.

Man unterscheidet mehrere Klassen von Megalithgräbern. Zu den ältesten gehören Ganggräber, die eine steinerne Grabkammer mit Decksteinen oder falschem Gewölbe umfassen und so mit Erde bedeckt sind, dass sie einen Hügel bilden. Die Gänge waren zwar oft niedrig und schmal, erlaubten es aber, das Grab wiederholt zu betreten. Daneben gab es noch Galeriegräber, auch *Allées Couvertes* genannt, die aus einem Korridor mit Seitenkammern bestanden und von einem länglichen Hügel *(Long Barrow)* bedeckt wurden. In Irland erreichte man die Grabkammer zuweilen über einen offenen halbrunden Vorhof. Runde Steinkammern kennzeichnen die Ganggräber in vielen Teilen Nordeuropas. Waren Steine wie in Haddenham (England) oder Sarnovo (Polen) Mangelware, enthielten Galeriegräber manchmal auch hölzerne Grabkammern.

Viele Megalithgräber waren Jahrzehnte oder gar Jahrhunderte in Gebrauch. Die große Nekropole von Bougon (Westfrankreich) nutzte man zum Beispiel über 2000 Jahre. Einige Gräber enthalten Knochen von Hunderten Toten. Häufig wurden die Skelette in Teile zerlegt. Möglicherweise entfernte man auch Gebeine, um Platz für weitere Bestattungen zu schaffen. Manchmal ordnete man Schädel und lange Knochen in bestimmter, vermutlich ritueller Weise an.

Bei vielen Megalithbauten entdeckte man Steine mit Einritzungen auf der Oberfläche. Die frühesten Beispiele in Ganggräbern in der Bretagne (4800–4000 v. Chr.) zeigen zunächst schlichte Axt- oder Kreuzmotive, doch während der klassischen Periode (4000–3200 v. Chr.) entstanden überall entlang der Atlantikküste und vor allem in Irland (s. Kasten) und in der Bretagne (Gavrinis) Megalithgräber mit abstrakten Verzierungen wie Kreis-, Spiral- und Wellenmustern. Einige Gräber in Portugal scheinen sogar einmal bemalt gewesen zu sein. Noch später kamen neue Ausdrucksformen auf, etwa menschenähnliche Figuren in den Gräbern der Marneregion in Ostfrankreich und Brüste oder Halsbänder in der Bretagne.

Territorialmarken

Einige Archäologen gehen heute davon aus, dass die Galeriegräber neolithische Langhäuser nachbildeten. Sie stachen in der frühen Kulturlandschaft der Jungsteinzeit deutlich ins Auge und könnten angesichts wachsender Bevölkerungszahlen und steigender Siedlungsdichte als Territorialmarken gedient haben. Es gilt inzwischen als gesichert, dass bei weitem nicht alle Megalithbauten als Grabstätten dienten. Während des Spätneolithikums errichtete man in vielen Teilen Europas auch Steinreihen und -kreise, die als Zeremonialzentren oder Observatorien dienten. Stätten wie Avebury (Südengland) und Carnac (Bretagne) mit ihren großen Steinkreisen und -alleen entstanden über einen längeren Zeitraum und zeugen von den technischen Kenntnissen und Fertigkeiten ihrer neolithischen Erbauer ◆

UNTEN Die Figurine einer schlafenden Frau stammt aus dem unterirdischen Grabkomplex (Hypogäum) in Hal Saflieni, Malta (um 3400 v. Chr.). Die jungsteinzeitlichen Bewohner der Insel gruben Grabkammern mit Dachbalken, Türsturz und anderen Gebäudeelementen in den Stein. Das Grab in Hal Saflieni umfasst insgesamt 20 miteinander verbundene Kammern und enthielt Überreste von bis zu 7000 Menschen, wurde also über sehr lange Zeit benutzt. Figurinen wie diese entdeckte man an mehreren Stätten auf Malta.

RIGHT Vom 5. bis zum 3. Jahrtausend v. Chr. verliehen viele prähistorische Gesellschaften Europas ihrem Glauben durch mächtige Steinmonumente Ausdruck. Mit hohem Aufwand – und nach neueren Erkenntnissen oft über lange Zeiträume – baute man überall in Europa Megalithgräber und Steinkreise. Die ältesten Gräber (ca. 5800 v. Chr.) liegen auf Hoëdic und Téviec vor der bretonischen Küste.

Newgrange: rätselhafte Steine

Ende des 4. Jahrtausends v. Chr. begann man im Boyne Valley, Irland, Friedhöfe mit Ganggräbern zu nutzen. Der größte liegt in Newgrange und umfasst einen 13 Meter hohen Hügel mit einem Durchmesser von 100 Metern. Die kreuzförmige Kammer mit falschem Gewölbe ist sechs Meter hoch. Newgrange ist wie das benachbarte Knowth für seine raffinierte Struktur und Megalithkunst bekannt. Spiralen, Dreiecke, Rauten, konzentrische Kreise und Wellenlinien bedecken die Oberfläche der Steine in der Kammer und im Gang sowie an den Randsteinen des Hügels. Archäologen haben unterschiedliche Interpretationen für diese Muster. Manche halten die Einritzungen für symbolische Darstellungen von Himmelskörpern. Viele neolithische Monumente dienten zur Beobachtung von Sternenkonstellationen. Newgrange ist so erbaut, dass das Licht zur Wintersonnenwende durch eine schmale Öffnung über dem Eingang fällt und Gang wie Grabkammer erhellt (dasselbe Phänomen tritt in Maes Howe auf den Orkney-Inseln auf). Die Bilder könnten aber auch nach Einnahme von Rauschmitteln in Trance entstanden sein ◆

OBEN VERZIERTER EINGANGSSTEIN IN NEWGRANGE. DIE ÖFFNUNG LIEGT ÜBER DEM TÜRSTURZ.

Die Kupferzeit in Osteuropa

Zwischen 4500 und 2500 v. Chr. wandelte sich das Bild im prähistorischen Europa grundlegend. Überall investierten die mittlerweile weit entwickelten Ackerbaugemeinschaften Zeit und Material in Zeremonialgräber. Vieh diente nun vorrangig als Lieferant von Milch und Wolle, auch nutzte man die Zugkraft der Tiere. In der eurasischen Steppe wurden Pferde domestiziert. Zur gleichen Zeit gelang es vor allem in Süd- und Osteuropa, erstmals Kupfer zu schmelzen, das zur Herstellung von Schmuck und einfachen Werkzeugen diente. Diese Periode wird daher auch „Kupferzeit" genannt.

Zwar kam die Kupferbearbeitung zuerst im Nahen Osten auf, doch soziale und ökonomische Auswirkungen zeigten sich vorrangig in Europa, wo das Material bei Bestattungsriten und für Schmuckstücke eine wichtige Rolle spielte. Zwischen 4500 und 3000 v. Chr. erreichte der Kupfergebrauch in Europa seinen Höhepunkt, wie häufige Grabfunde belegen. An verschiedenen Orten, etwa in Rudna Glava (Serbien) und Aibunar (Bulgarien) entdeckte man Kupferminen. Die Bergleute brachen Gesteinsbrocken aus dem Fels, erhitzten sie und übergossen sie dann mit kaltem Wasser, um sie zu zerbrechen. Das Kupfer, das in reich ausgestatteten Gräbern in Warna in Nordostbulgarien entdeckt wurde, stammt aus einer rund 200 Kilometer entfernten Quelle. Kupfer aus Funden in Osłonki und Brześć Kujawski im nördlichen Polen war mindesten 500 Kilometer durch die Karpaten gereist.

Auf die meisten Kupferartefakte stieß man in großen Kollektivgräbern. Nekropolen mit mehreren hundert Gräbern auf dem Balkan enthielten beachtliche Mengen von Kupfer-, Gold- und anderen Luxusobjekten. Auch Kupferäxte fand man überall in der Region. Auf großen kupferzeitlichen Friedhöfen wie Tiszapolgár-Basantanya (Ungarn) im Karpatenbecken legte man gehämmerte Kupferarmreifen und massive Kupferäxte in Gussformen zu den Toten. Gräber in Osłonki und Brześć Kujawski enthielten Tausende von Kupferperlen von Gürteln und Ketten; aus einem Grab in Osłonki förderte man ein Diadem aus Kupferstreifen zutage, die um einen Lederkern gewickelt waren. Selbst im Kaukasus existieren kupferzeitliche Grabstätten, etwa in Maikop, wo eine massive Grabkammer mit Holzrahmen mehrere Gräber mit zahlreichen Gold- und Silberobjekten, meist in Tierform, enthielt.

Kulturmerkmale

Lange betrachteten die Archäologen die reichen kupferzeitlichen Friedhöfe auf dem Balkan und die Megalithgräber an der europäischen Atlantikküste (s. S. 64f.) als getrennte Phänomene, doch kann man in ihnen auch unterschiedliche Ausdrucksformen eines einheitlichen Trends hin zu aufwändigeren Bestattungsritualen sehen. In diesem Zusammenhang entstanden große dauerhafte Monumente als auch für spätere Generationen erkennbare Landmarken. In Mitteleuropa begann man um diese Zeit, so genannte Rondelle mit Gräben zu umziehen. Sie hatten vermutlich, ähnlich wie die Einhegungen der westeuropäischen Windmill-Hill-Kultur, eine vornehmlich rituelle Funktion.

Die Siedlungen hatten zu jener Zeit unterschiedliche Gestalt. Große Ortschaften mit dicht stehenden Häusern wie in Poljanica und Ovčarovo (Bulgarien) stehen in deutlichem Kontrast zu den verstreuten Dörfern der Tripolje-Kultur hoch über den Flusstälern der Ukraine. In Osłonki und Brześć Kujawski im nördlichen Polen fand man Überreste trapezförmiger Langhäuser. Als man Rinder verstärkt als Zugtiere, Milch- und Wolllieferanten einsetzte, begann sich der Besitz großer Herden vermutlich auf Status und Ansehen auszuwirken. In den Steppen Südrusslands und Kasachstans, zum Beispiel in Botai, weisen Funde darauf hin, dass man während des 4. Jahrtausends v. Chr. erstmals Pferde zum Transport nutzte. Diese Entwicklung veränderte die Mobilität der Menschen in der eurasischen Steppe und von hier ausgehend in der ganzen Welt ◆

OBEN Die ältesten Kupferartefakte wurden aus geschmolzenem Kupfer gehämmert. Auf dem Balkan gossen Handwerker flüssiges Metall aber schon bald zu komplexeren Formen, wie diese Schaftlochaxt aus Belgrad (Serbien) belegt. Gussformen mussten sehr präzise gearbeitet sein, damit keine im Kupfer eingeschlossenen Luftblasen den Wert des Objekts minderten.

RECHTS Südosteuropa gehörte zwischen 4500 und 3000 v. Chr. zu den großen Zentren der Metallverarbeitung. Ausgehend vom Töpferhandwerk entwickelte man neue Techniken, um das vielerorts verfügbare Erz zu verarbeiten. Besonders die Nachfrage nach Kupferschmuck und -waffen, die Wohlstand und Macht symbolisierten, förderte diese Entwicklung. Kupfer aus den Karpaten und dem östlichen Alpenraum gelangte auf dem Wasserweg bis nach Polen und Deutschland.

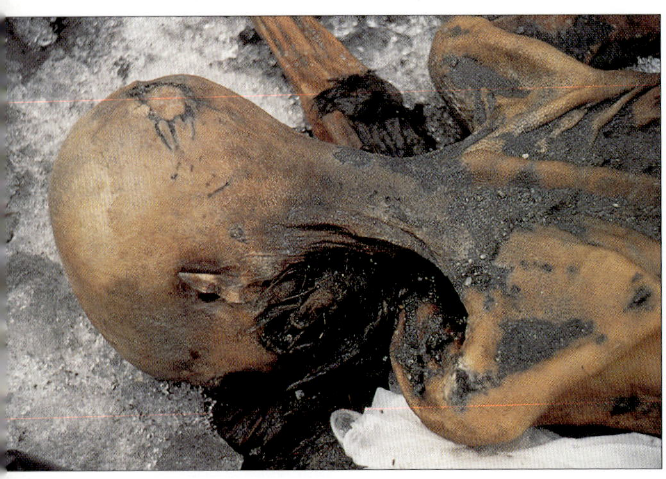

LINKS 1991 entdeckte man in den Ötztaler Alpen die 5300 Jahre alte Gletschermumie „Ötzi". Hohe Konzentrationen von Kupfer in seinen Haaren nährten die These, es habe sich um einen Metallarbeiter gehandelt, der auf der Suche nach Erz in den Bergen gestorben sei. Kleidungsstücke und Utensilien von Ötzi blieben im Eis erhalten und lieferten eine Fülle von Informationen. Er trug enge Beinröhren aus Ziegenfell, Schuhe, einen Lendenschurz sowie einen Mantel aus geflochtenem Gras und eine Bärenfellmütze. Bei sich hatte er ein Kupferbeil, einen Eibenbogen, einen Köcher mit 14 Pfeilen, einen Feuersteindolch und eine Rückentrage.

Warna: Friedhof auf dem Balkan

Als man in Warna am Schwarzen Meer 1972 mit dem Bau von Entwässerungsgräben begann, entdeckte man einen der reichsten kupferzeitlichen Friedhöfe Europas (ca. 4000 v. Chr.). Ausgrabungen förderten über 280 Gräber zutage. Viele von ihnen enthielten Skelette (meist auf dem Rücken liegend), doch gab es auch Kenotaphe (Grabdenkmäler) mit Grabbeigaben. Einige bargen stellvertretend für den Verstorbenen Totenmasken aus Ton. Die Menge und Qualität der Artefakte aus Gold, Kupfer, Muscheln und Stein zeugen von großem Reichtum. In zwei Gräbern fand man über 1,5 Kilogramm Gold, ein weiteres war mit mehr als 850 unterschiedlichen Objekten ausgestattet. Viele Materialien und Stücke stammen von weit entfernten Orten. Warna war offensichtlich Teil eines gut ausgebauten Handelsnetzes, das weite Teile Südosteuropas und der Ägäis umfasste. Seine besondere Lage direkt an der Küste des Schwarzen Meeres machte es zu einem wichtigen Handelspunkt für hochwertige Metalle und andere kostbare Güter der Region. In landeinwärts gelegenen Siedlungen wie Poljanica und Ovčarovo differenzierte sich die Gesellschaft in jener Zeit aus ◆

Sumerer und Akkader

Die Phase der mesopotamischen Kultur, die auf die Obed- und Urukzeit folgte (s. S. 60f.), wird Frühdynastische Zeit (3000–2300 v. Chr.) genannt. In dieser Epoche kam es zu politischen Spaltungen und Konflikten zwischen rivalisierenden Stadtstaaten. Kunst und Handwerk blühten jedoch, als Sumerer und Akkader die Grundsteine für eine der bedeutendsten frühen Hochkulturen der Geschichte legten. Die Begriffe sumerisch und akkadisch bezeichnen zunächst einmal Sprachen, nicht Kulturen. Das Akkadische verdrängte die sumerische Sprache, deren Ursprünge bis heute ungeklärt sind. Die Sumerer verschmolzen mit den akkadischen Einwanderern zu einer sprachlichen und ethnischen Gruppe.

In der Frühdynastischen Zeit entwickelte sich die Keilschrift weiter, die in der späten Urukzeit entstanden war (s. S. 46f.). Die ältesten Inschriften (um 3300 v. Chr.) betrafen vornehmlich Verwaltungsangelegenheiten, die ersten Beispiele sumerischer Literatur entstand rund 500 Jahre später. Aus frühdynastischen Texten geht hervor, dass die Akkader im Norden an Orten wie Kisch, Dschemdet Nasr oder Abu Salabich lebten, während die Sumerer südlich von Nippur, einem wichtigen religiösen Zentrum, in Ur, Lagasch, Uruk und Umma wohnten. Sprache und Geographie bildeten jedoch keine Grenzen, da selbst die ältesten sumerischen Schriften semitische Wörter enthalten und akkadische Schriftgelehrte viele der späteren sumerischen Literatur bereits in ihren Texten erfassten.

In der Frühdynastischen Zeit lebten vier Fünftel aller Bewohner Südmesopotamiens in Städten. Große Zentren wie Uruk, Ur, Lagasch, Umma, Adab oder Kisch fungierten als Hauptstädte kleiner Königreiche oder Stadtstaaten, die über Siedlungen und die angrenzenden Regionen regierten. In der Hauptstadt residierte die herrschende Oberschicht, auch stand hier der Tempel der jeweiligen Schutzgottheit. In Hauptstädten und größeren Orten errichtete man zudem Tempel für weitere Götter.

Paläste und Tempelbezirke verfügten über wirtschaftliche Macht, denn sie kontrollierten das ausgedehnte Hinterland mit den dort ansässigen Bauern und beschäftigten Handwerker, Künstler und Kaufleute. Ursprünglich waren die Tempel vermutlich autonom, auch besaßen sie möglicherweise zunächst politische Macht, doch am Ende der Frühdynastischen Zeit unterstanden die Tempel der Eliteschicht in den Palästen. Schriftzeugnisse und Materialfunde zeugen von der Rivalität der Stadtstaaten, die oft in Kriege mündete. Zu den am besten dokumentierten Konflikten gehört der jahrzehntelange Grenzkonflikt zwischen Umma und Lagasch, bei dem es um Landbesitz und Wasservorräte ging.

Die Vergangenheit entdecken

In den letzten 150 Jahren haben Archäologen vieler Länder Grabungen in frühdynastischen Städten Mesopotamiens durchgeführt. Die meisten Kampagnen konzentrierten sich auf Tempel und Paläste; über den Alltag der einfachen Leute wissen wir hingegen weit weniger. Im Zentrum des Tempelbezirks erhob sich auf einer Plattform der Schrein, der die Macht der Schutzgottheit über die Bewohner symbolisierte. Besonders weit sind die Ausgrabungen in Chafadsche fortgeschritten. Innerhalb der ovalen Einfriedungsmauer gab es dort Wohnbereiche für den Tempeloberen, Lagerräume, Werkstätten und

RECHTS Südmesopotamien (Sumer und Akkad) war eine flache Region mit Dämmen und Flussböschungen, Kanälen, bewässerten Feldern, trockenem Weideland und Sümpfen. Die Städte, der Glanz der frühmesopotamischen Kultur, lagen an Flussläufen und Kanälen, die die Einwohner mit Wasser versorgten. Viele Orte wurden bereits im 6. Jahrtausend v. Chr. erstmals dauerhaft besiedelt, entwickelten sich aber erst in den darauf folgenden 2000 bis 3000 Jahren zu Städten. Sie bildeten das politische, soziale und kulturelle Herz der mesopotamischen Kultur. Die Stadtstaaten nahmen sich zwar als kulturelle Einheit wahr, eine politische Einigung gelang ihnen im 3. Jahrtausend v. Chr. jedoch nicht.

Ur: ein reicher Königsfriedhof

In den 1920er Jahren begann ein britisches Team den Königsfriedhof von Ur freizulegen. Er barg über 2000 Gräber aus mehr als fünf Jahrhunderten. Nur 16 oder 17 können jedoch als Königsgräber gelten. Sie stammen aus der Zeit um 2600 bis 2500 v. Chr. Diese Grabmäler waren nicht nur einfache Gruben, sondern durchkonstruierte Kammern mit Einstiegsbereich und gemauerten Wänden, die neben dem Skelett des Herrschers jeweils Überreste von bis zu 75 Personen sowie prachtvolle Beigaben wie Helme, Dolche, Speere, Gefäße, Lampen, Kopfbedeckungen, Schmuck und Toilettenaccessoires aus Gold, Silber, Elektrum und Kupfer, darüber hinaus Ketten aus Lapislazuli und Karneol, verzierte Krüge, Schüsseln und Kosmetikbehälter enthielten. Weltberühmt wurden Objekte wie die Standarte von Ur, eine Holzplakette mit Einlegearbeiten aus Muscheln, Schiefer, Lapislazuli und rosafarbenem Stein, die Prozessionen und sakrale Motive zeigt, die „Widder am Lebensbaum", zwei Stützen aus Gold und Lapislazuli, sowie verzierte Leiern und Kopfbedeckungen am Grab des Meskalamdug. In den Gräbern entdeckten Archäologen darüber hinaus die Überreste von Ochsenkarren und ihren Führern, Kammerzofen und Wächtern. Die sumerischen Könige galten als Inbegriff des Staates ◆

OBEN IN DEN 1920ER JAHREN LEGTE SIR LEONARD WOOLLEY DEN KÖNIGSFRIEDHOF VON UR FREI.

weiträumige Plätze. Die Anlagen in Tell al-Hiba und Tell al-Obed im Süden haben eine ähnliche Struktur, während an anderen Orten Wohnviertel und Handwerksateliers außerhalb der Mauern lagen.

Die Forscher legten auch eine Reihe frühdynastischer Paläste frei. Zwei der ältesten befinden sich in Kisch und entstanden um 2700 v. Chr. In Eridu identifizierte man ebenfalls ein Gebäude als Palast. Residenzen aus der späten Frühdynastischen Zeit fand man in Mari und Ebla in Syrien, einer Region, die unter dem Einfluss Mesopotamiens stand, gleichzeitig jedoch auch ein eigenes kulturelles Profil entwickelte. Die vergleichsweise bescheidenen Paläste umfassten einen Empfangssaal und weitere Räume für die öffentlichen Pflichten des Königs, Gemächer für die Familie des Herrschers, Büros für Schreiber und Verwaltungsbeamte, eine Schatzkammer, einen Küchentrakt und Vorratskammern. Sie lagen meist inmitten von Wohnvierteln mit Häusern, die sich dicht an die Palastmauern drängten.

RECHTS Die Siegesstele von Naramsin. Um 2300 v. Chr. übernahmen die Könige von Akkad die Macht über Südmesopotamien und dehnten ihren Einfluss weiter aus. Naramsin, der 4. akkadische König, erklärte sich selbst zum Gott. Hier zertritt der übernatürlich groß und mit gehörntem Helm dargestellte Herrscher die Köpfe seiner Feinde.

Luxusgüter

Die herrschenden Eliten der frühen mesopotamischen Stadtstaaten verwendeten einen Großteil ihrer Einnahmen für Waffen und Verteidigungszwecke, doch füllten sie auch ihre Schatzkammern und verzierten Paläste und Tempel. Die Kunst sollte in der Regel die Macht eines Königs oder einen mythischen Vorfahren wie Gilgamesch, den legendären Gründer der Stadt Uruk, verherrlichen. Erfolgreiche Feldzüge bannte man auf Siegesstelen oder stellte sie – wie etwa in den Palästen von Mari und Ebla – mit Perlmutteinlagen dar. Um ihre Gottesfürchtigkeit zu betonen, ließen Könige und andere wohlhabende Einwohner Statuen von sich anfertigen, die sie beim Beten im Tempel zeigten. In Tell Asmar fand man eine Reihe solcher Standbilder, die Menschen mit gefalteten Händen und starrem Blick darstellen.

Reichtum demonstrierte man auch auf andere Weise, etwa durch besonders üppige Grabbeigaben, wie man sie auf dem Königsfriedhof von Ur (s. Kasten) entdeckte. Sie enthielten Luxusgüter unter anderem aus Gold, Silber, Halbedelsteinen und Kupfer, die die herrschende Elite bei mesopotamischen Handwerkern bestellten ◆

Handel in Westasien

Die Schwemmebenen, in denen die frühen Hochkulturen des Nahen Ostens entstanden, boten genügend natürliche Ressourcen, um die meisten Grundbedürfnisse zu stillen: Wasser zum Trinken, Bewässern von Feldern und Tränken des Viehs, fruchtbares Ackerland, Schlamm, der sich zu sonnengetrockneten Lehmziegeln und Gefäßen verarbeiten ließ, sowie Schilf und Buschwerk als Baumaterial für Häuser und Dächer. Rohstoffe für Luxusgüter, die Macht und Reichtum der herrschenden Elite veranschaulichten, gab es hier allerdings nicht. Exotische Waren wie Metall, leuchtenden Lapislazuli, Dufthölzer oder harten Stein für Einritzungen erhielt man durch Handelskontakte zu benachbarten Siedlungen. Im 3. und frühen 2. Jahrtausend v. Chr. entstand ein großflächiges Handelsnetz in Westasien, das von Afghanistan bis zum 4000 Kilometer entfernten Gebiet des heutigen Anatolien reichte.

OBEN Bienenkorbgräber (ca. 3000 v. Chr.) am östlichen Fuß des Jebel Hafit in Südostarabien. In der Gegend gibt es Hunderte solcher Gräber, viele enthielten importierte Gefäße sowie einheimische Kupferartefakte als Beigaben. In der Region, in Keilschriftquellen Magan genannt, baute man Kupfer für den mesopotamischen Markt ab. Im Oman fand man tonnenweise Kupferschlacke, die belegt, wie bedeutend die Produktion in der Antike war.

Die südmesopotamischen Stadtstaaten profitierten dank ihrer günstigen Lage besonders von den Handelsrouten, welche die Region nun durchzogen. Schiffe mit Waren aus Ostanatolien, Syrien und den nördlichen Ebenen fuhren den ruhigen Euphrat und den reißenderen Tigris hinunter, während Esel Güter an den Flussufern entlang nach Norden trugen. Bedeutende Städte wie Mari, Emar, Karkemisch, Sippar, Assur und Ninive entstanden dort, wo die Landwege, die westwärts über Ebla und Aleppo durch Syrien oder durch Palmyra und Katna zum Mittelmeer führten, auf die Flüsse trafen. Andere Routen zogen sich nordwärts bis nach Zentralanatolien oder über Gebirgspässe zur iranischen Hochebene. Auf mehreren großen Straßen kam man direkt durchs Sagros-Gebirge nach Südmesopotamien. Eine von ihnen endete in Babylon und Sippar, eine andere verlief weiter südlich durch Susa. Sie verbanden Mesopotamien mit den erzreichen Gebieten im Iran, in Afghanistan und Turkmenistan, wo bronzezeitliche Kulturen an Orten wie Malyan, Schahdad, Schar-i Sochta, Altyn-depe und Namasga blühten.

Das Handelsnetz

Auf diesen Wegen wurden zahlreiche Güter ausgetauscht. Am besten eigneten sich für den Fernhandel hochwertige Waren mit geringem Gewicht. Schwere oder voluminöse Dinge transportierte man nur über kurze Strecken mit Booten, während der Fernhandel sich auf Metalle und Luxusgüter konzentrierte. Kupfer kam aus Ostanatolien, dem Westiran, Oman und Zypern, Zinn aus Afghanistan und Ostanatolien, Silber und Gold aus Ostanatolien, Lapislazuli aus dem Nordosten Afghanistans, Karneol aus dem Ostiran und Nordindien, Perlmutt vom Persischen Golf und dem Indischen Ozean. Zedernholz und andere Dufthölzer zur Verzierung von Palästen und Tempeln, Duftharz und aromatische Öle stammten aus dem Amanus-Gebirge und dem Libanon, Specksteingefäße aus Zentralasien, dem Iran und Oman, Wein aus Syrien und Stoffe aus Mesopotamien.

RECHTS Archäologische Funde und Keilschrifttexte belegen, dass ein ausgedehntes Handelsnetz mit See- und Landwegen die bronzezeitlichen Kulturen Westasiens verband. Waren gelangten von Afghanistan und dem Industal bis zum Mittelmeer, doch die Händler reisten nur auf kleinen Streckenabschnitten und tauschten ihre Güter in großen Zentren aus.

RECHTS Silbermodell einer Barke aus einem Grab des Königsfriedhofes von Ur. In den sumpfigen Gebieten im südlichen Irak werden Boote dieses Typs noch heute verwendet. Über die Flüsse und Kanäle Mesopotamiens gelangten große und schwere Lasten, etwa Nahrung, in die Region.

In der Antike wurde Handel zunächst von kleinen, begrenzten Gebieten aus betrieben. Dort, wo zwei solcher Regionen sich berührten, tauschte man Waren aus. Größe und Struktur der Gebiete veränderten sich mit den sozialen und politischen Umständen vor Ort. Erhaltene Keilschrifttafeln aus dieser Zeit enthalten viele Informationen darüber, wie um 1800 v. Chr. in einem solchen Gebiet, nämlich Kappadokien (östliches Kleinasien) Handel getrieben wurde. Um diese Zeit kontrollierten assyrische Händler, die Abkommen mit lokalen Herrschern getroffen und Kolonien gegründet hatten, den Austausch von Waren. Bei archäologischen Grabungen an Stätten wie Kültepe förderte man Überreste solcher Siedlungen zutage. Die assyrischen Kaufleute führten insbesondere Stoffe und Zinn ein und erhielten dafür Silber, das sie nach Assur mitnahmen. Einige Textilien stammten aus ihrer Heimat, andere ursprünglich aus Babylonien. Das Zinn kam aus dem Osten, vermutlich aus Afghanistan.

Mythische Reiche

Auch über den babylonischen Handel im Persischen Golf zwischen 2500 und 1750 v. Chr. ist allerlei bekannt. Keilschrifttexte besagen, dass Könige, Tempel und private Kaufleute Stoffe und andere Waren per Schiff zu Siedlungen an der arabischen Küste des Persischen Golfes brachten, wo sie sie vor allem gegen Kupfer aus Oman und Luxuswaren aus ferneren Regionen eintauschten.

In mesopotamischen Quellen ist auch von halbmythischen Orten wie Dilmun, Magan oder Melucha die Rede. Dilmun, ein besonders reiner und heiliger Ort des ewigen Lebens, wird in frühen akkadischen Epen erwähnt, die um den Helden Gilgamesch kreisen. Grabungen legen nahe, dass damit die Insel Bahrain und die angrenzenden Küstenregionen des Persischen Golfes gemeint waren. Magan bezeichnete vermutlich Südostarabien (Oman und die Vereinigten Arabischen Emirate), Melucha die Induskultur (s. S. 114f.). Obwohl jede einzelne Siedlung sich eigenständig verwaltete, war sie zugleich Teil des gleichen großen Handelsnetzwerks. Bei Grabungen in Bahrain fand man beispielsweise Gefäße und andere Artefakte aus Mesopotamien, Südostarabien, dem Iran und dem Industal; wohingegen man Objekte aus Bahrain und anderen Orten dieser Gegend auch in Südmesopotamien entdeckte ◆

UNTEN Die außergewöhnlich reichen Beigaben aus Gräbern des Königsfriedhofs von Ur zeugen von der Ausdehnung des bronzezeitlichen Handels im Nahen Osten. Das Gold dieser Schmuckstücke stammte vermutlich aus Anatolien, Lapislazuli kam aus dem Osten Afghanistans. Mesopotamische Herrscher mussten alle Rohstoffe importieren; ihre Handwerker verarbeiteten sie zu Waffen und Luxusgütern oder verzierten damit Paläste und Tempel.

Frühe Reiche in Mesopotamien

In der Bronzezeit formten sich die urbanen Strukturen der frühen sumerischen und akkadischen Kultur (s. S. 68f.) weiter aus. Der archäologische Bestand belegt genau wie die literarischen Quellen, dass Südmesopotamien damals aus zahlreichen Stadtstaaten bestand, die ständig Bündnisse schlossen oder Krieg gegeneinander führten. Ab und zu gelang es einer Stadt, für kurze Zeit über die Nachbarn oder über angrenzende Regionen zu herrschen. In dieser Phase eroberten drei Dynastien – Sargon in Akkad (ca. 2350–2230 v. Chr.), Urnammu in Ur (2112–2004 v. Chr.) und Hammurapi in Babylon (1792–1595 v. Chr.) – Gebiete, die so groß waren, dass man sie als Reiche bezeichnen kann. Aufstieg und Niedergang der Reiche veränderten die politische Landschaft in Mesopotamien, doch stets lag die Macht in den Händen von Städten, die es allerdings niemals schafften, eine dauerhafte politische Einheit zu bilden.

Sargon, dessen Name im Akkadischen so viel wie „der wahre König" bedeutet, begründete das erste große Reich. Zwei Jahrtausende lang galt er als Inbegriff herrschaftlichen Machtstrebens. Er brachte die südmesopotamischen Städte unter seine Kontrolle, stieß mit seinen Soldaten bis zum Amanus- und Taurus-Gebirge (auf Inschriften Zedernwald und Silberberg genannt) in Syrien und bis zu den Hochebenen des Iran im Osten vor. Dann gründete er, vielleicht um nicht in die Streitigkeiten der mesopotamischen Stadtstaaten verwickelt zu werden, eine neue Hauptstadt in Akkad (vermutlich unweit des heutigen Bagdad) und sorgte dafür, dass sie Geld aus Handel und Tributzahlungen erhielt. Seine Nachfolger unternahmen ebenfalls zahlreiche Feldzüge. Sargons Enkel Naramsin soll dabei den Palast von Ebla zerstört haben, in dessen Ruinen italienische Archäologen während der seit 1964 durchgeführten Grabungen das königliche Archiv entdeckten, das faszinierende Fakten zur Politik und Gesellschaft jener Zeit liefert. Inschriften an Felswänden in der Osttürkei und in Kurdistan erinnern an die Invasionen Naramsins. Die Könige von Akkad errichteten Garnisonen und Verwaltungszentren unter anderem in Susa, Assur, Ninive, Nuzi und Tell Brak. In ihrer Hauptstadt bauten sie Paläste und Tempel und beschäftigten Künstler, die außergewöhnlich schöne Skulpturen, Siegel und Metallarbeiten schufen.

Die Dritte Dynastie von Ur

Das geschwächte akkadische Reich brach zusammen, als die Gutäer, ein Bergvolk aus dem nördlichen Sagros-Gebirge, nach Osten zogen. Die Gutäer eroberten weite Teile Nordmesopotamiens, während in den südlichen Stadtstaaten noch etwa hundert Jahre lang einzelne Dynastien regierten. 2112 v. Chr. gründete König Urnammu die 3. Dynastie von Ur, die bald schon den Süden beherrschte und unter Urnammus Sohn Schulgi (2094–2047 v. Chr.) zu höchster Blüte gelangte. Zwar umfasste das Reich nicht so große Gebiete wie frühere oder spätere Staaten in Mesopotamien, doch festigte Schulgi seine Macht in den Provinzen am Tigris und errichtete Vasallenstaaten im Sagros-Gebirge im Westiran. Er schuf eine effiziente Verwaltung, um die Erträge der Bauern und Viehhirten und die Arbeiten der Handwerker zum Wohle des Staates zu

RECHTS Sargon von Akkad und seine Nachfolger dehnten als erste Dynastie ihre Macht über das mesopotamische Kernland hinaus aus. Feldzüge führten sie bis zum Mittelmeer und bis nach Anatolien, auch errichteten sie überall im Nahen Osten Garnisonen. Hundert Jahre nach dem Ende der Dynastie beherrschte die südmesopotamische Stadt Ur das Land. Der Einfluss der 3. Dynastie von Ur reichte vom Norden Ninives bis an das Ostufer des Persischen Golfes. Die Stadtstaaten von Sumer und Akkad bildeten das Herz des Reiches, das Umland im Norden und Osten wurde von Offizieren kontrolliert, die Vieh als Tributzahlungen entrichteten. Weiter östlich, im Sagros-Gebirge, schlossen die Herrscher von Ur Bündnisse mit kleineren lokalen Staaten. Das babylonische Reich Hammurapis im frühen 2. Jahrtausend v. Chr. existierte zwar nicht lange, doch veränderte es die politische und kulturelle Situation grundlegend, weil die Macht nun nicht mehr vom Süden Mesopotamiens ausging.

RECHTS Das Fragment eines Wandbildes aus Mari zeigt vermutlich einen Opferzug. Es zeugt von der einstigen Blüte des im Jahre 1757 v. Chr. von Hammurapi zerstörten Palastes.

nutzen und erließ die ersten schriftlich fixierten Gesetze Mesopotamiens, 300 Jahre bevor Hammurapis berühmter Kodex entstand.

Die Könige der 3. Dynastie von Ur, insbesondere die ersten beiden Herrscher, nutzten einen Teil ihres Reichtums, um große Gebäude, vor allem Tempel, erbauen zu lassen. Die Zikkurat, die charakteristische architektonische Form Mesopotamiens, wurde im Westen vor allem bekannt, weil man mit ihr den in der Bibel beschriebenen Turm von Babel verknüpfte. Urnammu ließ in Ur und anderen mesopotamischen Städten solche Stufenberge aus bis zu acht Plattformen errichten, auf deren Spitze sich ein Hochtempel erhob. Während der 3. Dynastie entstanden auch prachtvolle Gebäude für die Priester und Diener des Nanna und opulente Paläste für die königliche Familie und für hohe Beamte.

Hammurapi und Babylon

Das dritte große bronzezeitliche Reich im Nahen Osten wurde von Hammurapi (1792–1750 v. Chr.) gegründet, unter dem Babylon vom unbedeutenden Stadtstaat zur führenden religiösen und politischen Macht Nord- und Südmesopotamiens aufstieg und sich bis an die Grenzen des syrischen Königreichs von Aleppo ausdehnte. Der Palast des Hammurapi in Babylon liegt vermutlich tief unter späteren Siedlungsschichten begraben und wurde deshalb bislang nicht freigelegt. Über seine Größe und sein Aussehen kann man daher nur auf der Basis anderer aus dieser Periode stammender Paläste spekulieren. Zu jener Zeit bestand der Nahe Osten aus einem Flickenteppich kleiner Königreiche. Die Herrscher besaßen unterschiedlich viel Macht, doch alle errichteten als Statussymbole riesige elegante Paläste, die Menschen weit über die Landesgrenzen hinaus in Erstaunen versetzten. Zu den berühmtesten gehört der Palast von Mari, ein Komplex mit mehreren hundert Räumen, Gängen, Höfen und Wänden, die mit Szenen verziert waren, welche den König verherrlichten. Archäologische Grabungen in Ur und Maschkan Schapir haben gezeigt, dass in den äußerst engen Gassen und extrem kleinen Häusern zahlreiche Menschen lebten. Über Kanäle und Hauptstraßen gelangte man zu den Tempeln und Palästen ◆

RECHTS Der Kupfernagel, der an eine Tempelgründung erinnert, zeigt Gudea, den König von Lagasch (ca. 2144–2124 v. Chr.). Gudea soll mehrere Tempel zur Verehrung der Götter errichtet haben. Er selbst nahm für sich den Titel König von Akkad, „Herr der vier Viertel", in Anspruch, obwohl er in Wirklichkeit über einen kleinen Stadtstaat regierte.

Soziale Eliten der Bronzezeit

Für die Bronzezeit setzt man in Nordeurasien für gewöhnlich den Zeitraum zwischen 2500 und 1000 v. Chr. an. In dieser Epoche formten sich Gesellschaften aus, die über eine feste und vermutlich erbliche, auf Macht und Reichtum gegründete Rangordnung verfügten. Ein Kennzeichen hierfür ist die hohe Zahl aufwändiger Bestattungen in der gesamten Region von der Atlantikküste bis nach Sibirien. Viele Grabbeigaben bestanden aus Bronze; sie gehörte eindeutig zu den Rohstoffen, mit denen man Wohlstand zur Schau stellte. Dennoch ist die zeitliche Eingrenzung der Bronzezeit willkürlich, denn viele für diese Periode typische Entwicklungen begannen bereits wesentlich früher und setzten sich danach fort.

Die Vorkommen von Kupfer und Zinn, den Bestandteilen von Bronze, liegen in der Regel weit auseinander. Um Bronze bearbeiten zu können, mussten Einzelpersonen oder Gemeinschaften daher an ein Fernhandelsnetz angeschlossen sein und überdies regelmäßig über die Rohstoffe verfügen können. Nur so war es möglich, die notwendigen Bearbeitungstechniken auszubilden. Im Laufe der Zeit kam zwar genügend Bronze in Umlauf, so dass man sie einschmelzen und zu neuen Objekten formen konnte, doch entwickelte sich das Handwerk im Wesentlichen, weil reiche Auftraggeber es förderten.

Landschaft und Rituale

Archäologische Untersuchungen zur Bronzezeit in Europa konzentrieren sich meist auf Grabstätten. Künstliche Erdhügel, so genannte *Barrows*, finden sich fast überall von der Atlantikküste bis nach Sibirien. In Westeuropa zeigt der Übergang von Gemeinschaftsmegalithgräbern (s. S. 64f.) zu Einzelgräbern, dass man dem Individuum nun mehr Bedeutung zumaß. In Osteuropa waren Einzelgräber dagegen schon seit der Jungsteinzeit die Regel. Im Laufe der Zeit entstanden an vielen Orten Gedenkstätten für Ahnen. In einer Gesellschaft, in der Rang und Ansehen in erster Linie auf der Herkunft beruhten, spielten diese natürlich eine besonders wichtige Rolle.

Im Gebiet rund um Stonehenge in Südengland liegen außergewöhnlich viele Hügelgräber. Stonehenge selbst geht auf die späte Jungsteinzeit zurück und erhielt seine endgültige Form in der frühen Bronzezeit. Um die massiven Steinblöcke an Ort und Stelle zu bringen und aufzurichten, benötigte man technisches und organisatorisches Geschick. Rund um den Kromlech, der vermutlich als Zeremonialzentrum oder Observatorium diente, liegen rund 400 Hügelgräber *(Tumuli)*. Möglicherweise demonstrierten die Erbauer auf diese Weise ihre Macht.

Reich ausgestattete Gräber

Individualgräber enthalten oft aufwändig gefertigte Beigaben. Das Grab eines um 2000 v. Chr. in Bush Barrow (Südengland) bestatteten Mannes barg eine goldene Gürtelschnalle und einen goldenen Brustharnisch, einen Kupferdolch, dessen Griff mit Tausenden winzigen Goldnägeln beschlagen war, einen Bronzedolch und eine Bronzeaxt. Hügelgräber der Únĕticekultur (Mittel- und Osteuropa) sind wegen ihrer hochwertigen Beigaben und erlesenen Architektur bekannt. Im Zentrum von 14 Tumuli in Łęki Małe (Polen) steht eine Steinsetzung *(Cairn)*, in der das Skelett eines ausgestreckt auf dem Rücken liegenden Mannes in einer Grabkammer mit hölzernem Dach ruht. In Leubingen und Helmsdorf (Südostdeutschland) bergen die Tumuli Gräber mit Satteldach. Pferden kam offenbar eine besondere Bedeutung zu, denn mehrere Grabhügel im Ural enthielten üppigen Grabschmuck und Pferdeopfer. In Trundholm (Dänemark) entdeckte man in einem Grab die Bronzestatue eines Pferdes auf Rädern, das eine Sonnenscheibe auf einem Streitwagen zog. Offensichtlich hatte es eine besondere rituelle Bedeutung, da es bewusst beschädigt worden ist.

Gegen Ende der Bronzezeit, um 1300 v. Chr., begannen Feuerbestattungen vielerorts Erdbestattungen zu ersetzen. Die Urnen legte man in mit zahlreichen Objekten wie Messern, Gefäßen, Fibeln oder Ringen ausgestattete Gräber auf klar abgegrenzten Friedhöfen oder Urnenfeldern. Die große Zahl der Urnengräber auf vielen Friedhöfen deutet darauf hin, dass die Bevölkerungsdichte in der späten Bronzezeit deutlich stieg. In einigen Regionen blieb diese Art der Bestattung bis zur Eisenzeit die Regel (s. S. 96f.).

Siedlungsorte

Über Siedlungen jener Zeit weiß man hingegen weit weniger, doch lebten die Menschen wohl wie ihre Vorfahren in kleinen, verstreuten Weilern. In Südskandinavien herrschten Langhäuser vor, in Großbritannien legte man in Itfort Hill und Black Patch Dörfer mit zwei bis zehn Rundbauten frei. In Süddeutschland und der Schweiz hatte man bereits früher begonnen, an Seeufern Pfahlbausiedlungen zu errichten. An einigen Orten, etwa in Iwanowice in Polen, blieben keine Gebäudereste erhalten, dafür aber Lagergruben, mit deren Hilfe man die Position der Häuser ermitteln konnte. Im östlichen Mitteleuropa kontrollierten befestigte Siedlungen wie Nitriansky Hrádok und Spišsky-Štvrtok große Handelsrouten durch die Karpaten. Jenseits des Ural bestanden bronzezeitliche Siedlungen im Jenissejtal aus halbunterirdischen Holzhütten ◆

RECHTS Eine 22,5 cm große Speerspitze aus Bronze, die in einem Hort in Arreton Downs in Südengland gefunden wurde.

RECHTS In den letzten 200 Jahren fand man bei Grabungen in den gemäßigten Regionen Europas reiche Gräber, die Aufschluss über Bestattungsriten und Besitzverhältnisse in bronzezeitlichen Gesellschaften geben. Die Menschen der südenglischen Wessexkultur und der mitteleuropäischen Únĕticekultur begruben ihre Toten z. B. in Hügelgräbern, die dem Rang entsprechend ausgestattet waren. Gegen Ende der Bronzezeit nahm die Zahl der Urnenbestattungen deutlich zu.

Skandinavien: erste Särge

In Südschweden, Norwegen, Dänemark und Teilen Norddeutschlands bestattete man Tote gegen Ende der Bronzezeit in Särgen aus ausgehöhlten Eichenstämmen in außergewöhnlich großen Tumuli. Die Gerbsäure des Eichenholzes konservierte wollene Kleidung, Tierhäute, Haare, Nägel und sogar die Haut der Toten. Eine der bekanntesten Grabstätten befindet sich in Egtved (Jütland), wo Archäologen bereits in den 1920er Jahren den Leichnam einer jungen Frau entdeckten, die vor über 3000 Jahren im Sommer (im Grab befand sich eine Blume) gestorben war. Sie trug eine wollene Tunika und einen kurzen Rock, der von einem Gürtel mit einer großen gravierten Bronzescheibe gehalten wurde. Neben ihr lagen ein Behälter aus Birkenrinde mit den Überresten eines fermentierten Getränks sowie eine kleine Tasche mit den verbrannten Knochen eines achtjährigen Kindes. In einem weiteren Behälter befanden sich persönliche Dinge wie Bronzenadeln und ein Haarband. Unter dem großen Hügel von Borum Eshøj, den man um 1870 freilegte, fand man drei Eichensärge. In einem lag ein alter Mann ausgestreckt auf dem Rücken auf einer Kuhhaut, in einem anderen eine Frau mit wollenem Haarnetz und Bronzeschmuck ◆

OBEN SKELETT EINES MANNES IN EINEM EICHENSARG IN BORUM ESHØJ, DÄNEMARK.

RECHTS Auf Kreta legte man in Knossos, Malia, Sakros und Phaistos Überreste von vier großen Palästen frei. Auch in Gournia und Chania gab es vermutlich Paläste, an anderen Grabungsstätten legte man die Fundamente von Städten und Landhäusern frei. Auf dem Festland konzentrierte die mykenische Palastkultur sich auf den nordöstlichen Peleponnes, mit Außenposten in Pylos und Zentralgriechenland. Beide Kulturen trieben Handel und gründeten Kolonien in der Ägäis.

Akrotiri: am Fuß des Vulkans

Im 17. Jahrhundert v. Chr. brach der Vulkan auf der Insel Santorin (Thera) aus. Glühender Ascheregen zerstörte unter anderem Palastgebäude auf Kreta. Ende der 1960er Jahre begann man in Akrotiri, einer unter mehreren Vulkanschichten verborgenen Stadt auf Santorin, mit Ausgrabungen und legte mehrere große öffentliche Gebäude sowie Stadthäuser frei, die einzigartige Einblicke in das Alltagsleben der wohlhabenden ägäischen Städte der späten Bronzezeit gaben. Vermutlich gelangte die Stadt durch Handel zu Reichtum, doch spielte auch Landwirtschaft eine Rolle. Mehrere 1000 Menschen lebten in dem rund 20 Hektar großen Ort. Man entdeckte keine Überreste von Menschen und nur wenige Artefakte, woraus Archäologen schließen, dass die meisten Einwohner flohen, bevor die Katastrophe ihren Höhepunkt erreichte. In Linear A verfasste Schriftstücke und minoische Bleigewichte deuten darauf hin, dass Akrotiri im ökonomischen und kulturellen Einflussbereich der Minoer lag. Erhalten gebliebene Wandgemälde der einst blühenden ägäischen Stadt im naturalistischen Stil, von denen einige Inselszenen zeigen (s. S. 80), weisen erstaunliche ikonographische Übereinstimmungen mit Fresken auf Kreta auf ◆

OBEN EINES DER FREIGELEGTEN HÄUSER IN AKROTIRI.

Ägäische Palastkulturen

OBEN Dieser goldene Siegelring aus Mykene (2,5 cm lang) zeigt einen Krieger, der drei Angreifer überwindet. Die Mykener schätzten Gold sehr: die ersten Herrscher wurden mit schönen goldenen Totenmasken bestattet; ihre Gräber enthielten fein gearbeitete Gefäße und Waffen, deren Henkel und Griffe sich durch Einlegearbeiten auszeichnen. Kriegs-, Jagd- und Festszenen waren besonders beliebte Motive. Der Stil des Rings ist allerdings typisch minoisch – Ringe aus Kreta waren eher mit Kultbildern von Priesterinnen verziert. Möglicherweise fertigte ein kretischer Goldschmied das Stück für einen mykenischen Herrscher. Die minoische Kunst war hoch entwickelt. Spezialisierte Handwerker schufen innerhalb der Palastmauern Goldarbeiten und die typische mehrfarbige „Kamares"-Keramik, von der man Beispiele im gesamten östlichen Mittelmeerraum entdeckte.

Zwei Kulturen, die Minoische Kultur auf Kreta und die Mykenische auf dem griechischen Festland, entwickelten sich während der späten Bronzezeit (ca. 1900–1250 v. Chr.) in der Ägäis. Beide waren hierarchisch strukturierte, politisch komplexe Gesellschaften mit einer Regierung an der Spitze, die von einem architektonisch klar definierten Komplex, dem Palast, aus regierte. Der Palast herrschte über das Umland und diente der regierenden Elite zugleich als Residenz, außerdem kam ihm vermutlich religiöse Bedeutung zu. Manche Forscher glauben, dass die politischen und bürokratischen Strukturen der Palastkulturen sich durch ökonomischen, technischen und sozialen Wandel nach und nach von selbst ausformten. Andere gehen davon aus, dass man Vorbilder aus Ägypten und dem Nahen Osten durch Handelskontakte kennen lernte und übernahm.

Die vier großen kretischen Paläste entstanden kurz nach 2000 v. Chr. und bildeten das Zentrum des wirtschaftlichen, politischen und religiösen Lebens der nach dem legendären König Minos benannten Minoischen Kultur. Alle hatten denselben Grundriss und teilten bestimmte architektonische Merkmale. So gruppierten sich die Gebäude um einen großen rechteckigen Mittelhof. Im Westen erhob sich eine steinerne Fassade, die auf einen Außenhof blickte. Dahinter lagen Vorratsräume, in denen man Korn oder Olivenöl in riesigen Tonkrügen *(Pithoi)* aufbewahrte. Mehrere kleine Schreine reihten sich in der Krypta an der Westseite des Hofs aneinander. Die oberen Stockwerke des auf Terrassenhängen angelegten Palastkomplexes umfassten Empfangshallen und Wohngemächer sowie aufwändig gestaltete Bäder.

Das Mauerwerk bestand aus mächtigen Steinquadern, auch verwendete man häufig Gips und gestaltete die Westfassade besonders schön, um Besucher zu beeindrucken. Die Wände in öffentlichen Bereichen und Regierungsräumen verzierte man mit erlesenen Bildern. Stil und Motive der Fresken wechselten, doch stellte man häufig Szenen aus dem Palastleben dar. Berühmtheit erlangte das Stierspringerfresko aus Knossos, das vermutlich eine Art religiös motivierten, sportlichen Ritus zeigt.

In den Palästen arbeiteten spezialisierte Handwerker sowie Schreiber, die das Verwaltungssystem überwachten. Sie hielten wirtschaftliche oder bürokratische Transaktionen auf Tontafeln fest, von denen viele die Zeiten überdauerten, weil sie durch die Feuersbrünste, die die Paläste zerstörten, gebrannt wurden.

Die Minoer verwendeten eine Hieroglyphenschrift, später dann das Linear A. Beide wurden bis heute nicht entschlüsselt. Die Mykener entwickelten die kretische Linearschrift A weiter und übertrugen sie auf ihre eigene Sprache, eine frühe Form des Griechischen, Linear B genannt.

Lange ging man davon aus, Brände hätten die Paläste um 1450 v. Chr. vernichtet. Nach C-14-Untersuchungen in Thera datierte man die Zerstörung jedoch auf das Ende des 17. Jahrhunderts v. Chr. Einzig der Palast von Knossos wurde wieder aufgebaut und um 1360 endgültig aufgegeben.

Die mykenischen Paläste

Üppig ausgestattete Schachtgräber belegen, dass mächtige Kriegerclans im 16. bis 15. Jahrhundert v. Chr. auf dem griechischen Festland die Herrschaft übernahmen. Später begrub man Angehörige der Oberschicht in Mykene und an anderen Orten in bienenkorbähnlichen Grabkammern, *Tholoi* genannt. Erst im 14. und 13. Jahrhundert v. Chr. kamen Paläste auf, die sich meist auf einem Burgberg, der Akropolis, innerhalb einer Einfriedung aus mächtigen Steinquadern erhob. Der Palast überragte eine Reihe untergeordneter Gebäude. Er umfasste ein großes Megaron, einen rechteckigen Komplex mit Vorbau, Vestibül und Haupthalle mit einem zentralen, kreisförmigen Herd. Dem Megaron gegenüber lag ein von Portiken gesäumter Hof. Diese Bauelemente bildeten den Kern des öffentlichen Bereichs, in dem der Herrscher Würdenträger und Gesandte empfing. Die Residenz befand sich in der Nähe, außerdem gehörten zum Palast Lagerräume, die in Pylos gut erhalten blieben. Als Schriftsystem der Verwaltung diente Linear B, eine Weiterentwicklung der minoischen Linear-A-Schrift ◆

Rivalisierende Reiche in Nahost

Mehrere Reiche stritten während der späten Bronzezeit (ca. 1550–1200 v. Chr.) im Nahen Osten um Macht und Einfluss. Die Hurriter, die einige Jahrhunderte zuvor von Norden her in das Gebiet gezogen waren, gründeten das Reich Mitanni, über das wir nur wenig wissen. Herrscher des Neuen Reiches in Ägypten drangen zu jener Zeit in das Gebiet und in weitere Regionen der Levante vor. Sie wurden wiederum von den Hethitern verdrängt, die aus ihrem anatolischen Kernland nach Süden vorstießen und eine Reihe von Eroberungskriegen führten. Die Hethiter sorgten dafür, dass der Verbund von Städten in Mitanni sich auflöste und unterwarfen weite Teile von Syrien. Dann kämpften sie mit den Ägyptern um die Vorherrschaft über mehrere Kleinstaaten, die sich zwischen den Flüssen Orontes und Euphrat ausdehnten. Die Schlacht von Kadesch (1285 v. Chr.), die unentschieden endete, führte dazu, dass Ägypter und Hethiter einige Zeit später einen Friedensvertrag schlossen. Dann stieg jedoch in Nordmesopotamien mit den Assyrern eine neue Macht auf. Assyrien war zunächst ein Vasallenstaat von Mitanni, befreite sich aber von dessen Kontrolle. Ende des 13. Jahrhunderts reichte sein Machtbereich bis zum Euphrat. Ungeachtet aller Kriege blühte der Handel, und mit den Waren verbreiteten sich kulturelle Einflüsse und neue Technologien.

OBEN Das Löwentor in Hattusa (Boghazköy), der Hauptstadt der Hethiter in Zentralanatolien. Eine gewaltige Zyklopenmauer schloss sich einst um die riesige Stadt, die insgesamt fünf Tempelkomplexe, Palastanlagen und Archive barg.

RECHTS Mit Steintafeln *(Kudurru)* wie dieser vergaben die babylonischen Könige in der späten Bronzezeit Landrechte. Die Steine wurden wie hier oft aufwändig mit Göttersymbolen oder astronomischen Zeichen verziert. Zu jener Zeit herrschte in Babylonien die Dynastie der Kassiten. Wie sie um 1570 v. Chr. an die Macht kamen, bleibt weiter ungeklärt, doch handelte es sich möglicherweise ursprünglich um einen Stamm aus dem Sagros-Gebirge. Die Kassiten blieben stets Fremdherrscher, wurden aber dennoch in ganz Südmesopotamien anerkannt. Sie unterhielten enge Beziehungen zu Ägypten, unter anderem durch eine kluge Heiratspolitik und den Austausch von wertvollen Geschenken.

Die Amarna-Briefe – ein Archiv mit Tontafeln, die an die Pharaonen des Neuen Reiches gerichtet waren – belegen, dass zwischen den bedeutenden Mächten der späten Bronzezeit ein reger diplomatischer Austausch herrschte. Die meisten der in Akkadisch, der Hauptverkehrssprache jener Zeit, verfassten Briefe stammen von Herrschern der Vasallenstaaten Ägyptens in Palästina und Syrien. Die Archive enthalten auch einige Botschaften von Königen anderer großer Reiche im Nahen Osten, etwa Mitanni, Hatti (dem Reich der Hethiter), Assyrien, Babylonien, Arzawa (Westanatolien) und Alaschija (Zypern). Letztere sandten prächtige Gaben als Zeichen ihrer Verbundenheit nach Ägypten oder bemühten sich um Eheschließungen, um Allianzen zu stärken. Die Dokumente machen deutlich, wie Waren, Ideen und Menschen im Nahen Osten ausgetauscht und bewegt wurden.

Kontinuität und Stabilität

Der archäologische Befund legt nahe, dass sich der Einfluss der großen spätbronzezeitlichen Reiche auf ihre Vasallenstaaten in Grenzen hielt. Die Ägypter dehnten ihr Militär- und Verwaltungssystem zwar auf die südliche Levante aus und bauten Garnisonen, Paläste und Tempel in Stilrichtungen, die der örtlichen Kulturtradition fremd waren. In Bethschan und Deir El-Balah entdeckte man Tonsarkophage mit sterblichen Überresten dort stationierter ägyptischer Beamter oder Angehörigen der einheimischen Oberschicht, die sich den Sitten der Ägypter anpassen wollten. Doch im Großen und Ganzen blieben die Städte dieser Region relativ unberührt von äußeren Strömungen, und die herrschenden Eliten übten, nachdem sie sich der ägyptischen Oberhoheit unterworfen hatten, genauso viel Macht

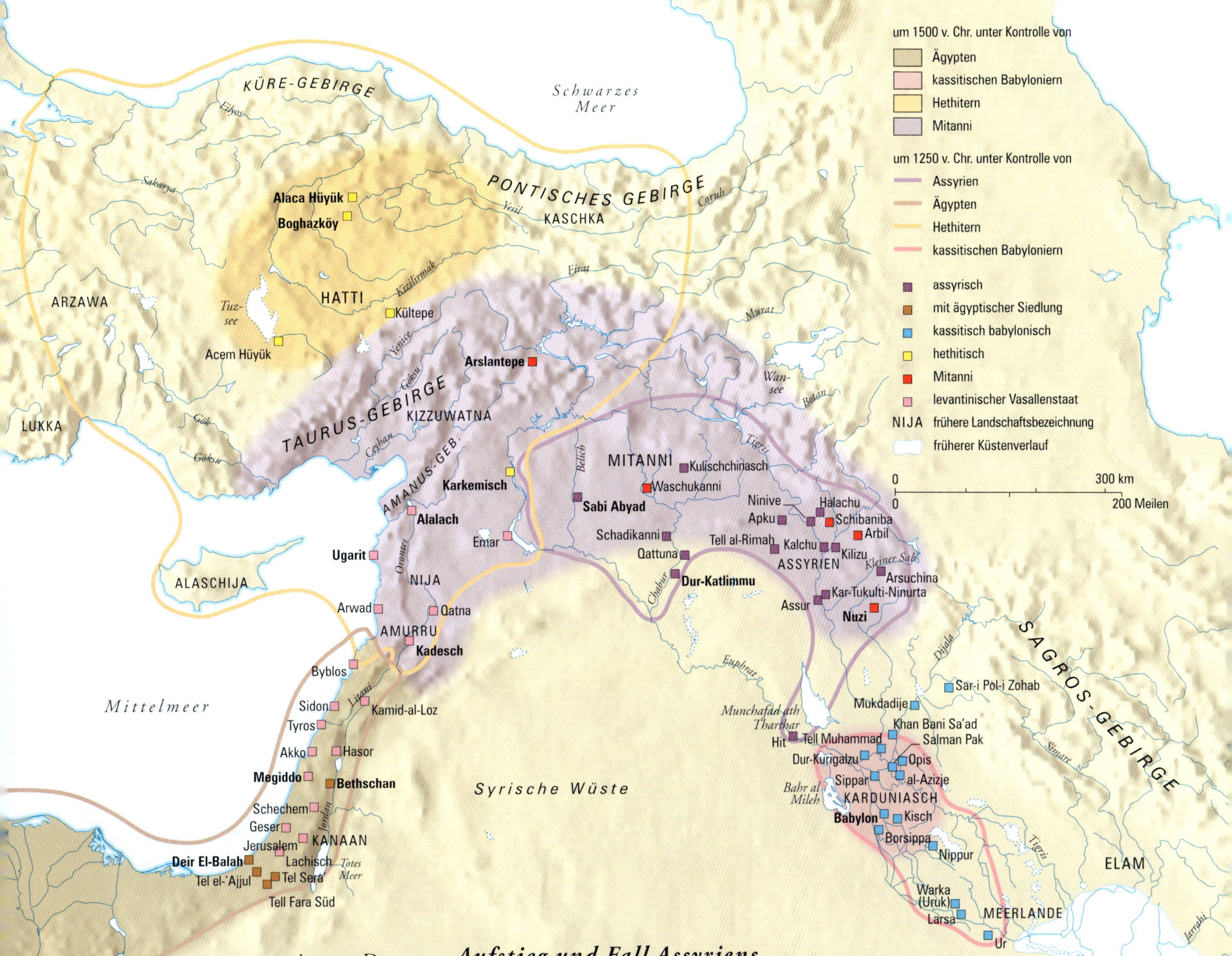

aus wie zuvor. Der König von Megiddo etwa regierte von einem Palast aus, der im ortsüblichen Stil errichtet war. Das Reich Mitanni hinterließ wenig Spuren, sieht man von den typischen, zylindrischen Siegeln und den charakteristischen, elegant bemalten Bechern ab. Die Vasallenkönige in Syrien bauten weiter im Stil früherer Zeiten, Palast und Tempel in Alalach sprechen hier eine deutliche Sprache. Wie es im Kernland von Mitanni aussah, weiß niemand genau. Städte wie Nuzi im Osten vermitteln jedoch einen Eindruck davon, wie wohlhabende Landbesitzer zur damaligen Zeit lebten. Da die Hauptstadt der Hethiter in Hattusa (Boghazköy) und zahlreiche weitere Orte wie Alaca Hüyük, Arslantepe und Karkemisch freigelegt wurden, gibt es aus der Kultur der Hethiter wesentlich mehr Funde. Unter den Hethitern durften syrische Vasallenstaaten wie Ugarit, ein Handelsreich mit prächtigen Bauten und langer religiöser Tradition, ihren lokalen Charakter beibehalten.

Aufstieg und Fall Assyriens

Die Assyrer regierten dagegen als Besatzungsmacht und nicht als weit entfernte, tolerante Herrscher. Auf ihrem Vormarsch ins Gebiet der Hethiter errichteten sie Garnisonen und Grenzstädte wie Sabi Abyad und förderten den Bau von Siedlungen in neu eroberten Regionen wie Dur-Katlimmu. Die assyrische Kultur schlug in diesen Gebieten so feste Wurzeln, dass sie auch dann nicht vollständig verschwand, als sich um 1200 v. Chr. aufgrund der Ägäischen Wanderung das Bild des Nahen Ostens grundlegend veränderte und die Assyrer die Kontrolle über die westlichen Gebiete verloren. Die Feldzüge von Tiglatpileser I. (1114 bis 1076) stoppten den Vormarsch der Seevölker kurzzeitig, doch wenig später umfasste das assyrische Reich nur noch das alte Kernland sowie einige aramäische und neohethitische Königreiche in Syrien und Nordostmesopotamien. Als die Assyrer im 9. Jahrhundert v. Chr. erneut an Einfluss gewannen, nahmen sie ihre alten Garnisonen wieder in Besitz und bauten ihre Siedlungen wieder auf (s. S. 86f.) ◆

OBEN In der späten Bronzezeit (ca. 1550–1200 v. Chr.) kämpften mehrere große Mächte im Nahen Osten um die Kontrolle über das heutige Syrien, den Libanon, Israel und Jordanien. Zunächst gelang es Ägypten, nach Norden vorzustoßen und dem Reich Mitanni Syrien streitig zu machen. Aus den Amarna-Briefen und anderen Quellen geht hervor, dass Ägypten in der Levante drei Provinzen gründete und Statthalter einsetzte, die den Vasallenkönigen überstellt waren. Danach beherrschten die Hethiter und nach ihnen die Assyrer große Teile der Region und drängten die Ägypter wieder nach Süden zurück. Babylon erlebte nach dem Ende der Dynastie Hammurapis im 16. Jahrhundert v. Chr. einen Niedergang, gewann jedoch unter den Kassiten erneut an Einfluss in Südmesopotamien.

LINKS Das Detail des genannten Flottenfreskos in Akrotiri (s. S. 76) zeigt ein Schiff, das mit eingezogenem Segel und umgelegtem Mast den Hafen verlässt. Der Steuermann betätigt das Ruder, mehrere Seeleute die Riemen. Am anderen Ende des sechs Meter langen Bildes fährt die Flotte in einen anderen Hafen ein und wird von der dortigen Bevölkerung begrüßt. Das Fresko liefert interessante Informationen über Seefahrt und Handel zur Bronzezeit.

Der Handel in der späten Bronzezeit

In der späten Bronzezeit blühte der Fernhandel und prägte alle bedeutenden Mächte im östlichen Mittelmeerraum. Die Archäologen schöpfen ihr Wissen aus Quellen wie den Amarna-Briefen, die viele Details über den Austausch von Luxusgütern aus Gold, Silber, Elfenbein und Ton und über hochwertige Rohstoffe wie Kupfer enthalten. Inschriften in ägyptischen Gräbern geben nicht nur Aufschluss über Gesandtschaften und Gaben fremder Herrscher, sondern enthalten, genau wie einige babylonische Schriften und Texte aus dem Nahen Osten, eine Fülle weiterer Informationen. Sie belegen, dass Handel nicht nur zum Nutzen der Herrscher, sondern auch zugunsten von Kaufleuten und Seefahrern betrieben wurde. Im 12. Jahrhundert v. Chr. erfasste ein tief greifender Wandel den östlichen Mittelmeerraum. Das Reich der Hethiter und die syrischen Stadtstaaten verschwanden, Assyrien und Ägypten wurden zurückgedrängt, die mykenische Kultur erlebte ihren Niedergang. Der Seehandel lag danieder, bis die Phönizier ihn im 10. Jahrhundert neu belebten (s. S. 84f.).

Überall im östlichen Mittelmeerraum fanden Archäologen Hinweise auf einen ausgedehnten Seehandel. Die meisten Waren wurden in zweihenkligen kanaanitischen Amphoren, Tongefäßen mit schmaler Basis und breitem Bauch, transportiert. Man entdeckte zahlreiche dieser Behälter in großen Hafenstädten und Handelszentren wie Ugarit, die ihre Blütezeit während der späten Bronzezeit erlebten. Die größeren *Pithoi* dienten ebenfalls zum Aufbewahren von Gütern. In einem Wrack vor Ulu Burun entdeckte man z. B. einen Behälter mit 18 dicht an dicht gepackten zypriotischen Tongefäßen.

Auf Zypern gewann man Kupfer, weshalb die Insel voll ins Handelsnetz des Mittelmeerraumes integriert war. Kaufleute und Siedler der mykenischen Kultur kamen regelmäßig nach Zypern. Die Küstenstadt Enkomi bildete eine wichtige Zwischenetappe auf dem Weg von der Levante in die Ägäis. Spuren ähnlich intensiver Handelsaktivitäten fand man auch in Kommos im Süden Kretas.

Seeräuber und Invasoren

Zu fast allen Zeiten der Geschichte waren Seeräuber eine konstante Bedrohung für Handelsflotten im östlichen Mittelmeerraum. Sanijet Umm el-Racham, eine Festungsstadt rund 300 Kilometer westlich des Nildeltas, wurde vermutlich erbaut, um Seeleute zu schützen, die von Kreta nach Ägypten segelten. Später verteidigte man von dort aus auch das Nildelta gegen libysche Piraten.

LINKS Der gut ausgeprägte Fernhandel zwischen den großen Reichen im Nahen Osten, Ägypten, Anatolien und der Ägäis führte zum regen Austausch von Rohstoffen und Fertigwaren, die entlang der Küsten über das östliche Mittelmeer verschifft wurden. Die fremdländische Fracht, die man in den 1980er Jahren in einem Schiffswrack vor Ulu Burun entdeckte (s. Kasten), vermittelt einen guten Eindruck von diesem Handel. Die auf dem Meeresgrund liegende Ladung lieferte Archäologen auch Hinweise über die mögliche Route des Schiffes. Funde von Gefäßen und anderen Objekten in Städten und auf Friedhöfen lassen ebenfalls auf Warenwege schließen. Der Austausch, der Güter von Persien und Afghanistan im Osten, Afrika im Süden, Italien im Westen und Mitteleuropa im Norden zusammenführte, endete kurz nach 1200 v. Chr., vermutlich aufgrund der Wanderung der so genannten Seevölker. Sie kamen wahrscheinlich aus dem Norden der Ägäis, einige möglicherweise auch aus Sizilien oder Sardinien.

Unter der Herrschaft Ramses' III. (um 1194 bis 1163 v. Chr.) kam eine neue Gefahr hinzu: Die Seevölker, verschiedene kleinere Völker aus der nördlichen Ägäis und insbesondere von der türkischen Küste, zogen durch den östlichen Mittelmeerraum und veränderten die Landschaft der späten Bronzezeit grundlegend. Die Dorer verübten vermutlich mehrere Überfälle auf mykenische Festungen, darunter einen gut dokumentierten Angriff auf Pylos, und beschleunigten dadurch den Niedergang der Palastkultur auf dem griechischen Festland (s. S. 76f.). Mit einiger Sicherheit überrollten die Seevölker das Reich der Hethiter und zerstörten Küstenstädte wie Enkomi und Ugarit.

Einzig Ägypten widerstand dem Ansturm der Seevölker. Eine Inschrift auf den Wänden im Tempel Ramses' III. in Medinet Habu erinnert an den bedeutenden Sieg und liefert ein recht genaues Bild von den Invasoren. Die Zerstörungen, die sich an vielen Stätten im Nahen Osten recht präzise auf die Zeit um 1200 v. Chr. datieren lassen, zeugen vom Zusammenbruch der großen Reiche in der späten Bronzezeit. Die von nun an herrschenden Seevölker, unter ihnen die Peleset (Philister), läuteten ein neues Zeitalter in der südlichen Levante ein (s. S. 82f.) ◆

Ulu Burun: Unterwasserarchäologie

Im Jahr 1982 entdeckte ein Schwammtaucher ein altes Wrack bei Ulu Burun vor der türkischen Küste. Etwa zwei Jahre später begannen die offiziellen Ausgrabungen an dem auf dem Meeresgrund liegenden antiken Boot. Das Schiff lag in 45 Metern Tiefe, weshalb Taucher höchstens 20 Minuten vor Ort bleiben konnten. Der felsige Grund erschwerte die Arbeiten zusätzlich. Unter der Leitung von George Bass, einem Experten für antike Wracks im Mittelmeerraum, begann ein internationales Team von Unterwasserarchäologen die Stätte zu untersuchen. Rasch erkannte man die Bedeutung des Ortes und forschte dort mehrere Jahre. Mit Hilfe der C-14-Methode datierte man Holz von dem kleinen Teil des Rumpfes, der die Zeiten überdauert hatte, und von weiteren organischen Materialien an Bord und konnte dadurch beweisen, dass das Schiff im 14. Jahrhundert v. Chr. gesunken war. Die Fracht umfasste unter anderem 250 Kupferbarren aus Zypern, anatolisches Zinn, Pistazienharz zur Parfümgewinnung, Ebenholz aus Ägypten, Elfenbein, Straußeneier, Gold- und Silberschmuck, Bronzewerkzeuge und Waffen, Glaswaren und -perlen. Auch fand man persönliche Habe der Seeleute. Man entdeckte eine mit Scharnieren versehene hölzerne Schreibtafel mit Wachsseiten, die vielleicht einem Kaufmann zum Festhalten geschäftlicher Transaktionen dienten. Reste von Mandeln, Feigen, Oliven und Granatäpfeln gehörten wohl zum Proviant der Besatzung. Die Qualität und die Menge exotischer Waren an Bord lassen vermuten, dass die Fracht für einen hohen Herrn bestimmt war. Archäologen nehmen an, dass das Schiff von Nordafrika und Ägypten nach Zypern und in die Levante segelte und überall Ladung an Bord nahm, ehe es, vielleicht auf dem Weg zu einem mykenischen Palast, versank ◆

UNTEN EIN UNTERWASSERARCHÄOLOGE UNTERSUCHT AMPHOREN AM MEERESGRUND.

Philister und Israeliten

Seit jeher interessieren sich Archäologen im Nahen Osten besonders stark für die Ursprünge und die Geschichte von Israeliten und Philistern. Das Alte Testament, das erst Jahrhunderte nach den in ihm beschriebenen Ereignissen verfasst wurde, erzählt, wie die Israeliten, das von Gott auserwählte Volk, unter Moses' Führung aus der ägyptischen Gefangenschaft flohen und das Gelobte Land Kanaan erreichten. Die Bibel berichtet auch, dass die Philister damals bereits die Küstenebenen der südlichen Levante bewohnten und sich gegen die Expansion der Israeliten zur Wehr setzten. Obwohl die Begebenheiten erst viele Jahrhunderte später schriftlich festgehalten wurden, meinen viele gläubige Juden und Christen, jedes in der Heiligen Schrift erwähnte Ereignis habe sich genau so zugetragen. Archäologen haben festgestellt, dass Israeliten und Philister zwischen 1200 und 1000 v. Chr. während der Ägäischen Wanderung der Seevölker (s. S. 80f.) in den östlichen Mittelmeerraum zogen. Eine Gruppe, die Peleset, ließ sich im Gazastreifen und der südlichen Levante nieder. Ihr Gebiet taucht im Alten Testament unter dem Namen Philistia auf. Die Israeliten scheinen um die gleiche Zeit aus einer Reihe von kleinen Dorfgemeinschaften mit ähnlichen Kulturmerkmalen im zentralen Hügelland des Jordan hervorgegangen zu sein. Kanaanitische Traditionen lebten indessen in einigen südlicher gelegenen Regionen wie Megiddo fort, vor allem jedoch bei den Phöniziern an der libanesischen Küste (s. S. 84f.). Die Ägypter unterhielten tief im Süden noch einige Garnisonen.

UNTEN Tongefäße der Philister (12. bis 11. Jh. v. Chr.) aus Askalon und Aschdod. Die typische Gebrauchsware war mit geometrischen Mustern und vogelähnlichen Motiven verziert und in der Regel polychrom. Man fand sie überall in der südlichen Levante. Andere Stücke entdeckte man jenseits des Gebietes der Philister, vermutlich aufgrund von Handel. Da die Gefäße mykenischer Ware (s. S. 76f.) ähneln, glauben viele Archäologen, dass die Peleset ursprünglich aus der Ägäis kamen, eine Annahme, die von weiteren Fakten gestützt wird. Ausgrabungen in Tell Miqne, dem biblischen Ekron, förderten ein großes öffentliches Gebäude mit kreisförmigem Herd im Zentrum zutage, ein typisches Merkmal ägäischer Kulturen.

Der Bibel zufolge lebten die Philister in fünf großen Städten: Askalon, Aschdod und Gaza an der Küste sowie Ekron und Gath im Landesinnern. Archäologische Grabungen belegen eine einheitliche Kultur für diese Orte und eine Anzahl weiterer Stätten in der Region. Vieles spricht dafür, dass es sich bei den Philistern um eine Eliteschicht handelte, die über die ortsansässige Bevölkerung herrschte. Die Tongefäße der Philister waren zum Beispiel überaus fein gearbeitet, das Geschirr der einfachen Leute erinnert dagegen deutlich an die kanaanitische Keramik der späten Bronzezeit.

Die frühen Israeliten

Archäologen haben eine Reihe typischer Merkmale herausgearbeitet, die Ende des 2. Jahrtausends v. Chr. mehrere kleine Hochlanddörfer westlich des Jordantals verbanden. Die Siedlungen bestanden meist aus Vierraumhäusern. In Gebrauch waren vor allem Gefäße in der Form eines Krugs mit verdicktem, kragenförmigem Rand. Die Menschen hielten keine Schweine – ein klarer Bruch mit der kanaanitischen Tradition. Auf dem Berg Ebal und anderen Hügeln der Region existierten offene Kultstätten, an einer fand man die Bronzefigur eines Stieres.

Diese Charakteristika passen zur Geschichte der Besiedlung des Raumes durch die aus Ägypten geflohenen Israeliten, die im biblischen Buch der Richter erzählt wird. Allerdings gab es Vierraumhäuser und Krüge mit verdicktem Rand auch an anderen Orten in der südlichen Levante. Vermutlich wurde hier einfach die kanaanitische Tradition fortgesetzt und ergänzt; äußere Einflüsse sind eher unwahrscheinlich. Möglicherweise verließen Viehhirten in der späten Bronzezeit größere Stadtstaaten, um Steuerpflichten und politische Kontrolle zu umgehen, und gründeten dauerhafte Siedlungen, als die Reiche zusammenbrachen. Es könnte aber auch sein, dass Flüchtlinge (in Keilschrifttexten jener Zeit *Habiru* genannt) vor spätbronzezeitlichen Machthabern ins Hügelland flohen.

LINKS Lange Zeit stritt man über Alter und Zweck von Säulenhallen wie dieser in Hasor. Einst hielt man sie für Salomos Ställe, doch heute glaubt man, dass es sich um Lagerräume handelt, die kurz nach Salomos Zeit entstanden.

Die jüdischen Königreiche

Diese Siedlungen bildeten das Fundament der Gesellschaften, aus denen sich die frühen jüdischen Königreiche entwickelten. Die Bibel erzählt, wie israelitische Stammesväter, etwa Saul, lokale Widerstände überwanden und die Herrschaft übernahmen. Um 1000 v. Chr. schloss König David die Kleinstaaten zu einem Reich zusammen. Der Bau des Ersten Tempels, den Salomo in Jerusalem errichten ließ, ist ebenfalls als politische Maßnahme zu verstehen, da die Priester die Autorität der weltlichen Macht stützten. Die Überreste des Tempels sind tief im Tempelberg verborgen. Salomo gründete auch Siedlungen in der Provinz, etwa in Hasor, Megiddo und Lachisch, wo man starke Befestigungsmauern und dreiteilige Stadttore aus jener Zeit fand.

Als Salomo 922 v. Chr. starb, zerfiel das Reich in zwei Hälften, Israel mit der Hauptstadt Samaria im Norden und Judah mit Jerusalem im Süden. Das nördliche Königreich kämpfte lange mit inneren Schwierigkeiten. Ausgrabungen in Samaria, Jesreel und in anderen Zentren förderten große Paläste mit dicken Mauern, Lagerräumen und Verwaltungseinrichtungen zutage. In Samaria entdeckte man zahlreiche *Ostraca* (kurze, mit Tinte auf Tonscherben geschriebene Dokumente) und erlesene Einlegearbeiten aus geschnitztem Elfenbein. Die Bibel berichtet tatsächlich von einem Elfenbeinhaus in der Hauptstadt Israels. Wichtige Zentren wie Megiddo wurden als Militärlager neu errichtet.

Im Süden fand man ähnliche Konstruktionen. Zwar sind in Jerusalem kaum Ausgrabungen möglich, doch andere Stätten werfen ein Licht auf die Bautätigkeit Judas. In Ramat Rahel stand eine königliche Residenz, in Lachisch ein Verwaltungsgebäude, in der Negev gab es mehrere befestigte Garnisonen. Auf Reste von Mauern, Straßen und Häusern schlichterer Siedlungen stieß man unter anderem in Tell Beit, Mirsim, Tell el-Batasch und Beerscheba ◆

RECHTS Die südliche Levante umfasst ein kleines Gebiet mit einer eindrucksvollen landschaftlichen, ökonomischen und kulturellen Vielfalt. Die kanaanitischen Traditionen der späten Bronzezeit wurden von den Phöniziern an der Nordküste und Städtebauern im Landesinnern fortgesetzt. Die Philister, Neuankömmlinge aus dem Süden, übernahmen kanaanitische Kulturelemente, während die Israeliten im zentralen Hügelland ihnen neue Gestalt gaben.

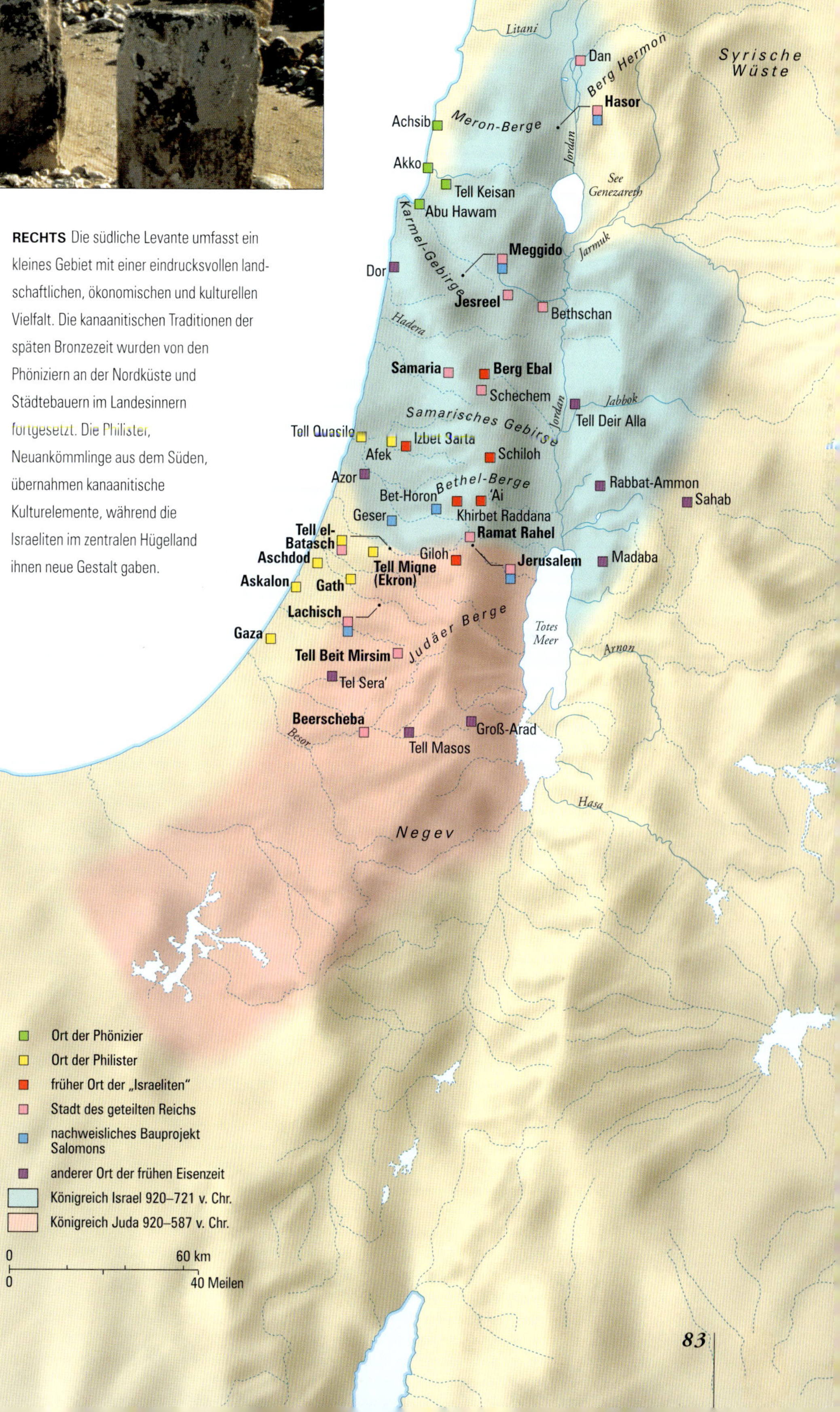

Das Phönizische Reich

Während der Eisenzeit (1. Jahrtausend v. Chr.) bewohnten die Phönizier einen schmalen, aber fruchtbaren Landstreifen zwischen den libanesischen Bergen und dem Mittelmeer, also in etwa das Gebiet des heutigen Libanon. In der Bronzezeit waren die hier siedelnden Menschen Teil der kanaanitischen Kultur der Levante; erst um 1200 v. Chr. entstand eine eigenständige phönizische Kulturtradition. Die Phönizier fühlten sich vermutlich in erster Linie einer bestimmten Stadt wie Sidon, Tyros oder Byblos zugehörig. Das Wort *phoenix*, aus dem sich die Bezeichnung Phönizier herleitet, taucht erst in griechischen Texten des 8. Jahrhunderts v. Chr. auf und meint „purpurrot". Ein ähnlicher Begriff, *po-ni-ki-ja* (rot), findet sich auf Linear-B-Tafeln des mykenischen Griechenland und bezieht sich auf eine Hauptaktivität der Phönizier: das Färben von Stoffen.

Die Höhen des Libanon waren reich an Holz, insbesondere von Zedern, einem wertvollen Handelsgut im antiken Nahen Osten (s. S. 70f.). An einigen Stellen ziehen sich die Berge bis dicht ans Wasser, auch zergliedern zahlreiche Flüsse die Küstenebene, so dass die Kommunikation auf dem Landweg sich von jeher schwierig gestaltete. Deshalb entstanden zahlreiche kleine, unabhängige Stadtstaaten, und die in der Region lebenden Menschen verlagerten ihre Aktivitäten aufs Meer. Sie errichteten Handelsorte auf Felsvorsprüngen direkt am Meer oder auf kleinen Inseln vor der Küste, die sich gut verteidigen ließen.

Durch die Wanderung der Seevölker kam der Handel um 1200 v. Chr. im östlichen Mittelmeerraum weitgehend zum Erliegen. Nach und nach erholte er sich aber, denn auf Zypern, in Gräbern in Salamis und Paphos, entdeckte man typisch phönizische Gefäße in großer Zahl. Im 10. Jahrhundert v. Chr. existierte an der Südküste von Zypern in Kition eine phönizische Kolonie (der Name Kition leitet sich wie Karthago von dem phönizischen Begriff für „Neue Stadt" ab). Die Phönizier bauten zunächst Handelskontakte zu kleinen griechischen Gemeinden wie Lefkandi auf Euböa auf (s. S. 90). Kommos auf Kreta gehörte ebenfalls zu den wichtigen Umschlagplätzen. Hier entdeckte man neben phönizischen Keramiken drei nacheinander errichtete phönizische Tempel, der älteste entstand um 900 v. Chr.

Begabte Handwerker

Die Phönizier waren für ihre hochwertigen Handwerkserzeugnisse bekannt und entwickelten die während der Bronzezeit im Nahen Osten begründeten Traditionen weiter. Unter anderem schufen sie erlesene Elfenbeinschnitzereien zum Verzieren von Möbelstücken. Auf ihrem Gebiet fand man allerdings nur wenige dieser Stücke, viele dagegen im assyrischen Palast von Nimrud, weitere in Samaria, der neohethitischen Stadt Zincirli in Syrien sowie in Salamis auf Zypern, in Tas Silg auf Malta, Karthago, Tharros und sogar in Spanien. Phönizische Handwerker fertigten auch schöne Bronzestatuetten. Bei diesen Arbeiten, z.B. eine Gruppe vergoldeter Votivstatuen aus Byblos, knüpften sie klar an bronzezeitliche Traditionen an. Die dargestellten Sujets spiegelten ägyptische Einflüsse wider und beschränkten sich im Wesentlichen auf strafende Götter, Götter auf dem Thron und weibliche Figuren. Statuetten aus dem 1. Jahrtausend v. Chr. aus den phönizischen Kolonien auf Sizilien, Sardinien und in Spanien, weisen vielfältigere For-

UNTEN Die Phönizier begannen im 10. Jahrhundert v. Chr. im östlichen Mittelmeerraum Handel zu treiben. Im 8. Jahrhundert v. Chr. dehnten sie ihre Aktivitäten immer weiter nach Westen aus. Um die Nachfrage des Assyrischen Reiches (s. S. 86f.) nach Luxusgütern zu befriedigen, beuteten phönizische Händler die Kupfer- und Silbervorkommen auf Zypern, Sardinien und in Spanien aus. Zwischenhandelsstationen machten sie zu Häfen. Dabei stießen sie zunächst nur auf geringen Widerstand. Auf Sizilien und in Italien bekamen sie allerdings die Konkurrenz der Griechen zu spüren (s. S. 90f.). Von ihren Kolonien in Utica, Karthago und Hadrumetum kontrollierten sie die Straße zwischen Sizilien und Nordafrika und schützten so ihre Handelsroute nach Westen. Phönizische Seefahrer segelten an der afrikanischen Atlantikküste südwärts, nordwärts vielleicht sogar bis Großbritannien.

RECHTS Diese schöne phönizische Elfenbeinschnitzerei aus der am Tigris gelegenen Ruinenstätte Nimrud weist starke ägyptische Einflüsse auf.

men auf. An vielen Grabstätten im westlichen Mittelmeerraum fand man bronzene Votivmesser aus dem 7. bis 2. Jahrhundert v. Chr. Offensichtlich handelte es sich um hochwertige Prestigeobjekte für religiöse Rituale. Auch phönizische Gefäße aus Gold, Silber oder Bronze mit aufwändigem Dekor gehörten zu den überall in der antiken Welt verbreiteten Luxusgütern. Beispiele förderte man in Nimrud (Assyrien), Amathus und Idalion (Zypern), in Olympia (Griechenland) und an etruskischen Stätten in Italien, vor allem in Palestrina, zutage.

Das Alphabet

Autoren wie Herodot und Plinius d. Ä. schrieben die Erfindung des Alphabets den Phöniziern zu. Wir wissen heute, dass das älteste Alphabet zwischen 1400 und 1200 v. Chr. in Syrien und Palästina im Königreich Ugarit entstand. Um 1000 v. Chr. verwendeten die Phönizier eine vereinfachte Form des Alphabets. Dies belegen Grabinschriften, etwa auf dem Sarg von Ahiram, dem König von Byblos, aber auch Inschriften auf Bronzewaffen. Das griechische Schriftsystem entwickelte sich im 8. Jahrhundert v. Chr. aus der phönizischen Alphabetschrift, später entstand hieraus das römische Alphabet, die Grundlage der westeuropäischen Schriftsysteme ◆

Karthago: Phönizische Kolonie

Karthago (phön. *Kart-Hadasht*, „Neustadt"), die Heimat der legendären Königin Dido, ist die berühmteste der westlichen oder punischen Kolonien Phöniziens. Griechischen und lateinischen Quellen zufolge wurde sie um 814 bzw. 813 v. Chr. gegründet; die ältesten Überreste stammen jedoch aus dem 8. Jahrhundert v. Chr. Die Stätte, die auf einer dreieckigen Halbinsel zwischen der Lagune Sebkhet er-Riana im Norden und Tunis im Süden liegt, ließ sich gut verteidigen und bot einen sicheren Hafen für Schiffe, die von Phönizien nach Spanien segelten. Grabungen erbrachten den Beleg für die phönizischen Ursprünge Karthagos. Die Akropolis (Byrsa), die von einer umfangreichen Befestigungsanlage geschützt wurde, bildete den Mittelpunkt der Stadt. Auf dem Gipfel stand ein der phönizischen Gottheit Eshmun geweihter Tempel, zu seinen Füßen lag der Hauptplatz. Karthago stieg zum Zentrum des Seehandelsreiches auf, weshalb man später einen künstlichen Hafen *(Cothon)* an der Südseite der Halbinsel baute. Er umfasste rechteckige Kaianlagen für Handelsschiffe und eine kreisförmige Anlegestelle für Kriegsschiffe. In der Stadt wurden zahlreiche Friedhöfe freigelegt, die Erdgräber mit reichen Beigaben bargen. Im *Tophet*-Heiligtum von Salammbo verbrannte man zu Ehren des Gottes Baal Hammam Kinder und errichtete an diesen Stellen Grabstelen *(Cippae)* ◆

RECHTS GLÄSERNER ANHÄNGER IN DER FORM EINES KOPFES AUS KARTHAGO (4,5 CM HOCH).

Das Assyrische Reich

Es dauerte einige Zeit, bis Assyrien sich von den politischen und wirtschaftlichen Umwälzungen erholte (s. S. 78f.), die am Ende der Bronzezeit den gesamten Nahen Osten erschüttert hatten. Lange beschränkte sich sein Einfluss auf das Kernland rund um Assur und Ninive am Tigris, doch Ende des 10. Jahrhunderts v. Chr. dehnte sich das Reich wieder nach Westen bis zum Euphrat aus. Die Expansion erreichte Mitte des 9. Jahrhunderts v. Chr. unter Assurnasirpal II. und Salmanassar III. ihren Höhepunkt, dann jedoch kam es zu inneren Machtkämpfen, die ein weiteres Vordringen verhinderten. Mitte des 8. Jahrhunderts waren sie überwunden, und es begann eine neue Phase der Eroberungen. Um 650 v. Chr. dehnte sich dasAssyrische Reich von Elam und Babylonien im Südosten bis nach Anatolien im Westen aus und umfasste die gesamte Levante sowie Teile Ägyptens. Jedoch waren die Assyrer ständig damit beschäftigt, Aufstände niederzuschlagen und Grenzstreitigkeiten auszuräumen. In Ägypten vermochten die Assyrer sich nur kurz zu halten. Ende des 7. Jahrhunderts v. Chr. brach ihr Reich unter dem Ansturm der Meder, Skythen und Babylonier zusammen.

Einige der bedeutendsten assyrischen Könige, darunter Tiglatpileser, Sargon II., Sanherib, Asarhaddon und Assurbanipal, werden in der Bibel erwähnt, die ausführlich von ihrer grausamen Herrschaft berichtet. Ebenfalls festgehalten ist darin, welche Städte sie plünderten und welche Strafen sie über aufständische Untertanen verhängten. Gleichzeitig errichteten sie jedoch Paläste, die ihresgleichen im Nahen Osten suchten, und gaben bei Handwerkern in eroberten Gebieten Kunstwerke wie die phönizischen Elfenbeinverzierungen in Auftrag, die zum Beispiel den berühmten Palast von Nimrud (Kalhu, das biblische Calah) schmückten.

Große Bauprojekte

Um 1840 begann man die großen Bauwerke der assyrischen Könige freizulegen. Der britische Archäologe Austen Henry Layard grub in Nimrud und Ninive und machte die Welt auf die Hinterlassenschaften der Assyrer aufmerksam. Diese verlegten mehrfach ihre Hauptstadt: von Nimrud nach Chorsabad (Dur-Sharrukin) und dann nach Ninive, wo nach dem Wiederaufbau durch Sanherib im 8. Jahrhundert v. Chr. 100 000 Menschen lebten. Ein System von Dämmen und Kanälen leitete Trinkwasser von Bergflüssen in die Städte, die hinter dicken Mauern lagen. Die Einwohner wurden mit Nahrung und anderen Waren aus der Provinz versorgt.

Palastbezirke

Archäologische Untersuchungen haben bisher zwar nur wenig über den Alltag der einfachen Stadtbewohner aufgedeckt, dafür wissen wir heute jedoch umso mehr über die Strukturen der Regierung. Die königlichen Paläste und Haupttempel lagen in einem eingefriedeten Bereich, das Militär und das Arsenal waren in einem anderen Komplex untergebracht. Beide hatten die Größe einer Kleinstadt und befanden sich innerhalb der Stadtmauern.

In die Paläste gelangte man durch mächtige Portale, vor denen riesige Statuen von geflügelten Stieren mit Menschenköpfen Wache hielten. Die Paläste bildeten eine Welt für sich. Die öffentlichen Bereiche, in denen der König Audienzen abhielt und die Beamten ihren Dienst versahen, waren von den privaten Gemächern der königlichen Familie und den Arbeits-

UNTEN Reliefs an den Wänden assyrischer Paläste verherrlichten die Taten und Aufgaben des Herrschers. Sie stellten ihn als Heerführer dar, der die Grenzen des Reiches weiter ausdehnte, als Bewahrer des Friedens, der für Ruhe und Harmonie sorgte, und betonten seine rituellen Pflichten, die ihn zum Garanten der kosmischen Ordnung erhoben. Schutzgeister mir vier Flügeln tauchen in der assyrischen Kunst häufig auf. Dieser assyrische Herrscher hält in seiner Hand einen Zapfen (zum Befruchten von Dattelpalmen), der für Fruchtbarkeit und Erneuerung der Welt steht.

OBEN Das Assyrische Reich dehnte sich über das mesopotamische Kernland hinaus aus und umfasste auf dem Höhepunkt seiner Macht schließlich den gesamten Nahen Osten vom Bergland des Westirans bis zur Mittelmeerküste sowie Teile Ägyptens. Die Eroberungszüge waren das Werk einzelner Herrscher, doch bedurfte es auch bestimmter politischer Voraussetzungen, um die Expansionsvorhaben durchzuführen. Die eindrucksvollsten Landgewinne verzeichneten die Assyrer in der ersten Hälfte des 9. Jahrhunderts v. Chr. sowie in der Zeit zwischen 745 und 650 v. Chr.

und Wohnstätten der Dienerschaft getrennt. Dekorative Alabasterreliefs zierten die Wände der Räume und Korridore. Sie zeigten meist Schlacht-, Jagd- oder Hofszenen. Die Tempel des Assyrischen Reiches waren mit aufwändigen Reliefs geschmückt. Die Bronzeplatten des berühmten Tempelportals von Balawat erinnern beispielsweise an die Siege von König Salamanassar III. Die Arsenale umfassten neben Exerzierplätzen und Waffenkammern auch prunkvolle Paläste und Büroräume der Heerführer.

Kriegsgewinne

Die Großprojekte wurden mit Steuergeldern, Tributzahlungen und Kriegsbeute finanziert. Unterworfene Völker deportierte man nach Assyrien und zwang sie, Tempel und Paläste zu errichten. Handwerker mussten Elfenbein- und Metallarbeiten, Stoffe und andere Luxuswaren für den Hof fertigen. Andere Kriegsgefangene siedelte man in neu gegründeten Bauerndörfern in Assyrien oder den Provinzen an, wo sie Versorgungsgüter für die Hauptstadt und regionale Zentren anbauten. Wieder andere traten als Hilfskavallerie oder Fußsoldaten in den Dienst des assyrischen Heeres. Die biblische Geschichte von den zehn versprengten Stämmen Israels basiert auf einer solchen Zwangsdeportation von Menschen aus dem Königreich Samaria (s. S. 82f.).

Die Assyrer regierten die eroberten Gebiete von Verwaltungszentren in der Provinz aus. In Syrien übernahmen sie bereits existierende Strukturen der Hethiter und Aramäer. In Israel entdeckte man bei Grabungen jedoch große Gebäude mit dem typischen Grundriss assyrischer Paläste. In einigen Fällen, etwa in Ajjelet ha-Schahar bei Hasor, beherbergten sie vermutlich hohe assyrische Regierungsbeamte. In Tell Miqne errichtete der einheimische Herrscher, ein Vasall des assyrischen Königs, selbst einen prunkvollen Palast im Stil der neuen Machthaber. In Lachisch fand man Reste einer ehemaligen assyrischen Belagerungsrampe. Die Einnahme dieser Stadt gehört zu den am besten dokumentierten Ereignissen in der Geschichte des Nahen Ostens ◆

Marib: ein antiker Staudamm

Wenn sich über den Jemenitischen Bergen der Monsunregen ergießt, fließt das Wasser in reißenden Strömen über die sonst trockenen Osthänge ins Tal. Über 4000 Jahre lang verstanden es die Bauern des Gebiets, die Wassermassen während der Regenzeit aufzufangen und sie zur Bewässerung ihrer Felder während der Dürremonate zu nutzen. Sie entwickelten dabei immer komplexere Techniken, die ihren Höhepunkt mit dem Bau eines mächtigen Staudamms bei Marib, der Hauptstadt der Sabäer, erreichten. Er wurde an einer schmalen Stelle des Tals errichtet, um das Wasser abzuhalten. Zwei steinerne Schleusen leiteten es zum Teil durch ein Netz langer Kanäle auf Felder stromabwärts. Während der Blütezeit der Stadt konnten dank des Staudamms Zehntausende von Menschen in Marib leben. Er brach in der Antike mehrfach, wurde aber wieder aufgebaut. Die heute sichtbaren Reste stammen überwiegend aus dem 4. Jahrhundert. Angeblich führte der letzte, verheerende Dammbruch im Jahre 570 dazu, dass die ortsansässigen Stämme schließlich in andere Teile Arabiens, vor allem in den Oman, abwanderten, wo ihre Nachfahren heute noch leben. Jedenfalls folgte auf die Katastrophe der Niedergang der südarabischen Städte am Wüstenrand ◆

OBEN RUINEN DER ALTEN SCHLEUSE AM STAUDAMM VON MARIB.

Südarabien

Saba oder Sheba, der heutige Jemen im Südwesten der Arabischen Halbinsel, war in der Antike im gesamten Nahen Osten für seine Reichtümer bekannt. Die Bibel spricht von Weihrauch, Gold und kostbaren Gütern, welche die Königin von Saba Salomo schenkte, und eine assyrische Inschrift von ca. 800 v. Chr. berichtet von einer Karawane sabäischer Kaufleute, die Weihrauch, Eisen und andere Waren transportierte. Griechische und römische Autoren kannten Saba als Quelle von Weihrauch und Myrrhe. Saba war das bekannteste unter einer Reihe kleiner Königreiche im Süden der arabischen Halbinsel, die vom Seehandel sowie von den Karawanenstraßen in ihren Gebieten profitierten.

LINKS Die südarabische Kultur entwickelte sich entlang der Handelsrouten, welche die Region in der Antike mit dem Nahen Osten, dem östlichen Mittelmeerraum, Ostafrika, dem Persischen Golf und Indien verbanden. Der Weihrauchhandel – und der Kampf um die Kontrolle der Karawanenstraßen – prägte die politische und ökonomische Geschichte der Region und brachte die Menschen in Kontakt mit kulturellen Einflüssen der Mittelmeerwelt. Die Königreiche im Landesinnern waren vom Handel und der Wasserzufuhr für ihre Felder abhängig. Als beide Quellen Anfang des 1. Jahrtausends versiegten, gewann die Küstenregion wieder an Einfluss.

Im Südwesten der Arabischen Halbinsel verläuft eine Gebirgskette parallel zum Roten Meer. In der Region, die aufgrund von Monsunregenfällen sehr fruchtbar ist, fanden Archäologen Hinweise auf Terrassenbau im 3. Jahrtausend v. Chr. Kleine, von Mauern umschlossene Städte bildeten die Basis für fortschrittlichere Gesellschaften während der Eisenzeit, die im 1. Jahrtausend mit dem Aufstieg der Himjaren zu höchster Blüte gelangten. Die trockeneren östlichen Ausläufer der Berge gehen allmählich ins karge Gebiet des „Leeren Viertels“ über. Um 2500 v. Chr. begann man die Tieflandregionen zu bewässern. Zunächst leiteten die Bauern Wasser durch Dämme auf ihre Felder, später bauten sie Wehre mit Schleusen und Kanälen (s. Kasten).

In dieser Gegend entwickelte sich im 1. Jahrtausend v. Chr. das Königreich Saba. Tempel und andere Bauten erinnern an die Anfänge staatlicher Organisation, Inschriften auf Felsen geben einen groben Überblick über die Beziehungen von Saba zu benachbarten Königreichen wie Main, Qataban oder Ausan. In dieser Zeit führten die kleinen, unabhängigen Reiche ständig Kriege, um die Kontrolle über das Gebiet und die Karawanenstraßen zu erlangen und vom einträglichen Weihrauchhandel zu profitieren.

UNTEN Dekorierter Weihrauchbehälter aus Schabwa (3. Jh.). Ab dem 1. Jahrtausend v. Chr. nutzte man auf den südarabischen Karawanenstraßen vor allem Kamele als Lasttiere um Weihrauch und andere wertvolle Güter zu transportieren.

Süße Düfte

Weihrauch und Myrrhe sind Duftharze, die aus verschiedenen Pflanzen der Familie *Burseraceae* gewonnen werden. Diese gedeihen an den Bergen von Hadramaut im östlichen Jemen und in Dhofar (heute Oman). Durch Einschnitte an den Pflanzen tritt Wundsaft – das Harz – aus, das durch Luftkontakt kleine, hellgelbe oder rötliche Körnchen bildet. Duftstoffe wurden in der Antike für religiöse Zeremonien und zum Einbalsamieren verwendet und standen daher im Nahen Osten und im Mittelmeerraum hoch im Kurs. Auch benutzte man sie für Arzneien, Parfüm sowie Kosmetika und aromatisierte mit ihnen Wein. Ende des 1. Jahrtausends v. Chr. intensivierte sich der Handel – und mit ihm die Rivalitäten zwischen den Königreichen –, weil die Nachfrage in Rom stetig zunahm.

Die Karawanen, die Weihrauch und andere Güter von der Küstenebene nach Norden bringen sollten, mussten zunächst an den Jemenitischen Bergen und dem Rand des „Leeren Viertels“ entlang nach Westen ziehen. Am nördlichen Ende dieser Strecke lag die arabische Stadt Nadschran, ein wichtiger Kreuzpunkt, von dem die Karawanen entweder den Weg nach Nordwesten zum Mittelmeer einschlugen oder sich nach Nordosten zum Irak und zum Persischen Golf wandten. An dieser Route legte man bei Qarjat al Fau eine antike Karawanserei frei.

Wer die Karawanenstraßen kontrollierte, konnte Steuern von Kaufleuten und Kameltreibern verlangen und Zölle auf Waren erheben. Ein Teil des Gewinns floss in Großprojekte wie die Tempel von Mahram Bilqis und Awwam bei Marib, den Palast von Timna, den Tempel von Sirwah und andere Monumentalbauten, die erahnen lassen, welch hohe Summen die ortsansässigen Herrscher einnahmen. Die Handwerker und Künstler der Region entwickelten einen eigenen Stil, der Einflüsse von Handel treibenden Regionen aus dem Mittelmeerraum aufgriff.

Der Seehandel

Grabungen in Sabr bei Aden haben ein Lager mit Elefantenstoßzähnen, Kupfer und anderen Gütern aus der Zeit um 1200 v. Chr. zutage gefördert. Im Laufe der Zeit entstanden weitere Reiche im Innern der Arabischen Halbinsel, die den Handel von den Küstenregionen abzogen. Dafür lebte Ende des 1. Jahrtausends v. Chr. der Seehandel im Norden des Indischen Ozeans wieder auf, verband er doch die Kulturen des Mittelmeerraums mit Indien. Importierte Keramiken und andere Güter aus Ost und West fanden sich in Hafenstädten wie Kana (auch Qana) oder Khor Rori. Einige dieser Waren gelangten von hier aus auf dem Landweg in die traditionellen Handelszentren wie Timna oder Schabwa. Nun gewannen die Küstenstraßen wieder an Bedeutung, zeitgleich sank der Einfluss der Königreiche im Landesinnern. Ende des 1. Jahrhunderts beherrschten die Himjaren im südlichen Hochland das Gebiet. Als der Marib-Staudamm (s. Kasten) im 6. Jahrhundert zum letzten Mal brach, gelang es den Sabäern nicht mehr, ihn wieder in Stand zu setzen ◆

Der Aufstieg Griechenlands

Mit dem Zusammenbruch der mykenischen Kultur (s. S. 80f.) versank Griechenland in der Bedeutungslosigkeit und gewann erst zwischen dem 9. und 7. Jahrhundert v. Chr. wieder an Einfluss. In jener Phase erfolgte der Übergang von der Bronze- zur Eisenbearbeitung, weshalb man sie auch als frühe Eisenzeit bezeichnet. Möglicherweise führten die Dorer, ein aus dem Balkan eingewanderter Stamm, die Technik der Eisenherstellung in Griechenland ein. Vermutlich in Folge der dorischen Invasion wanderten viele Griechen nach Kleinasien an die Küsten des Ägäischen Meeres aus. Archäologen gehen davon aus, dass grundlegende soziale Umwälzungen zur Entwicklung unabhängiger Stadtstaaten *(Poleis)* führten, die sich im 8. Jahrhundert v. Chr. als politische Struktur der Region durchsetzten. Zeitgleich übernahmen die Griechen das phönizische Alphabet und ergänzten es durch Vokalzeichen. Da nun ein Schriftsystem existierte, blieben der Nachwelt Texte wie Homers Epen erhalten.

Im 8. Jahrhundert v. Chr. begannen die Eliteschichten der neuen Stadtstaaten das umliegende Land *(Chora)* zu kolonisieren. Vielleicht kamen in diesem Zusammenhang Heldenkulte auf, die sich häufig auf Überreste aus der Bronzezeit konzentrierten. In mykenischen *Tholoi* (bienenkorbförmigen Grabkammern) entdeckte man Objekte aus späteren Zeiten. Archäologen glauben, dass man mit Hilfe solcher „Heldengräber" versuchte, Landrechte zu untermauern. Ein *Tholos* in Menidhi, Attika, enthielt Tongefäße, die Wagenrennen zeigten. Auch Homers *Ilias* (8. Jh. v. Chr.) beschreibt solche Bestattungszeremonien für antike Helden, doch vermutlich handelt es sich um wesentlich ältere Traditionen, die nun erst schriftlich und bildlich fixiert wurden.

Ausgrabungen in Lefkandi, der größten Sieldung auf Euböa (ca. 1000–800 v. Chr.), vermitteln einen Eindruck von jener Zeit. Hier legte man eine 50 mal 10 Meter große, apsisartige Struktur frei, welche die Körper eines Mannes und einer Frau barg. Das Alter des Fundes und die aufwändige Bestattung deuten darauf hin, dass die beiden Verstorbenen einen hohen Rang bekleideten, vermutlich gehörten sie zu den Gründern der Siedlung. Zahlreiche Gräber in Lefkandi enthielten Goldschmuck oder Keramiken, darunter Skarabäen im ägyptischen Stil. Lefkandi war wahrscheinlich ein wohlhabendes Handelszentrum. Da man in Al Mina, einer antiken Handelsstadt in Syrien, euböische Gefäße aus dem 9. Jahrhundert v. Chr. zutage förderte, stand der Ort wohl in Verbindung mit dem Nahen Osten.

Griechische Kolonien

Als Ende des 8. Jahrhunderts v. Chr. der Fernhandel mit Eisenerz, Luxusgütern, Wein und anderen Waren im Mittelmeer wieder auflebte, gehörten die griechischen Stadtstaaten bald zu den wichtigen Anlaufhäfen. Eine der ältesten griechischen Siedlungen im westlichen Mittelmeerraum, Pithekusai auf der Insel Ischia, entstand vermutlich, weil die Bodenschätze Etruriens in der Nähe lagen.

In den darauf folgenden Jahrhunderten gründeten die meisten Stadtstaaten Griechenlands und Ioniens weitere Kolonien im Mittelmeerraum und am Schwarzen Meer. Die Motive dieser großräumigen

LINKS Der auf Aigina gefundene dekorierte Keramikkrug (7. Jh. v. Chr.) stammt von den Kykladen. Der Tierkopf ist ein deutlicher Hinweis auf den Einfluss des Nahen Ostens.

Kolonisierung sind noch nicht völlig klar. Spätere Quellen sprechen von Hungersnöten und Nahrungsmittelknappheit, doch Feldforschungen belegen, dass die Griechen während der Phase der maximalen Expansion ihre fruchtbaren Gebiete nicht sehr intensiv bewirtschafteten. Das Bevölkerungswachstum dürfte daher eine eher untergeordnete Rolle gespielt haben. Eine gewissen Initialzündung scheint vom Orakel von Delphi ausgegangen zu sein, denn Herodot berichtet, dass die Bewohner von Thera die Kolonie Kyrene (Libyen) auf dessen Rat hin gründeten. Untersuchungen auf Sizilien und in Libyen, die Gefäßfunde mit den in literarischen Quellen genannten Gründungsdaten von Kolonien abgleichen wollten, brachten jedoch keine konkreten Ergebnisse.

Herodot erzählt von der griechischen Kolonie Naukratis, welche im 6. Jahrhundert v. Chr. auf Bitten des ägyptischen Pharaos Amasis im Nildelta gegründet wurde. Ausgrabungen an der Stätte brachten griechische Gefäße mit Inschriften ans Tageslicht, während man am Heiligtum der Hera auf Samos ägyptische Objekte fand. Dies verwundert nicht weiter, stand doch Polykrates, der Herrscher der Insel, in regem Austausch mit Amasis. Die Jünglingsstatuen *(Kouroi)*, die im späten 7. Jahrhundert in Griechenland aufkamen, zeigen ägyptische Einflüsse, während stilisierte Tiere und Menschen auf Gefäßen auf die nahöstliche Kunst verweisen ◆

UNTEN Erste Kolonien entstanden im Süden Italiens und auf Sizilien, spätere im Norden der Ägäis und am Schwarzen Meer, in der Cyrenaika und in Ägypten. Die Phönizier verhinderten das Vordringen der Griechen nach Westen (s. S. 84f.). In Massilia (Marseille) gab es allerdings eine große Kolonie für den Handel mit Mitteleuropa.

Der westliche Mittelmeerraum

Die griechischen und phönizischen Kolonien veränderten Kultur und Wirtschaft des westlichen Mittelmeerraums. Um 500 v. Chr. hatte Karthago (s. S. 85) eine Führungsrolle unter den phönizischen (punischen) Siedlungen im Westen übernommen und eigene Kolonien in Südspanien, auf den Balearen und auf Sardinien gegründet. Da die Phönizier die südlichen Schifffahrtsrouten beherrschten, beschränkte sich der Einfluss Griechenlands – von Süditalien und Sizilien abgesehen – auf die nördliche Mittelmeerküste. Dort trieben die Griechen von Massilia (Marseille) aus Handel mit Europa (s. S. 94f.). Der Reichtum der etruskischen Stadtstaaten Mittelitaliens gründete sich auf die dortigen Erzvorkommen. Die Kultur der Etrusker nahm punische und griechische Einflüsse auf.

LINKS Bronzehelm aus der Villanovakultur (8. Jh. v. Chr.), einer früheisenzeitlichen Kultur Nord- und Mittelitaliens (ca. 1000–800 v. Chr.), die schließlich von der etruskischen Kultur verdrängt wurde. Zu ihren Merkmalen gehören grobe Keramikurnen, Metallgegenstände und dunkle, polierte Gefäße.

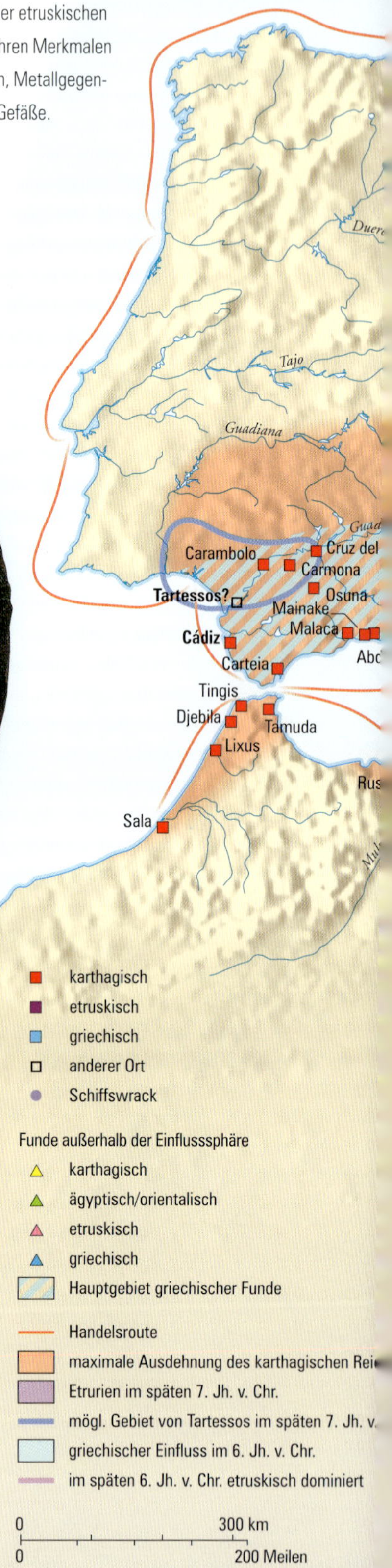

Ein weiträumiges Handelsnetz umspannte den westlichen Mittelmeerraum. In Motya, einer von Karthago gegründeten Hafenstadt auf Sizilien, fand man griechische Gefäße mit der Kartusche des ägyptischen Pharaos Bocchoris (717–712 v. Chr.). Ein ähnliches Gefäß entdeckte man in einem etruskischen Grab in Tarquinia, einen Skarabäus aus jener Zeit dagegen in einem griechischen Grab auf Ischia in der Bucht von Neapel. An verschiedenen etruskischen Stätten stieß man auf Objekte aus dem Orient, darunter verzierte Straußeneier, Bronzegreifen, Silberkrüge und vergoldete Silberschüsseln (einige mit Jagdszenen am Nil). Ein gehämmerter korinthischer Helm in Jerez (Südspanien) und griechische Gefäße stehen wahrscheinlich genauso mit dem Handel in Zusammenhang wie Keramiken aus Athen an der westafrikanischen Küste. Im Tal des Guadalquivir nördlich von Cádiz tauchten mit orientalischen Techniken bearbeitete Metallwaren und Skulpturen auf, die von Handelskontakten zeugen. Womöglich befand sich hier die bei Herodot und anderen antiken Autoren erwähnte Stadt Tartessos.

Die Etrusker

Die Etrusker bewohnten Etrurien, eine Region in Mittelitalien. Nach 800 v. Chr. entstanden hier verschiedene, politisch unabhängige Stadtstaaten. Die zwölf größten bildeten trotz kultureller Unterschiede einen losen Verbund. Im 7. und 6. Jahrhundert v. Chr. dehnten sie ihren Einfluss nordwärts zur Poebene und von der heutigen Toskana südwärts nach Kampanien hinein aus. Lockere Kontakte mit den griechischen Kolonien in Süditalien führten dazu, dass die Etrusker viele Aspekte der griechischen Kultur übernahmen, darunter das Alphabet, die Monumentalbauweise und die Mythologie. Da die meisten Inschriften in etruskischer Sprache sehr kurz sind, gestaltet sich ihre Entschlüsselung äußerst schwierig. Eine Ausnahme bilden die drei nördlich von Rom in Pyrgi im Jahr 1964 entdeckten Goldtafeln mit Inschriften in punischer und etruskischer Sprache. Die Texte beziehen sich auf die Weihe eines Tempels für die etruskische Gottheit Uni, ein Pendant zur phönizischen Göttin Aschtoret (Astarte).

Bislang wurden nur wenige etruskische Städte freigelegt, doch fand man große Friedhöfe mit Familiengruften. Sie bestanden aus mehreren Räumen; ihre Anlage ähnelte einem Wohnhaus, so dass sie Schlüsse auf die Lebensweise der Etrusker zulassen. Sie bargen riesige Mengen griechischer Vasen, außerdem Wagen und importierte Objekte aus Gold, Elfenbein und Bernstein, die auf intensive Handelsaktivitäten ab dem 7. Jahrhundert v. Chr. hinweisen. Das auf Elba abgebaute und in der Küstenstadt Popu-

LINKS Grabstätten an der Mittelmeerküste zeugen vom Handel mit Metallen und anderen Waren zu Beginn des 1. Jahrtausends v. Chr. Auf Sizilien kämpften Griechen und Karthager am schärfsten um die ökonomische und kulturelle Vormachtstellung.

lonia geschmolzene Eisenerz wurde vermutlich in großen Mengen exportiert. In einem Wrack vor der Insel Giglio und einem weiteren bei Antibes (Südfrankreich) entdeckte man etruskische Amphoren. Im 5. Jahrhundert v. Chr. gründeten die Etrusker die bedeutende Handelsstadt Spina an der Pomündung, um den Handel über die Alpenpässe zu kontrollieren. Mehrere mitteleuropäische Gräber enthielten denn auch etruskische Bronzegefäße. In Rom herrschten von 616 bis 509 v. Chr. etruskische Könige aus dem Geschlecht der Tarquinier ◆

OBEN GRABKAMMER AUF DEM FRIEDHOF VON BANDITACCIA IN DER NÄHE VON CERVETERI.

Cerveteri: antike Nekropole

Eine der größten etruskischen Totenstädte befindet sich in Cerveteri (Caere) im südlichen Etrurien. Hier gruben die Menschen runde Grabkammern in den weichen vulkanischen Tuffstein und bedeckten sie mit Erdhügeln. Funde (oder entwendete Objekte) aus diesen Gräbern bestücken heute Museen und Sammlungen in aller Welt. Die Grabkammern liefern Hinweise für eine aristokratisch organisierte Gesellschaft, in der der Bund der Ehe eine besondere Bedeutung zukam. Die Gräber selbst waren oft ähnlich angelegt wie Wohnhäuser. Die Sarkophage ordnete man in speisezimmerähnlichen Räumen so an, dass die auf den Terrakottadeckeln dargestellten Verstorbenen wirken, als warteten sie auf den Beginn eines Banketts. Typisch für den Dekor sind auch ehemals farbige Stuckreliefs von Rüstungen und Trinkgefäßen, die an den Wänden zu hängen scheinen. Im benachbarten Tarquinia sind zahlreiche Gräber mit erlesenen Fresken verziert, die ausgelassene Gelage mit Gauklern und Musikern oder Fischerszenen zeigen ◆

Die Eisenzeit in Europa

Während des 1. Jahrtausends v. Chr. lebten die meisten Menschen in Europa wie ihre bronzezeitlichen Vorfahren in bäuerlichen Gemeinschaften. Ab 700 v. Chr. verwendete man häufiger Eisen, doch ersetzte es die Bronze nicht vollständig. Um 500 v. Chr. nahmen Kontakte zu griechischen Handelskolonien zu und mächtige Eliteschichten stiegen in Mitteleuropa und östlich der Karpaten auf. In den beiden letzten Jahrhunderten v. Chr. entstanden in Westeuropa große, halbstädtische Siedlungen *(Oppida).* Die Expansion des Römischen Reiches veränderte ganz Europa. Die Römer bauten Lager und Villen neben bereits existierenden Ortschaften. Nach und nach verschmolzen beide Teile miteinander. Römische Waren beeinflussten Wirtschaft und Gesellschaft bis nach Polen und Skandinavien.

In den heutigen Niederlanden, Norddeutschland und Südskandinavien herrschten Langhäuser mit einer Doppelreihe von Pfosten im Innern vor, welche das Dach trugen. Einen Gebäudeteil bewohnten die Menschen, der andere diente als Stall für das Vieh. An einigen Stätten wie in Hascherkeller in Bayern bearbeitete man Metall und andere Werkstoffe, doch blieb der Feldbau die Hauptbeschäftigung der Menschen. Um 700 v. Chr. entstanden im Norden Polens befestigte Städte. In Biskupin fand man Hinweise auf mit Holz gepflasterte Straßen. Obwohl die meisten Menschen wohl Bauern waren, zeigen Artefakte aus Stoff, Holz, Knochen und Metall, dass sie auch andere Handwerke beherrschten.

Handwerkszentren

Zwischen 700 und 500 v. Chr. entwickelten sich in Mitteleuropa an Orten wie Stična (Slowenien) und Hallstadt (Österreich) erste „industrielle" Zentren, in denen man Rohstoffe aus nahen Lagerstätten für den Fernhandel verarbeitete. In Stična wurde Eisen geschmolzen und geschmiedet, in Hallstatt baute man zunächst Salz ab. An den Salzlagerstätten entdeckte man hölzerne Stützbalken, Holzwerkzeug und Rucksäcke aus Leder, die von den Minenarbeitern zurückgelassen wurden und durch das Salz gut konserviert waren. Reiche Grabbeigaben zeugen vom Wohlstand, zu dem die Gemeinschaften durch Handel gelangten.

OBEN Maiden Castle gehört zu einer Reihe kleiner, eingefriedeter Bergfesten in Süd- und Mittelbritannien, die heute auch als *Hillforts* bekannt sind. Die ältesten stammen vom Ende der Bronzezeit. Nicht alle waren durchgängig und gleichzeitig bewohnt. Einige wurden im 3. Jahrhundert v. Chr. aufgegeben, andere gewannen an Einfluss und dienten, ähnlich wie die *Oppida* auf dem Festland, als regionale Produktions- und Handelszentren. Später entstanden auch in Britannien echte *Oppida,* die viel größer waren als die *Hillforts*, einige, z. B. Camulodunum (Colchester) und Verulamium (St. Albans), entwickelten sich zu römischen Städten. Um das Jahr 43 eroberten die Römer schließlich Maiden Castle.

Hochdorf: aufwändige Bestattung

Ende der 1970er Jahre machten Archäologen bei Hochdorf (Westdeutschland) eine außergewöhnliche Entdeckung: sie legten einen ursprünglich sechs Meter hohen, stark erodierten Tumulus frei, der ein besonders reich ausgestattetes eisenzeitliches Grab (550–500 v. Chr.) barg. Im Unterschied zu vielen anderen war es völlig unberührt. In der Mitte ruhte in einer hölzernen Kammer der Leichnam eines jungen Mannes auf einem bronzenen, in seiner Form im eisenzeitlichen Europa einzigartigen Ruhesessel. Dieser war ähnlich einer Badewanne geformt und reich mit Fell und Stoffen ausgekleidet. Kleidung und Schuhe des Toten waren mit goldenen Ornamenten verziert. Neben ihm lag ein großer Bronzekessel, vermutlich aus einer griechischen Kolonie in Süditalien. Laboranalysen zeigten, dass er einst Fleisch enthielt. Ein vierrädriger Wagen aus eisenbeschlagenem Holz mit Geschirr für zwei Pferde stand auf der anderen Seite der Kammer. Hochdorf gehört zu den Stätten, die vom Aufstieg einer reichen Oberschicht im Gebiet zwischen Rhône, Rhein und Donau zeugen. Sie verschwand, als der Handel um 400 v. Chr. zum Erliegen kam ◆

LINKS BRONZEVERZIERUNG EINES WAGENS (10,5 CM).

LINKS Viele eisenzeitliche Gräber enthalten griechische und etruskische Waren. Durch den Handel mit dem Mittelmeerraum entstand im Dreieck zwischen Rhein, Rhône und Donau eine reiche, mächtige Eliteschicht.

Ab 500 v. Chr. war Westeuropa über die griechische Kolonie Massilia (Marseille) an der Rhônemündung und den Rhône-Saône-Korridor mit dem Handelsnetz im Mittelmeerraum verbunden. An Stätten wie Mont Lassois und auf der Heuneburg gewann in der Folge eine mächtige und reiche keltische Oberschicht an Einfluss (s. Kasten). Auf der Heuneburg errichtete man Lehmziegelmauern im mediterranen Stil, obgleich sich das Klima kaum für diese Bauweise eignete. Die Skythen (Hirtennomaden aus den Steppen Südrusslands und der Ukraine) unterhielten Handelskontakte zu den griechischen Kolonien am Schwarzen Meer (s. S. 128f.).

Die wachsende Nachfrage nach Waren aus dem Römischen Reich führte zur Entstehung neuer *Oppida*, jener Siedlungen, die Cäsar in *De bello gallico*, seinem Bericht über die Eroberung Galliens, ausführlich beschreibt. Ein Stein- oder Erdwall umschloss die 30 bis 300 Hektar großen Strukturen mit Wohnhäusern, Lagerräumen und Werkstätten.

In Torfmooren bei Tollund und Grauballe (Dänemark) sowie in Lindow Moss (England) fand man außergewöhnlich gut erhaltene eisenzeitliche Moorleichen. Keine war eines natürlichen Todes gestorben, vielmehr scheint man sie geopfert zu haben. Die Kehle des Mannes von Grauballe war aufgeschlitzt, der Mann von Tollund wurde stranguliert und die Leiche des Lindow-Mannes wies Merkmale von beiden Tötungsformen auf. Im Magen des Mannes von Tollund fand man Reste von Gerste, Leinsamen, Knöterich, Ampfer und Kamille. In Hjortspring (Dänemark) legte man in einem Moor ein großes hölzernes Boot frei, dass vermutlich Krieger transportiert hatte und als Teil der Beute geopfert worden war. Moore, Teiche und Quellen galten im eisenzeitlichen Nordeuropa als heilige Stätten ◆

Klassisches Griechenland

Der Ionische Aufstand und die Perserkriege (499–435 v. Chr.) standen am Beginn der Klassischen Ära. Die griechischen Städte und Inseln in Asien erhoben sich mit Unterstützung von Athen gegen die Perser. Mehrfach versuchten Letztere erfolglos, den Aufstand niederzuschlagen. Aus den Kriegen ging Athen als einflussreichster Staat Griechenlands und eine der bedeutendsten Seemächte hervor. Das goldene Zeitalter Athens wurde jedoch durch den Peloponnesischen Krieg beendet, in dem Sparta 404 v. Chr. über Athen siegte. Wechselnde Bündnisse prägten das Bild bis zum Aufstieg der Makedonier unter Philipp II. (s. S. 98f.).

Im 5. Jahrhundert v. Chr. fühlten sich die Griechen einer Stadt, wie Athen oder Sparta, nicht aber einer Nation zugehörig, obwohl eine gemeinsame Sprache (regionalen Unterschieden im Alphabet zum Trotz) und Kultur sie verband. Die griechischen Stadtstaaten waren autonom und unabhängig. Heiligtümer, die mindestens seit dem 8. Jahrhundert v. Chr. als religiöse Zentren dienten, zeugen indes ebenso von der Existenz einer panhellenischen Identität wie die athletischen Spiele, die im Jahr 776 v. Chr. zu Ehren des Zeus erstmals in Olympia stattfanden und Wettkämpfern aus der gesamten griechischen Welt offen standen. Ähnliche Spiele wie die in Olympia wurden auch in Nemea, Delphi und Isthmia (bei Korinth) ausgetragen, wo man in den 1950er Jahren einen Tempel aus dem frühen 7. Jahrhundert v. Chr. freilegte. Einen besonderen Stellenwert in der panhellenischen Tradition nahmen Orakel wie das in Dodona, auf der Insel Delos, oder das in Delphi ein. Sie zogen Ratsuchende aus ganz Griechenland an. Viele Städte schickten regelmäßig Gesandte nach Delphi, um das Orakel zu befragen, bevor sie sich aufmachten, um neue Gebiete zu kolonisieren.

OBEN Der Parthenon, der Athenetempel auf der Akropolis, entstand während des goldenen Zeitalters.

Reiche Gaben

Stadtstaaten auf Sizilien, in Nordafrika, auf den griechischen Inseln und dem Festland bedachten die panhellenischen Heiligtümer mit reichen Gaben. Der griechische Historiker und Reiseschriftsteller Pausanias beschrieb im 2. Jahrhundert v. Chr. zahlreiche griechische Stätten detailliert. Sein Werk diente modernen Archäologen vielfach als Leitfaden. Einige Kunstwerke feierten sportliche Erfolge, etwa die Bronzestatue eines Wagenlenkers in Delphi. Sie gehörte zu einer großen Gruppe, die eines Sieges der Stadt Gela (Südsizilien) im Wagenrennen gedachte. Andere erinnerten an militärische Siege. Pausanias Überlieferungen zufolge wurde das Schatzhaus der

Athener in Delphi etwa mit der Kriegsbeute aus der Schlacht über die Perser bei Marathon (490 v. Chr.) erbaut. Französische Archäologen legten das Fundament eines Monumentes frei, das der gegen Xerxes geschlossene Städtebund (Symmachie) 480 v. Chr. errichtet hatte. Das Denkmal selbst, ein von Bronzeschlangen gestützter Kessel, wurde gegen Ende der Antike von Delphi ins Hippodrom von Konstantinopel gebracht, wo es heute noch steht.

Die Inschrift auf einem goldenen Becher aus Olympia belegt, dass eine Familie aus Korinth ihn nach der Plünderung einer griechischen Stadt stiftete. Der Zeustempel in Olympia barg eines der sieben Weltwunder der Antike, die Gold-Elfenbein-Figur des Zeus, ein Werk des Bildhauers Phidias, der eine ähnliche Statue der Athene für den Parthenon in Athen schuf. Leider hat sie die Jahrhunderte nicht überstanden, doch deutsche Forscher fanden den Platz, an dem sich die Werkstatt des Künstlers befunden hatte, angeblich sogar einen tönernen Becher mit der Inschrift „Ich gehöre Phidias“.

Die Blüte Athens

Athen, der größte der griechischen Stadtstaaten, dehnte sich über rund 2400 Quadratkilometer aus. Auf dem Gipfel seiner Macht, im 5. Jahrhundert v. Chr., lebten hier ca. 350 000 Menschen, darunter rund 50 000 Vollbürger (Männer über 18 Jahren aus Athener Familien). 508 v. Chr. begründete Kleisthenes die Demokratie (Regierung des Volkes) in Athen. Frauen und Sklaven blieben allerdings weiterhin von der Politik ausgeschlossen. Aufgrund seiner Vormachtstellung in Griechenland förderte Athen überall die Entstehung von Demokratien, doch existierten in den griechischen Stadtstaaten auch andere politische und soziale Systeme: in Sparta herrschte beispielsweise eine Oligarchie (kleine Eliteschicht) über eine große Masse rechtloser Sklaven.

Im Jahr 480 v. Chr. verwüsteten die Perser Athen. In der Folge entstanden zahlreiche Großbauten, die von Mitgliedern des Attischen Bundes finanziert wurden. Den Bundesschatz, den man zuvor im Apollontempel auf Delos aufbewahrt hatte, überführte man 454 v. Chr. nach Athen, um ihn vor persischen Angriffen zu schützen. Aus dem Baumaterial der zerstörten Häuser errichteten die Athener den Hafen von Piräus und eine elf Kilometer lange Mauer, um sich gegen ihre neuen Feinde, die Spartiaten, zu verteidigen. Auf der Akropolis entstanden im Laufe der Zeit neue Tempel, darunter ab 447 v. Chr. der Parthenon, die Propyläen, der Tempel der Athene Nike und das Erechteion.

Das politische Leben der Stadt spielte sich auf der Agora ab, dem Marktplatz und öffentlichen Zentrum Athens. Durch archäologische Grabungen konnte man die antike Agora mit dem Rathaus auf der Westseite rekonstruieren. Gerichtsgebäude und Stoen (lang gestreckte Säulenhallen) begrenzten die Agora im Norden und Süden. Vom Stadttor führte eine prächtige Prozessionsstraße für die Panathenäen (Feste zu Ehren der Athene) zur Akropolis ◆

OBEN Zwei große Gruppen, die Dorer im Westen und die Ionier im Osten, prägten entscheidend die griechische Kultur. Diese fand ihren besonderen Ausdruck in der Architektur, die sich in prachtvollen Tempeln und Gebäuden widerspiegelte. Der Zeustempel in Olympia und der Apollontempel in Delphi wurden im dorischen, der Heratempel auf Samos und das Artemisheiligtum in Ephesos im ionischen Stil erbaut. Später mischten sich die Stilrichtungen, z. B. bei Bauprojekten auf der Akropolis im 5. Jahrhundert v. Chr.

LINKS *Koren* (Standbilder bekleideter griechischer Jungfrauen) aus dem 6. und frühen 5. Jahrhundert v. Chr. fand man in großer Zahl auf der Akropolis. Diese Statuen wurden entweder nach der Zerstörung der Akropolis 480 v. Chr. oder während der darauf folgenden politischen Unruhen im Erdboden begraben. Sie waren ursprünglich farbig bemalt, wie zahlreiche Beispiele belegen. Ähnliche Skulpturen entdeckte man auch auf Samos, Paros und Aigina.

Der Hellenismus im Nahen Osten

Durch die ambitionierte Expansionspolitik Philipps II. (reg. 359–336 v. Chr.) stieg Makedonien, ein kleines Königreich am Rande der griechischen Welt, ab 338 v. Chr. zur Weltmacht auf. Philipp wurde jedoch ermordet, bevor er den geplanten Feldzug gegen Persien beginnen konnte, den sein Sohn, Alexander der Große (reg. 336–323 v. Chr.), schließlich durchführte. Dieser erwies sich als überaus erfolgreicher Stratege und begründete ein Reich, das sich von Griechenland bis zum Indus zog, Ägypten einschloss, nach Alexanders Tod jedoch in viele kleine Einzelstaaten zerfiel. Die hellenistischen Reiche im Nahen Osten verbanden griechische Kulturtraditionen mit höfischem Glanz und entschlossenem Militarismus. Später eroberten die Römer die meisten dieser Gebiete (s. S. 100f.).

In jüngerer Zeit fanden Archäologen heraus, dass es sich bei der Stätte Vergina im Norden Griechenlands um Aigai, die alte makedonische Hauptstadt, handelte. Ein Tumulus von 14 Metern Höhe und 110 Metern Durchmesser barg ein unberührtes Grab mit Bronzewaffen, Bronze- und Silbergefäßen, einer hölzernen Liege und zwei Marmorsarkophagen. Einer enthielt einen Schrein *(Larnax)*, der mit dem makedonischen Königssymbol verziert war. In einem weiteren Goldschrein umhüllte ein Stoff aus Gold und Purpur die verbrannten Knochen eines Mannes. Trotz aufwändiger Untersuchungen an Schädel und Skelett konnte bis heute nicht geklärt werden, ob es sich tatsächlich um die Gebeine Philipps II. handelt. Mit Sicherheit aber handelt es sich um ein Königsgrab aus der Mitte des 4. Jahrhunderts v. Chr., jener Zeit, in der Makedonien zur Weltmacht aufstieg.

Das Erbe Alexanders

Alexander der Große faszinierte schon seine Zeitgenossen. Sie verewigten seine Siege auf Bildern und Gefäßen. An den Kampf gegen die Armee des Darius bei Granikos erinnert beispielsweise eine Skulpturengruppe des Lysippos aus Sikyon, die später geraubt und auf dem Campus Martius in Rom aufgestellt wurde. Das berühmte „Alexandermosaik" aus dem Haus des Fauns in Pompeji zeigt die Schlacht bei Issos. Zu Lebzeiten Alexanders wurden Münzen geprägt, die ihn als griechischen Helden Herakles darstellten. Ähnliche Vergleiche finden sich auf Porträts, die nach seinem Tod entstanden, etwa auf dem Fries des Alexandersarkophags auf dem Königsfriedhof von Sidon (ca. 325–300 v. Chr.).

Nach Alexanders Tod zerfiel sein Reich nach heftigen Machtkämpfen. Ehemalige Feldherren (Diado-

OBEN Die Akropolis von Pergamon war vielleicht die schönste hellenistischen Stadt im Nahen Osten. Hier herrschte Attalos I. Soter, der im 3. Jahrhundert v. Chr. den Nordwesten Kleinasiens eroberte. Die Stadt erstreckt sich auf einem Berg, in dessen Flanke ein Theater gehauen wurde. Viele Monumente erinnern an die Siege des Attalos, darunter die Bronzeskulptur eines sterbenden Galliers, von der heute nur noch eine Marmorkopie erhalten ist (Rom, Kapitolinische Museen). Der berühmte Pergamonaltar (heute Pergamonmuseum, Berlin) ist mit einem Fries mit typisch hellenistischen Stilelementen verziert. Die Bibliothek von Pergamon war in der Antike die größte außerhalb Alexandrias.

Alexandria: Stadt der Ptolemäer

Alexandria im Nildelta war die bedeutendste nach Alexander dem Großen benannte Stadt der Antike und unter den Ptolemäern die größte griechischsprachige Stadt der Welt, ein Kulturzentrum, das sogar Athen übertraf. Heute liegen weite Teile von ihr unter dem modernen Alexandria begraben, doch im östlichen Hafenbereich fand man über 2000 antike Granitblöcke. Sie stammen vermutlich vom Pharos, dem 280 v. Chr. erbauten und im 14. Jahrhundert durch ein Erdbeben zerstörten Leuchtturm. Einige Skulpturen vom Meeresgrund säumten vermutlich die Basis des Pharos, darunter eine rosafarbene Kolossalstatue, die möglicherweise die Gemahlin eines Pharaos im Gewand der Isis zeigt, sowie das Torsofragment der Monumentalskulptur eines ptolemäischen Pharaos. Darüber hinaus wurden auf dem Meeresboden die Sockel von sechs verschiedenen Statuen gefunden, die die Vermutung nahe legen, dass mindestens drei Paare solcher Königsstatuen die ehemalige Hafeneinfahrt bewacht haben könnten. Einige dieser Statuen wirken umgearbeitet, darunter mehrere Sphingen aus der 26. Dynastie, der Zeit Psammetichs II. Taucher entdeckten im Osthafen auch Fundamente des Königspalastes der Ptolemäer ◆

OBEN TAUCHER MIT EINER SPHINX AUF DEM GRUND DES OSTHAFENS VON ALEXANDRIA.

RECHTS Nach dem Tod Alexanders zerfiel das Imperium in mehrere kleinere Reiche. Die neu eroberten Gebiete im Nahen Osten wurden zwischen den griechischen Königreichen der Seleukiden und der Ptolemäer aufgeteilt. Die Ptolemäer gründeten unter anderem Arsinoe in der Region von Argos im nordöstlichen Peloponnes, wo sie ausgedehnte Gebiete besaßen. Die Seleukiden festigten ihre Herrschaft über Kleinasien durch Neugründungen wie Antiochia.

chen) herrschten nun über Teilgebiete und gründeten Dynastien wie die Antigoniden (Makedonien), die Seleukiden (Syrien und Mesopotamien) und die Ptolemäer (Ägypten). Die hellenistischen Könige besaßen große Reichtümer und zogen griechische Künstler, Intellektuelle und Söldner an. Sie unterhielten große Armeen, die unter anderem mit Elefanten kämpften. Bildhauerei und Architektur jener Zeit zeichneten sich durch Komplexität, Üppigkeit und einen Hang zum Monumentalen aus. Unter anderem baute man in dieser Epoche den Artemistempel in Ephesos wieder auf. Die Ptolemäer verbanden bewusst griechische und ägyptische Traditionen. Sie förderten einheimische Kulte und betonten die religiöse Funktion des Pharaos. Eine wirkliche kulturelle Verschmelzung zwischen Griechen und Nichtgriechen fand allerdings hier genauso wenig wie andernorts statt.

Priene im Westen der Türkei wurde im 7. Jahrhundert v. Chr. gegründet und im 3. Jahrhundert v. Chr. wieder aufgebaut. Kaum eine andere Stätte lieferte so viele Informationen zur Stadtplanung und zum Alltag in der hellenistischen Zeit. Priene wurde nach dem Hippodamischen System auf einem terrassierten Hügel angelegt. Bei Grabungen fand man Reste der Agora, eines Athenetempels sowie anderer öffentlicher und privater Gebäude ◆

UNTEN 334 v. Chr. eroberte Alexander Anatolien und befreite die griechischen Küstenstädte von den Persern. Er zog an der Mittelmeerküste südwärts nach Ägypten und besiegte 331 v. Chr. die Perser. Es folgte ein sechsjähriger Feldzug nach Osten. Viele Neugründungen trugen Alexanders Namen.

Der Aufstieg des Römischen Reiches

Eine einzige Stadt, Rom, bildete das Machtzentrum eines riesigen Imperiums. Auf dem Palatin fand man Überreste einer früheisenzeitlichen Siedlung, doch der Übergang vom Dorf zur Stadt erfolgte unter den Tarquiniern im 6. Jahrhundert v. Chr. Sie bauten eine Kanalisation, die *Cloaca Maxima,* und legten so die Sumpfgebiete um den Tiber trocken. Während der römischen Republik (509–27 v. Chr.) eroberten die Römer Italien und weite Teile des Mittelmeerraums. Die Einwohnerzahl Roms erreichte fast die Millionengrenze. Einflussreiche Bürger warben durch große Bauprojekte um die Gunst des Volkes, eine Praxis, die die frühen Kaiser in noch größerem Maßstab fortsetzten. Augustus (27 v. Chr.–14 n. Chr.) reorganisierte die Provinzen, um sich die direkte Kontrolle über die eroberten Gebiete des Reiches zu sichern, dessen Expansion noch ein weiteres Jahrhundert anhalten sollte. Im 2. Jahrhundert erstreckte sich das Römische Reich von Schottland bis Ägypten und von Portugal bis Syrien.

OBEN Das Kolosseum, Roms größtes Amphitheater, wurde im ganzen Reich nachgeahmt.

Der Aufstieg Roms spiegelt sich in unzähligen archäologischen Funden wider. Römische Städte wie Wroxeter (Viroconium) in England, Coimbra (Conimbriga) in Portugal, St.-Rémy (Glanum) in Frankreich, Leptis Magna in Libyen, Korinth in Griechenland und Caesarea in Israel waren alle nach demselben Muster angelegt. Tempel, Gerichtsgebäude oder etwa Märkte wurden nach dem Vorbild des römischen Forums errichtet. Die römische Kunst und Kultur hielt überall Einzug, einerseits, weil die Kaiser Skulpturen oder Tempel zu Propagandazwecken gebrauchten, andererseits, weil die Oberschicht in den Provinzen sich römischen Sitten und Moden anzupassen versuchte. Durch den Bau von Aquädukten, Amphitheatern und öffentlichen Bädern erreichte die fortschrittliche römische Kultur auch die hintersten Winkel des Reiches. Selbst in Britannien, an der Nordgrenze des Imperiums,

Pompeji: eine Provinzstadt

Die Städte Pompeji und Herculaneum versanken beim Ausbruch des Vesuvs im Jahre 79 vollständig unter einer dicken Lapillischicht. Beide sind daher für die Erforschung der römischen Kultur von einzigartiger Bedeutung. Im 18. Jahrhundert grub man erstmals Tunnel in die Schicht und entdeckte Straßen, öffentliche Gebäude und Privathäuser einer typischen Provinzstadt des Römischen Reiches. Die plötzliche Eruption ließ den Bewohnern nur wenig Zeit, sich und ihre Habe in Sicherheit zu bringen. Man fand deshalb Schmuck, Haushaltswaren, Wachstafeln, Holzmöbel, Vorräte und sogar Gartenpflanzen. Einige Menschen wurden von Holzbalken erschlagen, andere erstickten an den giftigen Dämpfen oder verbrannten, als sie verzweifelt versuchten, den glühenden Lavamassen zu entkommen. Die Abdrücke, die ihre Körper in der heißen Asche hinterließen, sind heute noch sichtbar. Viele Häuser bargen unversehrte Fresken, die faszinierende Einblicke in den Alltag und den Geschmack der reichen Oberschicht gaben. Im Haus der Mysterien zeigen sie die Einführung einer Braut in die Dionysischen Mysterien. In anderen Gebäuden fand man Bronze- oder Marmorbilder der Besitzer. Eines zeigt beispielsweise eine Frau, Eumachia, deren Name auf einer Inschrift erscheint, die sie als Gönnerin des dortigen Fleischmarktes bezeichnet. Darüber hinaus erinnern Tausende von Graffiti auf Wänden an Gerüchte und Skandälchen, die den Alltag der einfachen Leute prägten ◆

LINKS DER GIPSABDRUCK ERINNERT AN EINEN MANN, DER BEI DER ZERSTÖRUNG POMPEJIS UMS LEBEN KAM.

UNTEN Der Aufbau des Römischen Reiches dauerte mehrere Jahrhunderte. Mitte des 3. Jahrhunderts v. Chr. beherrschte Rom Italien und Sizilien. Der Fall Karthagos im Jahre 202 v. Chr. ermöglichte die Eroberung weiter Teile Spaniens. Im 2. Jahrhundert v. Chr. dehnte sich das Reich nach Osten aus. In der Spätphase der Republik annektierten die Römer Gallien und Ägypten. Veteranenkolonien festigten den Einfluss Roms im Reich, das seine größte Ausdehnung im Jahre 117 unter Trajan erreichte.

schmückten die Menschen Gebäude mit Mosaikböden und Wandgemälden, die typisch römische Motive (z. B. Weinlaub, Tauben, Delfine, Szenen aus Mythen) zeigten, und errichteten öffentliche Bauten und Bäder mit Fußbodenheizung (Hypokausten).

Der östliche Mittelmeerraum

Während die Römer im Westen die urbane Kultur neu begründeten, fanden sie im Osten Städte vor, die seit Jahrhunderten existierten. 146 v. Chr. zerstörten die Römer die griechische Stadt Korinth, bauten sie aber 44 v. Chr. wieder auf. Grabungen an der Stätte förderten ein römisches Forum und eine große Zahl lateinischer Inschriften zutage, die belegen, dass die Oberschichten nahe gelegener Städte nach Korinth, in die Hauptstadt der römischen Provinz Achaia, abwanderten, weil sie dort den römischen Lebensstil am besten pflegen konnten. In Athen verwendete man dagegen ungeachtet der römischen Herrschaft weiter in erster Linie griechische Stilelemente und sprach Griechisch.

Im Osten ergänzten die Römer griechische Gymnasien, in denen junge Männer für Wettkämpfe trainierten, gelegentlich durch Bäder. Häufig wurden sie von hohen Beamten oder reichen Machthabern gestiftet, die auch die Spiele förderten. Selbst in einer Stadt wie Jerusalem versuchte man, römische Kulturelemente einzuführen. Archäologen entdeckten in einem im Jahre 70 zerstörten, reichen jüdischen Haus Hinweise auf ein römisches Theater, obgleich öffentliche Aufführung dieser Art sich nicht mit dem jüdischen Glauben vertrugen ◆

Kommunikation und Handel

Ein hoch effizientes Netz von Verkehrswegen verband Rom mit den Provinzen und erleichterte die Verwaltung: Aus der Korrespondenz des berühmten Rhetorikers Cicero, der gegen Ende der Republik Prokonsul von Kilikien im Südosten der Türkei war, geht hervor, dass er nur jene Städte aufsuchte, die er leicht erreichen konnte. Die ältesten Straßen, die während der Eroberungskriege in Italien entstanden, trugen maßgeblich zur Festigung der Herrschaft bei. Später baute und unterhielt das Heer die Wege, über die man Garnisonen in den entlegensten Teilen des Reiches von der Grenze zu Parthien bis nach Britannien versorgte. Meist führten die Straßen auf direktem Weg über flaches Terrain. In Bergregionen, etwa in der Türkei, legte man sie so an, dass sie bei jeder Witterung begehbar blieben.

Mit der Ausdehnung des Reiches nahm auch das Handelsvolumen zu, galt es doch, die Bevölkerung mit Nahrung und Luxusgütern aller Art zu versorgen. Zu Beginn der Kaiserzeit musste allein Rom pro Jahr 400 000 Tonnen Getreide importieren. Es stammte zum größten Teil aus Ägypten, Nordafrika und Sizilien, denn es war billiger, große Mengen zu verschiffen, als sie per Ochsenkarren aus dem römischen Hinterland in die Stadt zu schaffen. Anfang des 1. Jahrhunderts kam es mehrfach zu Katastrophen, weil Schiffe zerstört wurden, bevor sie ihre Fracht in Ostia, Roms Hafen an der Tibermündung, löschen konnten. Mehrere Kaiser, darunter Claudius, Nero und Trajan, verbesserten und erweiterten Hafenanlagen und Lagerstätten. Auch an anderen Orten errichteten die Römer Schutzhäfen. Die Stadt Korinth, die an strategisch wichtiger Position auf einer schmalen Landbrücke zwischen dem griechischen Festland und dem Peloponnes lag, erhielt zwei der größten Häfen des Reiches, nämlich Cenchreae am Golf von Korinth mit Zugang zum adriatischen Meer und Lechaeum am Saronischen Golf für Schiffe mit Kurs nach Osten. Unter Nero versuchte man sogar, einen Kanal durch den Isthmus zu graben, musste die Arbeiten jedoch aufgeben. Einen ebenso großen, zum Teil versunkenen Hafenkomplex fanden Forscher in Caesarea im Nordwesten von Israel. Herodes der Große hatte den Hafen im 1. Jahrhundert v. Chr. erbaut und nach dem römischen Diktator benannt.

UNTEN Geblasene Glasgefäße aus italienischen oder südeuropäischen Werkstätten des 1. Jahrhunderts. Die Technik der Glasbläserei wurde im 1. Jahrhundert v. Chr. vermutlich in Syrien erfunden und gelangte in Italien zur Vollendung, wo Handwerker auch die Kameenglastechnik zu einer eigenständigen Kunstform entwickelten. Glasgefäße waren als Luxusgüter bei den Römern sehr beliebt (Beispiele finden sich auf Fresken in Pompeji). Innerhalb und außerhalb des Reiches trieb man mit ihnen Handel. Bei Grabungen in Köln fanden Archäologen Spuren einer Glasbläserei aus dem Jahr 50. Glasgefäße aus dem Rheinland verkauften die Römer an Germanenstämme jenseits des Limes.

Römische Wracks

Unterwasserarchäologen identifizierten zahlreiche Wracks vor der südfranzösischen Küste. Sie enthielten römische Amphoren für den Transport von Wein, Olivenöl und gesalzenen Fisch. Die Schiffe kamen überwiegend aus Spanien, Nordafrika, der Toskana und Kampanien. Forscher ordneten die Amphoren nach bestimmten Typen und konnten in einigen Fällen sogar die Herkunft feststellen. Ein vor Marseille (Grand Conglue) gesunkenes Wrack barg zum Beispiel spätrepublikanische Amphoren vom Typ „Dressel 1" mit dem Stempel „Sextius". Sie stammten aus einem Gut bei Ansedonia (Cosa) in der Toskana und enthielten vermutlich Fisch, denn bei Grabungen in Cosa entdeckte man die Werkstatt, welche die Gefäße hergestellt hatte, sowie Vorrichtungen zur Verarbeitung von Fisch und Fischbehälter.

1999 stieß man im versandeten römischen Hafen von Pisa auf neun gut erhaltene Schiffe aus dem 2. Jahrhundert v. Chr. bis 5. Jahrhundert n. Chr. Von Untersuchungen zur Bauweise und Fracht erhoffen die Wissenschaftler sich neue Erkenntnisse über Handel und Seefahrt im Römischen Reich.

Hohe Gewinne

Die Einwohner Roms und anderer Städte des Reiches benötigten ungeheure Mengen von Gütern. In Rom erinnert ein großer Berg von Amphorenscherben, der Monte Testaccio, an den antiken Handel mit Olivenöl. Die Oliven

RECHTS Metall, Gefäße und Nahrung (Korn, Öl, Wein) kamen aus dem ganzen Reich nach Rom oder wurden in die Provinzen gebracht, um Garnisonen zu versorgen, die sich zu wichtigen Grenzhandelsposten entwickelten. Die meisten Güter wurden über das Meer oder auf Flüssen wie Rhein und Donau verschifft.

stammten überwiegend aus Nordafrika, wo man in jünger Zeit Überreste großer Ölmühlen fand. Besonders die Oberschicht der Städte profitierte vom Ölhandel. Zu ihr gehörte auch die Familie von Kaiser Septimius Severus (reg. 193–211), der später seine Heimatstadt Leptis Magna mit einem neuen Forum und einer Basilika ausstattete.

In Britannien und Gallien konzentrierte sich der Handel nicht im gleichen Maße auf die Städte. Hier entwickelten sich vor allem Landhäuser (Villen) zu großen, nahezu eigenständigen Gütern ◆

OBEN Das Fresko zeigt Landarbeiter vor einem Landgut im nördlichen Gallien.

Die Grenzen des Reiches

Rom verdankte seinen Aufstieg einer Mischung aus Kriegsglück, Eroberungswillen und geschickter Strategie. Mit Feldzügen sicherten und erweiterten die Römer ihr Gebiet, durch neue Eroberungen kamen Güter und Sklaven in die Stadt, und überdies gelangte man durch militärische Erfolge am schnellsten zu Macht und Ansehen. Nach der Niederlage in der Varusschlacht im Jahre 9 n. Chr. setzte Augustus die Unterwerfung Germaniens nicht fort, doch seine Nachfolger unternahmen weitere Kampagnen. Erst Hadrian (reg. 117–138) errichtete in Britannien und Germanien feste Grenzen.

Nachdem Hadrian im Jahre 121 die Garnisonen des Reiches inspiziert hatte, beschloss er den Bau einer steinernen Mauer als Grenzbefestigung in Britannien. Bei neueren Ausgrabungen an der vorhadrianischen Festung Vindolanda im Süden des späteren Walls fand man Hinweise auf einen Palast, den man möglicherweise für den Aufenthalt des Kaisers errichtet hatte.

Der Hadrianswall zog sich über insgesamt 113 Kilometer von einer Küste zur anderen durch Nordengland. Die fünf Meter hohe und 2,5 Meter dicke Mauer gehört zu den eindrucksvollsten vollständig freigelegten römischen Überresten in Westeuropa. Am besten blieb der mittlere Abschnitt erhalten, der am Rand eines Kalksteingebirges errichtet wurde. Er war ursprünglich weiß gestrichen, damit man ihn von weitem gut erkennen konnte. Unabhängig vom Terrain befanden sich jeweils im Abstand von einer Meile Wachtürme, Festungen oder Tore in der Mauer.

In Vindolanda entdeckte man gut erhaltene hölzerne Schreibtafeln und Holzscheiben mit Nachrichten. Dieses einzigartige Archiv wirft ein faszinierendes Licht auf das Leben der Soldaten an der Nordgrenze des Reiches. Einige Briefe enthielten Informationen über die Entsendung von Truppen und Nachschub, andere gaben Auskunft über persönliche Angelegenheiten, etwa die Einladung zur Geburtstagsfeier der Frau des benachbarten Garnisonskommandanten.

Die Rhein-Donau-Grenze

Zu den am härtesten umkämpften Regionen des Reiches gehörte das Gebiet zwischen Rhein und Donau. Ende des 1. Jahrhunderts gelang es den

OBEN Die Festung Masada (Israel) wurde nach dem Jüdischen Aufstand im Jahre 66 von den Römern belagert. Sie legten einen durch Mauern verbundenen Festungsring an, um einen Ausbruch und die Versorgung mit Lebensmitteln zu verhindern. Der Aufwand, den die Römer mitten in der Wüste betrieben, zeigt, dass sie in der gefährdeten Grenzregion Aufstände um jeden Preis niederzuschlagen versuchten. Schließlich bauten sie eine Belagerungsrampe bis zur Stadtmauer, die noch heute den bequemsten Zugang bildet. Der jüdische Historiker Josephus berichtet, dass die Eingeschlossenen kollektiven Selbstmord begingen, ehe die Römer die Mauer durchbrachen. Die Festung diente ursprünglich Herodes (40–4 v. Chr.) als Residenz. Bei Ausgrabungen fand man Reste von Gebäuden mit Gemälden im römischen Stil.

Hoxne: ein vergrabener Silberhort

Anfang des 4. Jahrhunderts zerfiel das Römische Reich in eine Ost- und eine Westhälfte. Im Westen verlor der Kaiser an Macht. Das unsichere Leben in den Provinzen führte dazu, dass reiche Bürger Gold- und Silbermünzen vergruben. Zu den größten dieser im Osten Englands während der letzten beiden Jahrhunderten der römischen Besatzung vergrabenen Schätze gehört ein Hort mit rund 200 Gold- und Silberobjekten und 14 865 Münzen, den Bauern 1992 beim Ackern in Hoxne, Suffolk, entdeckten. Der ehemalige Besitzer hatte die zwischen 408 und 450 vergrabenen Stücke zunächst mit Stroh und Stoff umwickelt und sie dann in eine hölzerne Truhe gelegt. Mindestens 24 Objekte weisen christliche Symbole oder Inschriften auf. Ein spätrömischer Hort aus Water Newton, Cambridgeshire, enthielt ebenfalls mit dem Christentum assoziierte Silbergegenstände, z. B. Teile eines Abendmahlgeschirrs ◆

OBEN DER SILBERTIGER (15,9 CM LANG) AUS DEM HORT VON HOXNE, SUFFOLK, ZIERTE VIELLEICHT EINST EIN GROSSES GEFÄSS.

Römern durch Feldzüge, die Grenze bis jenseits der beiden Flüsse zu verschieben. Hadrian befahl auch hier den Bau einer festen Grenze *(Limes)*, die aus einer später durch Festungen und Wachtürme ergänzten Holzpalisade bestand. Sie begann südlich von Bonn (Bonna) am Rhein und zog sich bis westlich von Regensburg (Castra Regina) an der Donau. Veteranensiedlungen an der Grenze begünstigten die Gründung von Städten und förderten den Handel in der Region, so dass bald *Vici* (Dörfer) neben den Garnisonen entstanden. Als im 3. und 4. Jahrhundert feindliche Übergriffe zunahmen, befestigte man die Städte und Brücken an Rhein und Donau.

Zur gleichen Zeit verübten Angelsachsen aus Nordeuropa verstärkt Angriffe auf wohlhabende Siedlungen im Südosten Britanniens und im Norden Galliens, wo es nur wenige römische Garnisonen gab. Um die von Norden einfallenden Truppen zu bekämpfen, errichteten die Römer Lager für Einsatztruppen und zogen Mauern um einige Städte ◆

OBEN UND RECHTS An umkämpften Grenzen errichteten die Römer Wälle *(Limes)*, die eine Straße und Befestigungsanlage umfassten. In Festungsstädten hinter der Grenzlinie – z. B. Chester und York in Britannien, Köln, Mainz und Straßburg in Germanien – stationierten sie Truppen. In Britannien ließ Antoninus Pius ein Stück nördlich des Hadrianswalles den Antoninuswall bauen, möglicherweise in erster Linie, um die Gunst der Römer zu gewinnen. Bald schon zogen sich die Soldaten hinter den Hadrianswall zurück. Außerhalb von Britannien und Germanien lagen die stärksten Befestigungen im Osten. Ein Netz von Straßen und Forts sollte vor Übergriffen der Parther und Sassaniden schützen.

Zentral, Süd- & Ostasien

Die traditionellen Gesellschaften Asiens haben sich stets intensiv mit ihrer Geschichte beschäftigt. Als im Jahr 1079 ein heftiger Sturm bei Anyang weite Teile der alten Hauptstadt der Shang-Dynastie ans Tageslicht brachten, begannen sich die Chinesen für ihre Vergangenheit zu interessieren und Kunstwerke früherer Zeiten zu katalogisieren. Ähnlich den Chinesen begannen im 17. Jahrhundert auch die Japaner, historische Stätten zu untersuchen, Jadeschmuck zu sammeln und alte Gräber freizulegen.

Wie in vielen Teilen der Welt versuchte man auch in Asien häufig, Überbleibsel vergangener Zeiten bestimmten Mythen zuzuordnen. Die Megalithen *(Pandavaragudigallu)* Südindiens etwa schrieben die Menschen den Pandavas, Helden der legendären Kämpfe aus dem altindischen Epos *Mahabharata* zu. Alten, zufällig entdeckten Artefakten sollten übernatürliche Kräfte innewohnen – in indischen Schreinen verehrte man Steinäxte, und Orakelknochen, die ältesten schriftlichen Quellen Chinas, galten lange als Drachenknochen. Doch schon zu einem sehr frühen Zeitpunkt versuchten Philosophen und Geschichtsschreiber auch, Mythos und Geschichte zu trennen. Unter der Zhou-Dynastie (475–221 v. Chr.) gliederte einer von ihnen die Vergangenheit in die Stein-, Jade-, Bronze- und Eisenzeit.

Chinas lange geschichtliche Tradition begann mit der wahrscheinlich 1766 v. Chr. gegründeten Shang-Dynastie und der Han-Dynastie (206 v. Chr.–220 n. Chr.). Ethnographische Berichte aus benachbarten Gebieten in Süd- und Zentralasien ergänzen die chinesischen Funde und Quellen aus jener Zeit. In Indien stammen die frühesten historischen Zeugnisse aus der Zeit des Buddha im 5. Jahrhundert v. Chr. Vor etwa 1500 Jahren zogen chinesische Pilger durch die zentralasiatischen Wüsten und überquerten die Meere Südostasiens, um die heiligen Stätten aufzusuchen, welche der indische Herrscher Ashoka (3. Jh. v. Chr.) an den Wirkungsstätten Buddhas errichtet hatte. Ihre Reisebeschreibungen dienten den Gelehrten, die im 19. Jahrhundert das kulturgeschichtliche Erbe der Region zu erforschen begannen, als Leitfäden.

Ab dem 16. Jahrhundert kamen verstärkt europäische Kaufleute, Beamte, Soldaten und Abenteurer nach Südostasien. Sie konnten sich nicht vorstellen, dass die Vorfahren der in Asien lebenden Völker Monumente wie die westindischen Tempel oder die Türme von Angkor in Kambodscha geschaffen hatten und schrieben sie zunächst Alexander dem Großen oder den wandernden Stämmen Israels zu. Häufig entsetzten sie sich über die „schamlosen" Skulpturen an indischen und südostasiatischen Tempeln. „Wer sie betritt… bekommt eine Gänsehaut, denn sie sind so furchtbar", schrieb im 16. Jahrhundert beispielsweise der portugiesische Arzt Garcia da Orta über die Felsentempel bei Bombay (heute Mumbai).

Antikenhändler und Altertumskundler

Die antiken Baudenkmäler im Iran stießen bei den Abendländern auf größeres Verständnis, denn die Geschichte des persischen Reiches war aus klassischen Quellen bekannt. Der italienische Reisende Pietro della Valle entdeckte 1621 eine 413 Zeilen umfassende Inschrift am Felsmassiv von Bisutun im Westen des Iran und kopierte sie. Später erkannte man, dass es sich um eine dreisprachige Inschrift von Dareios I. in altpersischer, elamischer und babylonischer Keilschrift handelte. Der englische Assyrologe und Diplomat Henry Creswicke Rawlinson (1810–95) entzifferte in den 1830er Jahren schließlich die altpersische Schrift und die babylonische Keilschrift und interpretierte den Text.

In Indien gründete Sir William Jones, ein britischer Orientforscher und Jurist, 1784 die Bengalisch-Asiatische Gesellschaft. Als Erster wies er auf einen möglichen gemeinsamen Ursprung des Sanskrit (der klassischen Literatursprache Indiens), des Griechischen, Lateinischen, Germanischen und Persischen hin. In den nachfolgenden Jahrhunderten legten Mitglieder der Asiatischen

ca. 60000 (?) – 40000 J.v.h. Moderner Mensch in Australien

Regionaler Zeitstrahl

ca. 1,8–1,5 Mio. J.v.h. *H. erectus* in Longgupo (China) und auf Java

ca. 400000 J.v.h. *H. erectus* in Zhoukoudian (China)

100000 J.v.h.

ca. 53000–27000 J.v.h. Später *H. erectus* (?) in Ngangdong (Java)

ca. 40000 J.v.h. *Homo-sapiens-*Schädel, Niah-Höhle (Borneo)

ca. 12000 J.v.h. Weltälteste Tongefäße in Japan (Fukui-Höhle)

10000 J.v.h.

ca. 9000 J.v.h. Reisbau in Pengtoushan (China)

ca. 8000 J.v.h. Keramik in Mehrgarh (Pakistan)

OBEN Frühe europäische Reisende empfanden die altindische Architektur oft als abstoßend. Dieser Felsentempel steht in Ellora, Zentralindien.

OBEN LINKS Dieses radförmige Bronzeartefakt (85 cm Durchmesser) wurde an einer Opferstätte in Sanxingdui, China (1200–1000 v. Chr.), ausgegraben.

Gesellschaft zahlreiche Kulturdenkmäler frei, entzifferten Inschriften, untersuchten Münzen, Kunstwerke und Gebäude und entschlüsselten Kharoshti und Brahmi, zwei Schriften, in denen Ashoka (273–232 v. Chr.) Säulenedikte und Inschriften, die frühesten klassischen Texte Indiens, verfasst hatte.

Die indischen Megalithen gehörten zu den ersten Monumenten des Subkontinents, welche die Aufmerksamkeit der Altertumskundler weckten. Sie erinnerten an europäische Dolmen und lösten Spekulationen über die Kultur aus, die sie hervorgebracht hatte. Lange hielt man sie für Gräber und Altäre einer „keltisch-skythischen Rasse". Funde römischer Münzen im Süden des Kontinents erstaunten weit weniger, denn man wusste, dass bereits 2000 Jahre zuvor ein ausgedehntes Handelsnetz existiert hatte. In den 1840er Jahren untersuchten Briten die Amaravati-Stupa und brachten zahlreiche Skulpturen ins Britische Museum. Dadurch stieg das Interesse an der buddhistischen Kunst und Architektur, das in den 1850er Jahren durch die Entdeckung der griechisch und persisch inspirierten Kunst im Nordwesten Indiens neue Nahrung erhielt.

Der Indian Archaeological Survey

Wie in anderen Teilen der Welt wurden auch in Indien viele antike Überreste geplündert und zerstört, darunter die kostbaren Fresken der Höhlen von Ajanta. Um 1870 begann der *Indian Archaeological Survey* (Indisches Forschungsinstitut für Archäologie) das indische Kulturerbe zu klassifizieren und zu pflegen. Damals glaubten viele Archäologen, Indien habe zur Zeit der frühen Kulturen Ägyptens und Mesopotamiens kulturell keine Rolle gespielt. Ende des 19. und Anfang des 20. Jahrhunderts fanden französische Forscher

ca. 4000–3450 J.v.h. Minoische Kultur auf Kreta

ca. 2200–1300 J.v.h. Teotihuacán (Mexiko)

ca. 3700 J.v.h. Shang-Dynastie in China

ca. 3500 J.v.h. Bronzearbeiten in Thailand

ca. 4000 J.v.h. Industalkultur; Bronzebearbeitung in Erlitou (China)

ca. 2400 J.v.h. Steppennomadengräber im Altai-Gebirge

ca. 2500 J.v.h. Achämenidenherrschaft auf der iranischen Hochebene

ca. 2200 J.v.h. Terrakotta-Armee in Xian (China)

ca. 2250 J.v.h. Blüte der Maurya-Dynastie unter Ashoka

ca. 1600–1200 J.v.h. Kofunzeit, Japan

ca. 2000 J.v.h. Frühe koreanische Reiche; Kuschan beherrschen Seidenstraße

4000 J.v.h. | 2500 J.v.h. | 2000 J.v.h.

jedoch in Tepe Sialk und Susa Hinweise auf elamitische Siege über mesopotamische Städte. Nun erkannte man die Bedeutung der iranischen Hochebene während des 3. und 2. Jahrtausends v. Chr. Als 1924 Sir John Marshall (1876–1958) im Auftrag des *Archaeological Survey* in Mohenjo-Daro Grabungen durchführte, begriffen die Wissenschaftler endlich auch, dass sich hier die Wiege vieler sumerischer Kulturelemente befand und gestanden Indien den Rang zu, der dem Land gebührte. 1944 begann unter Leitung des britischen Archäologen Sir Mortimer Wheeler eine Kampagne in Harappa. Wheeler machte sich vor allem einen Namen, weil er neue Grabungstechniken und Paradigmen zur Klassifizierung der Funde entwickelte und einen chronologischen Rahmen schuf, der die Vorzeit mit umfasste.

Zentral- und Ostasien

Auch in Zentral- und Ostasien führten neue Grabungstechniken zu unerwarteten Ergebnissen. Zwischen 1902 und 1904 leiteten Schmidt und Pumpelly eine Kampagne in den Anau-Bergen in Turkmenistan. Spezialisten untersuchten Überreste von Pflanzen, Tieren und Menschen, auch richtete man die Aufmerksamkeit gezielt auf Artefakte und ihre präzise Lage. Anfang des 20. Jahrhunderts leitete Aurel Stein vier größere Expeditionen in Turkestan und Zentralasien, um die antiken Karawanenstrecken von Europa nach China zu erkunden und förderte dabei archäologische Schätze an der Seidenstraße zutage. Unter anderem fand er herrliche und aufgrund des trockenen Klimas gut erhaltene buddhistische Seidenbanner, wertvolle Manuskripte in zahlreichen Sprachen und Zeugnisse von chinesischen Beamten, die unter der Han-Dynastie auf Außenposten entlang der Seidenstraße die Stellung hielten.

In Japan gründete Hamada Kosaku im Jahre 1913 in Kyoto die erste Altertumsabteilung. Nachdem die Japaner 1911 Korea annektiert hatten, führten sie auch dort archäologische Grabungen durch, bei denen prähistorische Dolmen, goldene Begräbniskronen der Silla und Hinterlassenschaften der chinesischen Herrschaft ans Tageslicht kamen. 1877 fand Edward Morse Keramiken der japanischen Jomon-Zeit, die mit einem Dekor aus eingedrückten Kordeln und anderen Textilstrukturen verziert waren. Man schrieb sie zunächst den Vorfahren der auf Hokkaido ansässigen Ainu zu, erkannte jedoch in den 1930er Jahren, dass es sich um Überreste aus dem japanischen Neolithikum handelte.

In China führte die neu gegründete Chinesische Akademie der Wissenschaften *(Academia Sinica)* 1928 erste Grabungen in Anyang, der Hauptstadt der Shang-Dynastie, durch. Bereits einige Jahre zuvor war der schwedische Geologe J. Gunnar Andersson (1874–1960) in Yangshao auf Überbleibsel einer jungsteinzeitlichen Siedlung gestoßen. 1929 fand er in der heute weltberühmten Zhoukoudian-Höhle noch deutlich ältere Überreste von Pekingmenschen. 1887 waren auf Java bereits ähnliche Skelette aufgetaucht, doch erst jetzt ordnete man die Hominidenknochen der altsteinzeitlichen Menschenform *Homo erectus* zu.

LINKS Archäologen vermessen und beschreiben die Soldaten und Pferde der Terrakotta-Armee vor deren Restaurierung. Bauern, die einen Brunnen bohrten, entdeckten die Anlage mit der Armee 1974 durch Zufall.

OBEN Das um 1880 aufgenommene Foto zeigt Arbeiter beim Wiederaufbau der Großen Stupa in Sanchi. Stupas waren ursprünglich Grabhügel mit Relikten von Buddhas. Ashoka ließ eine der Stupas von Sanchi errichten.

Zu den aufsehenerregendsten Funden der jüngeren Zeit gehörten die lebensgroße Terrakotta-Armee des ersten Qin-Kaisers von China und die Gräber von Steppennomaden im zentralasiatischen Altai-Gebirge. Letztere musste das Team um Sergej Rudenko (1885–1969) mit kochendem Wasser auftauen, doch die schwierigen Grabungsbedingungen wurden durch den hervorragenden Zustand der in eisiger Kälte perfekt erhaltenen Grabbeigaben (Seide, Leder, Holz, Textilien und Zaumzeug) wettgemacht.

Die Ursprünge der Landwirtschaft

Seit den 1950er Jahren ließen sich viele Funde mit Hilfe der C-14-Methode und anderer absoluter Datierungstechniken chronologisch einordnen. Dadurch entstand ein wesentlich klareres Bild von der Entwicklung des Menschen und der frühen Kulturen. Viele Archäologen interessieren sich besonders für Beginn und Ursprung der Landwirtschaft. Grabungen, die in den 1950er Jahren in Banpo, einer Siedlung (um 5000 v. Chr.) am Gelben Fluss durchgeführt wurden, brachten erste Erkenntnisse zu Chinas frühen Hirsebauern. Heute weiß man, dass an einigen Stätten in Nordchina bereits im 7. Jahrtausend v. Chr. Ackerbau betrieben wurde. Am Yangtze Kiang entdeckte man Reisbauernsiedlungen aus derselben Zeit. In Südasien entstanden die ersten bäuerlichen Gemeinschaften erst im 5. Jahrtausend v. Chr., also mehrere tausend Jahre später als in Westasien und im südlichen Zentralasien. In Mehrgarh (Pakistan) stieß man in den 1970er Jahren auf frühneolithische Reste von Ackerbaugemeinschaften aus dem 7. Jahrtausend v. Chr. ◆

Jomon-Fundstelle mit Muschelhaufen
andere Jomon-Fundstelle
Chulmun-Fundstelle
Obsidian oder Grünstein-Vorkommen in Japan
frühester Nachweis des Fischfangs in Japan
Vegetationszonen
gemischter Laub- und Nadelwald
kühl gemäßigter/subborealer Laubwald
warm-gemäßigter Nadelwald
Trockensteppe
0
200 km
0
150 Meilen
CHANGBAI-GEB.
NANGNIM-GEB.
TAEBAEK-GEB.
SOBAEK-GEB.
Tumen
Yalu
Chongchon
Taedong
Imjin
Nördl. Han
Südl. Han
Naktong
Odong
Unggi
Musan
Najin
Sopohang
Nongpodong
Misong-ni
Sinam-ni
Sejung-ni
Bucht von Korea
Kumtalli
Namgyong
Chonghori
Kungsan
Chitamni
Osanni
Kyodong
Naepyongni
Katunji
Yongjilli
Choji-ri
Si Do
Ui Do
Amsadong
Misari
Soyo Do
Hupori
Gelbes Meer
Hyuamni
Kunsan
Sonyu Do
Taehang-ni
Kyehwa Do
Imbul-li
Sugari
Tongnae
Shinamni
Tadaepo
Cho Do
Yondae Do
Yongsandong
Tongsamdong
Taehuksan Do
Song Do
Sangnodae Do
Sandal Do
Sohuksan Do
Tsushima-Inseln
Orali
Cheju Do
Japanisches Meer
Oki-Inseln
Sado
Honshu
Shikoku
Kyushu
PAZIFISCHER OZEAN
Izu-Inseln
Osumi-Archipel
Tokara-Inseln
Chishimakotan
Kiusu
Ishikari
Usu 10
Toyosaki
Saibezawa
Hamanasu
Sawada
Kamegaoka
Ishigami
Ipponmatsu
Sannai Maruyama
Oyu
Daimyojin
Shirazuka
Satohama
Ondashi
Arayashiki
Arai Uehara
Maeda
Umataka
Shinano
Mawaki
Asahi
Kushida
Chikamori
Chojagahara
Okinahara
Fudodo
Sakuramachi
Yaze
Negoyadai
Ogushi
Terano Higashi
Tone
Togariishi
Kayano
Nakazato
Akyu
Shakado
Kasori
Sakai
Katsusaka
Omori
Natsushima
Kamo
Torihama
Katsurami
Biwa-see
Kamigamo
Nagaoka
Kitashirakawa
Nakanishi
Sanmai
Shijimizuka
Tenryu
Taishakkuyo-Schlucht
Satogi
Tsukumo
Funatsubara
Hikozaki
Funamoto
Hayashi-Bojiro
Morizaki
Iwanogawa
Kami Kuroiwa
Hirajo
Kitagawa
Miyata
Tenjinbashi
Fukui-Höhle
Nabatake
Senpukuji-Höhle
Sozudai
Todorogi
Adaka
Sobata
Nakao
Uenohara
Hirakawa
Kakoinohara
Kaminakadan

LINKS Als vor ca. 10 000 Jahren neue Wälder, Flüsse und Küstenregionen entstanden, wurden die Jäger und Sammler Ostasiens sesshafter. Sie verfügten nun das ganze Jahr über Meeresfrüchte und lernten, pflanzliche Kost zu konservieren. In den subtropischen bis subborealen Regionen des japanischen Archipels gründeten die Wildbeuter erste Siedlungen. Handelsrouten für Waren wie Grünstein und Obsidian führten über Flüsse und Berge und an den Küsten entlang. An vielen Jomon-Stätten entdeckte man Einbäume, mit denen die Menschen nicht nur reisten, sondern auch die Ressourcen des Meeres nutzten.

OBEN LINKS Vor 11 000 bis 2000 Jahren lebten auf den japanischen Inseln Wildbeuter, die Tongefäße mit charakteristischem Dekor herstellten. Mittlerweile unterscheiden japanische Archäologen mehr als 70 Gefäßtypen, die von der Kreativität der Produzenten zeugen. Die ältesten Gefäße nutzte man zum Zubereiten von Nahrung. Nun konnten die Menschen auch bis dahin ungenießbare Pflanzen und Meeresfrüchte essen. Im Laufe der Zeit entstanden neue Formen, darunter Gefäße zum Anrichten und Verzehren von Mahlzeiten. Vor ca. 5000 Jahren kamen Keramiken mit breitem, reich geschmücktem Rand auf. Diese Verzierungen ergänzten das für die Jomon-Kultur typische Kordeldekor.

Wildbeuter in Ostasien

Der Klimawandel am Ende der letzten Eiszeit veränderte die Umwelt und die Formen des menschlichen Zusammenlebens in Ostasien genauso tief greifend wie in Europa (s. S. 54f.). Durch den Anstieg des Meeresspiegels wurden weite Küstengebiete überflutet. Nun lagen die Landbrücken unter Wasser, welche ehemals die japanischen Inseln mit dem Festland verbunden hatten. Wälder ersetzten die Tundra des Pleistozäns und boten den Menschen neue Möglichkeiten. Sie folgten nun nicht mehr Rentier- und Büffelherden, sondern jagten Wildschweine und Hirsche, sammelten Nüsse und Beeren und fingen Fische und andere Meerestiere. Bemerkenswert ist, dass die Menschen in Ostasien bereits lange vor der Ausbreitung der Landwirtschaft wussten, wie man Tongefäße herstellte und benutzte.

Muschelhaufen, große Ansammlungen zerkleinerter Muschelschalen, bergen oft wertvolle Informationen. Einige besonders große Muschelhaufen befinden sich in Japan. In Kasori (Honshu) nutzten die Bewohner einen solchen urzeitlichen Abfallhaufen über 2000 Jahre lang. Heute bildet er eine niedrige Erhebung von rund hundert Metern Durchmesser. Ganz offensichtlich gehörten Muscheln zu den wichtigen Nahrungsquellen, auch aßen die Menschen Fische wie Lachs und Forellen, die zu bestimmten Zeiten des Jahres in großen Mengen verfügbar waren. In Mawaki an der Westküste von Honshu fing man Delfine, in Sopohang und Tongsamdong auf der koreanischen Halbinsel stieß man auf Überreste von Walen und Seelöwen.

Früher Gebrauch von Tongefäßen

Die Muschelhaufen zeugen auch vom frühen Einsatz von Gefäßen. Die ältesten Keramiken der Welt (um 10 700 v. Chr.) stammen aus der Fukui-Höhle (Kyushu). Neue Entdeckungen in Nordjapan und an der Ostküste von Sibirien belegen, dass Gefäße zu einem sehr frühen Zeitpunkt und in einem großen Gebiet mit unterschiedlichen Vegetations- und Klimazonen hergestellt wurden. Die typische Jomon-Keramik der Wildbeuter des japanischen Archipels (um 10 000–400 v. Chr.) zeichnet sich durch einen Dekor aus Kordeln und Textilfasern aus, die die Töpfer vor dem Brennen in den weichen Ton drückten. Die Chulmun von der koreanischen Halbinsel (um 6000–2000 v. Chr.) verwendeten Gefäße mit ähnlichen Verzierungen, ebenso die Wildbeuter an der Südküste Chinas und auf Taiwan.

In der Regel gilt der Gebrauch von Keramik als Hinweis auf Sesshaftigkeit, denn beim Transport brachen die Tongefäße leicht in Stücke. In Ostasien konnten die Wildbeuter dank der Fülle natürlicher Ressourcen in den Küstengebieten und den Wäldern im Landesinnern längere Zeit an einem Ort bleiben. Offensichtlich legten sie zuweilen schon kleine Gärten an. In Amsadong, einer Stätte im Zentrum der koreanischen Halbinsel, lebten die Menschen in Steinhäusern und sammelten große Mengen wilder Nüsse, die sie in großen Tongefäßen in tiefen Lagergruben konservierten.

Wildbeuterkulturen

In der Jomon-Zeit (um 10 000–300 v. Chr.) stellten die Menschen Tonfigurinen, Holzschnitzereien und Lackobjekte her. Einige Siedlungen erreichten eine beachtliche Größe und waren lange bewohnt. In Sannai Maruyama im Norden von Honshu lebten über 1000 Jahre lang Menschen, in dieser Zeit entstanden mindestens 1000 Häuser und mehrere Siedlungen. Der Ort selbst lag im Zentrum eines ausgedehnten Handelsnetzes, das dem Austausch von wertvollen Materialien wie Grünstein und Obsidian diente.

Im Norden Japans errichtete man an Grabstätten große Steinkreise. Am berühmtesten sind die Zwillingskreise von Manza und Nonakado in Oyu. Steinkreise entdeckte man auch in Hupori und an anderen Orten der koreanischen Halbinsel. Im 1. Jahrtausend v. Chr. kamen auf Hokkaido Friedhöfe mit Gräbern auf, die besonders reiche Beigaben enthielten. Ansonsten weiß man über soziale Unterschiede in der Jomon- und Chulmun-Kultur nur wenig. Der hohe Standard der Keramiken und Holzarbeiten verweist auf eine handwerkliche Spezialisierung, und die Entwicklung von Sannai Maruyama und anderen Zentren legt nahe, dass es eine Führungselite gab. In der Jomon-Kultur spielte der Schmuck des Körpers eine wichtige Rolle. An einigen Schädeln finden sich abgeschliffene Zähne, verzierte Tonfigurinen zeugen von der Bedeutung, die man Kleidung und Frisuren zumaß. Auch Tätowierungen waren weit verbreitet. In Kayano (Honshu) förderte man Hunderte von Tonohrringen zutage, vermutlich befand sich hier ein auf Schmuck spezialisiertes Handwerkszentrum.

Die Menschen der Jomon-Kultur behielten ihre traditionelle Lebensweise länger bei als die Bewohner des ostasiatischen Festlandes. Der Reisanbau, der in China um 5000 v. Chr. eingeführt wurde, erreichte Japan erst im 1. Jahrtausend v. Chr. (s. S. 122f.). Kurz bevor die ersten Reiskulturen angelegt wurden, nahmen die rituellen Aktivitäten im Südwesten des Archipels deutlich zu, wie die hohe Zahl aufgefundener Tonfigurinen, Masken und Steinsetzungen belegt. Auch als bereits Ackerbaustrukturen existierten, spielten das Jagen und das Sammeln wilder Früchte noch eine wichtige Rolle. Die *Matagi*-Jäger aus dem Norden von Honshu und die Ainu von Hokkaido setzten die Tradition der Wildbeuter als Letzte fort ◆

Die Ursprünge des Reisanbaus

Wie, wann und wo sich der Übergang zu sesshaften Ackerbaugemeinschaften vollzog, wissen Archäologen erst, seit sie herausfanden, dass der Reisanbau in der Seenregion des mittleren Yangtzetals begonnen und sich von dort aus nach China und Südostasien verbreitet hatte. Genau wie im Nahen Osten führten die klimatischen Veränderungen am Ende der letzten Eiszeit und die damit einhergehenden Veränderungen des Lebensraums in der Jungsteinzeit zur Sesshaftwerdung der Menschen und zur Entwicklung der Landwirtschaft.

Als die Temperaturen zu steigen begannen, dehnte sich das Gebiet, in dem wilder Reis gedieh, von den Tropen nordwärts ins fruchtbare Sumpfland des Yangtzetals aus. Zwischen 9000 und 8000 v. Chr. wurde es während der Jüngeren Dryas allerdings noch einmal deutlich kälter. In diese Zeit fällt die Ablagerung von Löß, einem aus Trocken- oder Kältewüsten ausgewehten Sediment, auf den Ebenen Chinas. Die Gletscher schoben sich wieder nach vorn, Pflanzen und Tiere, die sich an wärmere Bedingungen gewöhnt hatten, zogen sich nach Süden zurück. Um 8000 v. Chr. endete die Jüngere Dryas. In der nachfolgenden Phase zunehmender Erwärmung begannen die Wildbeuter in halbdauerhaften Siedlungen zusammenzuleben. Eine erneute, jedoch nicht so starke Abkühlung fiel mit der Errichtung erster fester Dörfer in Ostasien zusammen. Nun bestattete man die Toten vor Ort in Gemeinschaftsgräbern, stellte Gefäße her und produzierte Steinwerkzeug für die Verarbeitung von Getreide.

In Pengtoushan unweit des Dongtingsees fand man in Keramiken 7500 bis 6500 Jahre alten Reis. Es ist nicht bekannt, ob es sich hierbei um kultivierten oder gesammelten Reis handelt. Vermutlich hatten sich die Wildbeuter in der wärmeren Phase vor der Jüngeren Dryas angewöhnt, wilden Reis zu sammeln. Als die Temperaturen sanken, gingen die Menschen dazu über, ihn anzupflanzen, wofür sie zunächst einfach bestimmte Flächen rodeten oder andere, konkurrierende Pflanzen entfernten.

Zeitgleich mit dem Übergang zur Reisbaukultur entstanden überall am Yangtze Kiang feste Siedlungen. Hemudu, ein um 5000 v. Chr. gegründetes Dorf an einem Seeufer, bietet eine Fülle von Informationen zum Leben in frühsesshaften Gemeinschaften. Die Menschen fertigten zum Beispiel Spaten, indem sie die Schulterblätter von Rindern an einen hölzernen Schaft banden. Sie errichteten Holzhäuser mit ausgeklügelten Tischlerarbeiten. Auch bauten sie Reis in riesigen Mengen an und auf ihrem Speiseplan standen Fische sowie Wasservögel.

OBEN Im Yangtzetal im südlichen China begann man vor rund 8000 Jahren Reis anzubauen. Der Übergang von Jägern und Sammlern zu Ackerbaugemeinschaften führte zur Gründung fester Siedlungen. Die Bevölkerung wuchs, kleine Familiengruppen wanderten fort, um neue Lebensräume für die Landwirtschaft zu erschließen. Noch heute wird in dieser Gegend intensiver Reisanbau betrieben.

Die Ausbreitung des Reisbaus

Im Laufe der Zeit verbreitete sich die Landwirtschaft vom Yangtzetal aus weiter. Im 3. Jahrtausend v. Chr. siedelten Reisbauern in den Niederungen südlich des Nanling-Gebirges. Etwa 2800 Jahre alte Grabbeigaben aus Shixia ähneln Artefakten aus dem Yangtzetal. Ackerbaugemeinschaften entstanden schließlich auch im Delta des Roten Flusses und in den Ebenen von Vietnam, wo sie mit großen Wildbeutergruppen aus der Küstenregion verschmolzen. Spuren von Reis und von domestizierten Hunden, die vom asiatischen Grauwolf abstammten, deuten an, entlang welcher Routen sich die Landwirtschaft verbreitete. Als ein weiterer Indikator dienen auch die austroasiatischen Sprachen, die in Vietnam, Kambodscha, Thailand, Burma und Ostindien heimischen Idiome. Die frühen Siedlungen legten den Grundstein für die spätere Entwicklung von Staaten im Yangtzetal und für die bronze- und eisenzeitlichen Kulturen Südostasiens ◆

RECHTS Dieser aus Ton gefertigte Dreifuß stammt aus einem 4000 Jahre alten Grab in Ban Kao, einer kleinen, landeinwärts gelegenen Siedlung in Thailand, an der man in den 1960er Jahren viele Keramiken entdeckte. Ähnliche Gefäße fand man auch an archäologischen Stätten im Westen Thailands und weiter südlich bis nach Malaysia.

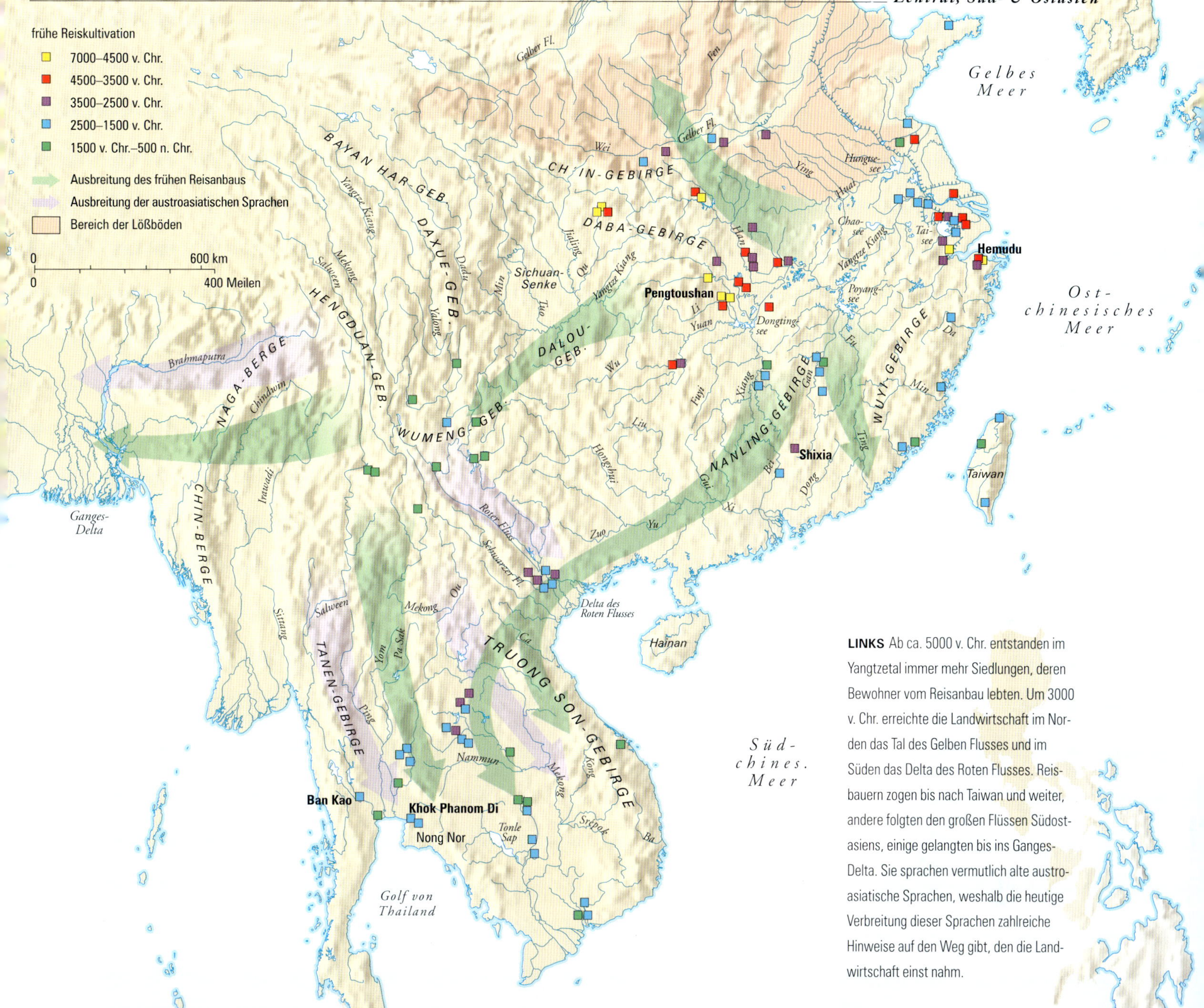

LINKS Ab ca. 5000 v. Chr. entstanden im Yangtzetal immer mehr Siedlungen, deren Bewohner vom Reisanbau lebten. Um 3000 v. Chr. erreichte die Landwirtschaft im Norden das Tal des Gelben Flusses und im Süden das Delta des Roten Flusses. Reisbauern zogen bis nach Taiwan und weiter, andere folgten den großen Flüssen Südostasiens, einige gelangten bis ins Ganges-Delta. Sie sprachen vermutlich alte austroasiatische Sprachen, weshalb die heutige Verbreitung dieser Sprachen zahlreiche Hinweise auf den Weg gibt, den die Landwirtschaft einst nahm.

Khok Phanom Di: ein Küstenort

Khok Phanom Di in Thailand liegt in einem der reichsten natürlichen Lebensräume der Erde. 17 bis 20 Generationen von Gräbern aus der Zeit zwischen 2000 und 1500 v. Chr. wurden hier freigelegt. Die Wildbeutergemeinschaften, welche die Stätte einst bewohnten, fertigten außergewöhnlich dekorative Tongefäße, die sie mit Muscheln verzierten. Sie ernährten sich vorrangig von Meeresfrüchten und Reis, doch die Position im Mündungsbereich eines Flusses eignete sich kaum zum Reisanbau. Vermutlich tauschten sie ihn wie andere Waren, Ideen und möglicherweise sogar Menschen mit den ständig neu ankommenden Bauern. Das Klima änderte sich in jener Zeit einige Male und zog tief greifende Veränderungen des Lebensraumes nach sich; auch könnte ein Absinken des Meeresspiegels kurzzeitig Reiskulturen ermöglicht haben. Jedenfalls fand man aus dieser Zeit Steinhacken, Messer und Erntemesser, die später nicht mehr hergestellt wurden. Die Gräber wurden, vielleicht dank der weiträumigen Handelsverbindungen bis ins Hinterland, üppig ausgestattet. Um 1500 v. Chr. gab man die Stätte schließlich auf. Mittlerweile lebten die Menschen in Khok Phanom Di in erster Linie von der Landwirtschaft ◆

OBEN WEIBLICHES SKELETT MIT GRABBEIGABEN, DARUNTER 120 000 MUSCHELPERLEN.

Die Induskultur

Anfang der 1920er Jahre begannen in Harappa und Mohenjo-Daro, zwei Stätten im Nordwesten des indischen Subkontinents auf dem Gebiet des heutigen Pakistan, weiträumige Grabungskampagnen, die Überreste großer, sorgfältig geplanter Städte zutage förderten. Damit war der Beweis erbracht, dass vor über 4000 Jahren im Industal eine bedeutende bronzezeitliche Kultur, von den Archäologen Indus- oder Harappakultur genannt, existiert hatte. Der Wohlstand der Städte beruhte auf Landwirtschaft und Viehzucht, auch lebten hier Handwerker, Priester und Kaufleute, die Handel mit Mesopotamien und benachbarten Ländern trieben. Specksteinsiegel, die man an Stätten im Industal zahlreich fand, tragen häufig Inschriften, die vermutlich auf den Namen oder Titel des Besitzers verweisen. Die Indusschrift wurde allerdings bis heute nicht entschlüsselt, auch weiß man wenig über die soziale, religiöse und politische Struktur der Kultur. Anscheinend gab es keine herrschende Elite, denn man entdeckte weder Paläste noch reich ausgestattete Gräber. Am ehesten lag die Macht wohl in der Hand der Priesterkaste. Ab 1800 v. Chr. bahnte sich der Niedergang der Kultur an. Hinweise auf einen plötzlichen Zerfall gibt es nicht, vielmehr produzierten die Handwerker weniger und die Städte isolierten sich zunehmend voneinander.

OBEN Das Große Bad in der Zitadelle von Mohenjo-Daro gehörte zum öffentlichen Bereich der Stadt. Vermutlich diente es für rituelle Waschungen. Kleinere Räume mit Bädern säumten das große Becken. In der Unterstadt lebten rund 100 000 Menschen. Die Straßen waren rechtwinklig angelegt, die oft mehrstöckigen Gebäude gruppierten sich um einen Innenhof. Die meisten verfügten über einen Brunnen und ein gepflastertes Bad, viele sogar über Toiletten.

Frühe bäuerliche Gemeinschaften tauchten im indo-iranischen Grenzland an den Ufern des Indus erstmals vor ca. 9000 Jahren auf. Um 4000 v. Chr. gab es in der Region bereits viele Dörfer und Städte. Sie markierten die östlichen Endpunkte eines Handelsnetzes, das sich über die iranische Hochebene bis nach Mesopotamien zog. In diesem trockenen Gebiet konnten die Menschen Felder nur mit Hilfe von Bewässerungssystemen bestellen.

Erst im 4. Jahrtausend v. Chr. siedelten Bauern im eigentlichen Industal, wo bislang nomadische Jäger und Sammler gelebt hatten. Zu jener Zeit existierte südlich des Indus ein weit verzweigtes Flusssystem (Saraswati), an dessen Ufern viele Bauerndörfer entstanden. Heute hat die Wüste diesen Raum erobert.

Indusstädte

Die Städte der Induskultur wurden wesentlich genauer untersucht als kleinere Siedlungen. Viele legte man um 2600 v. Chr. nach einem einheitlichen Grundmuster an. In der Regel umfassten sie einen öffentlichen Bezirk und einen Teil mit Wohnhäusern. Die öffentlichen Gebäude, vermutlich handelte es sich um Sakralbauten, befanden sich zumeist auf einer Anhöhe (Zitadelle). Die vielfältige Gestalt dieser Bezirke lässt vermuten, dass die religiösen Praktiken sich von Ort zu Ort unterschieden. Zum Bauen verwendeten die Menschen Lehmziegel, offensichtlich gab es ein standardisiertes Maßsystem. Die Wasserversorgung spielte eine wichtige Rolle. Mohenjo-Daro, die größte bislang erforschte Indusstadt, erhob sich auf riesigen Lehmziegelplattformen und besaß mächtige Mauern, die den Ort vor Überflutungen schützen sollten. In Mohenjo-Daro lebten ab dem späten 4. Jahrtausend v. Chr. Menschen, in tiefere Schichten konnte man aber wegen des gestiegenen Wasserpegels (8 Meter seit 1922) bis heute nicht vordringen.

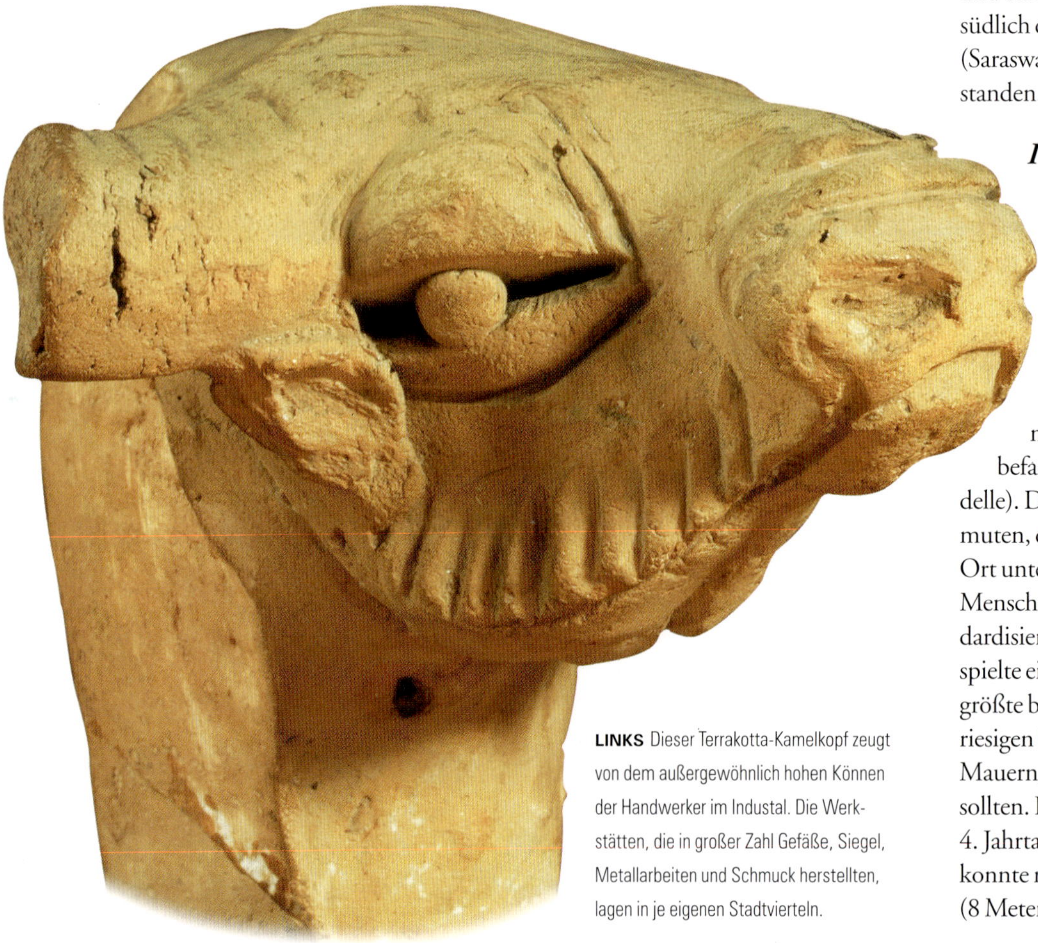

LINKS Dieser Terrakotta-Kamelkopf zeugt von dem außergewöhnlich hohen Können der Handwerker im Industal. Die Werkstätten, die in großer Zahl Gefäße, Siegel, Metallarbeiten und Schmuck herstellten, lagen in je eigenen Stadtvierteln.

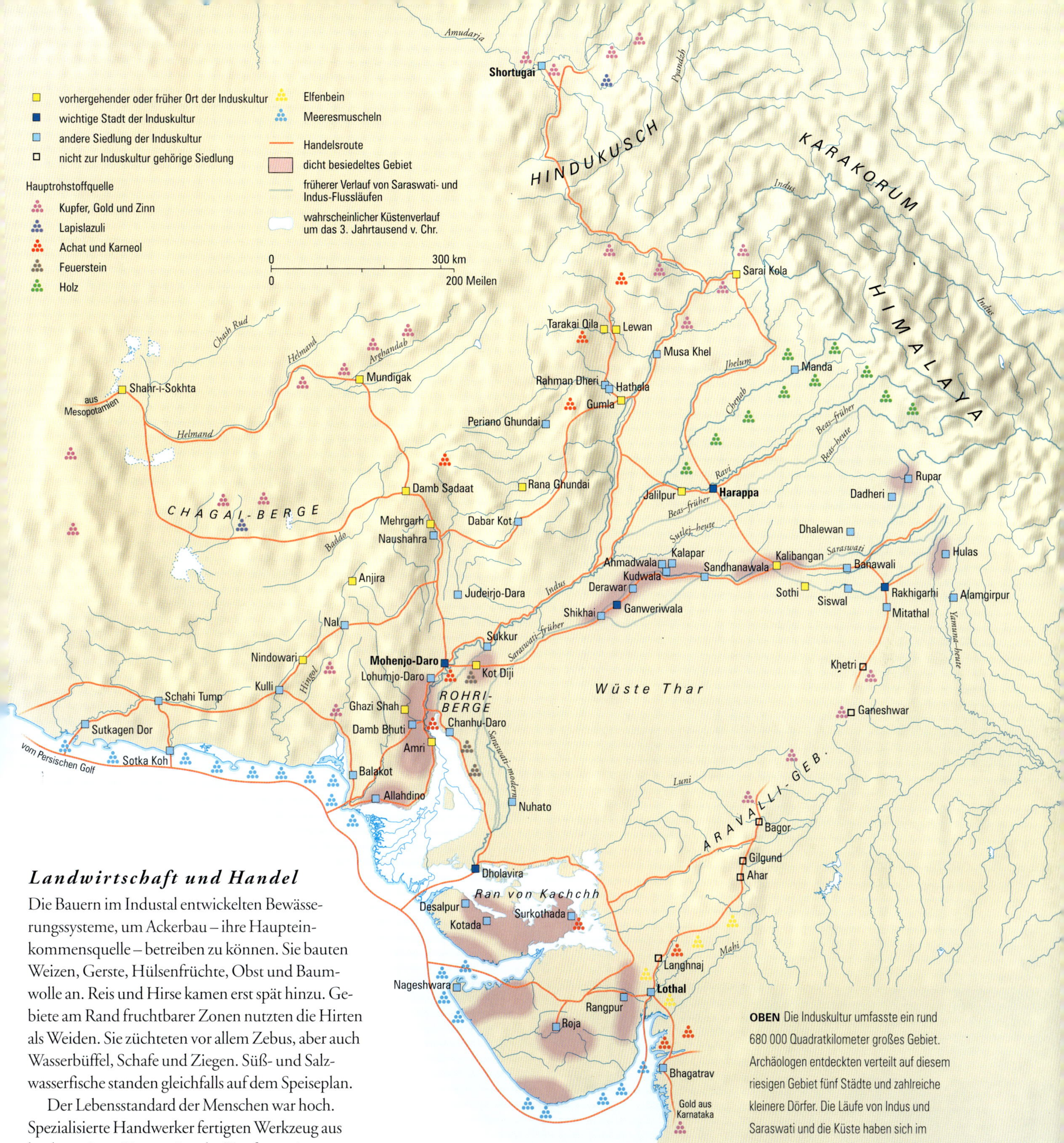

Landwirtschaft und Handel

Die Bauern im Industal entwickelten Bewässerungssysteme, um Ackerbau – ihre Haupteinkommensquelle – betreiben zu können. Sie bauten Weizen, Gerste, Hülsenfrüchte, Obst und Baumwolle an. Reis und Hirse kamen erst spät hinzu. Gebiete am Rand fruchtbarer Zonen nutzten die Hirten als Weiden. Sie züchteten vor allem Zebus, aber auch Wasserbüffel, Schafe und Ziegen. Süß- und Salzwasserfische standen gleichfalls auf dem Speiseplan.

Der Lebensstandard der Menschen war hoch. Spezialisierte Handwerker fertigten Werkzeug aus hochwertigem Feuerstein oder Kupfer sowie Schmuck aus Muscheln, Karneol und Achat. Die Bewohner einiger Siedlungen stellten aus bestimmten Rohstoffen, etwa Muscheln, Armreifen und anderen Zierrat her. Die Ressourcen wurden vor Ort verarbeitet, dann jedoch in die Städte gebracht, von wo aus sie ins gesamte Industal gelangten. Dabei spielten Hirtennomaden vermutlich eine wichtige Rolle. Der Transport erfolgte mit Ochsenkarren, für weitere Strecken auch über Flüsse und das Meer. Materialien wie Elfenbein und Gold erhielt man durch Tauschgeschäfte mit benachbarten Wildbeutern, etwa aus Lothal im Süden.

Mesopotamische Quellen geben Auskunft über den Handel zu jener Zeit (s. S. 70f.). Wir wissen heute nicht mit Sicherheit, welche Waren die Industädte importierten, doch ihre Schiffe beförderten Holz, Elfenbein, Karneolperlen und andere Güter zu Häfen im Golf und in Sumer. Lapislazuli aus Badaskshan gelangte über den Außenposten Shortugai am Amudarja (Oxus) nach Westen ◆

OBEN Die Induskultur umfasste ein rund 680 000 Quadratkilometer großes Gebiet. Archäologen entdeckten verteilt auf diesem riesigen Gebiet fünf Städte und zahlreiche kleinere Dörfer. Die Läufe von Indus und Saraswati und die Küste haben sich im Laufe der Jahrtausende stark verändert. Wissenschaftler vermuten, dass das Austrocknen des Saraswati den Niedergang der Induskultur beschleunigte. Als die Zahl der kultivierbaren Felder immer mehr abnahm, begannen die meisten Bauern, die vor allem Reis und Hirse anpflanzten, jene beiden Nahrungspflanzen, die spätere indische Kulturen prägten, das Gebiet nach und nach zu verlassen und nach Osten ins Ganges-Delta und südwärts zum Dekkan zu ziehen.

Frühe Dynastien in China

Vor ca. 9000 Jahren pflanzten Bauern auf den Lößböden am Gelben Fluss in Nordchina, z. B. in Qishan, erstmals Hirse an. Bewässerte Reiskulturen verbreiteten sich gegen Ende des 4. Jahrtausends v. Chr. nördlich des Yangtze Kiang (s. S. 112f.). Die Bevölkerung wuchs. Die Menschen bearbeiteten Kupfer und Jade. In Longshan, Liangzhu und Hongshan entstanden neolithische Elitegruppen zeitgleich mit ersten Städten. Festungen mit Wällen aus gestampfter Erde deuten auf Kämpfe hin. Um 2000 v. Chr. wurden in Erlitou – der Hauptstadt der Hsia-Dynastie – bronzene Weinbehälter gegossen. Die um 2205 v. Chr. gegründete Dynastie gilt als älteste der drei protohistorischen Dynastien Chinas.

Dreifüßige Weingefäße aus Erlitou markieren den Beginn der chinesischen Bronzezeit. Um 1700 v. Chr. übernahm die Shang-Dynastie die Macht in Nordchina. Frühen Quellen zufolge regierten die Shang von sieben aufeinander folgenden Hauptstädten aus. In einer dieser Städte, dem heutigen Zheng Zhou, blieben Reste der Mauern aus gestampftem Lehm bis heute erhalten. Der Einfluss der Shangkultur machte sich auch weit im Süden, etwa in Panlunchen, bemerkbar.

Orakelknochen – Schulterblätter von Rindern und Schildkrötenpanzer, die die Shang zum Weissagen benutzten – tragen die ältesten chinesischen Schriftzeichen. In Zheng Zhou, vor allem jedoch in Anyang (s. Kasten) entdeckte man viele solcher Knochen. Vorformen der Inschriften fanden sich auf neolithischen Keramiken. Im Leben der Shang-Elite spielten Orakel (Befragungen der Götter, etwa über den Ausgang von Feldzügen, von Jagden oder Feiern zu Ehren der Herrscher) eine wichtige Rolle. Man schrieb die Fragen auf Knochen oder Panzer, erhitzte diese und interpretierte die dabei entstehenden Risse. In Anyang förderte man Reste von über 10 000 derartiger Orakelknochen zutage.

Im Südwesten stellten die Shu Gefäße her, deren Stil sich deutlich von dem im Norden üblichen unterschied. In Sanxingdui stießen Forscher auf Überreste einer Stadt mit Mauern aus gestampfter Erde und vielen Gebäuden, darunter ein ca. 200 Quadratmeter großer Komplex. Mehrere Gruben enthielten Opfergaben, z. B. große Bronzestatuen und Masken, die vielleicht Götter oder Geister darstellten, sowie Elefantenstoßzähne und Objekte aus Stein, Jade und Gold. Sanxingdui scheint zeitgleich mit den Shang existiert zu haben, so dass man von mehreren bronzezeitlichen Zentren in China ausgehen kann.

Die Zhou-Dynastie

Im Jahre 1027 v. Chr. wurden die Shang von den Zhou besiegt, einem weiter westlich angesiedelten Volk, das lange Zeit zum Herrschaftsgebiet der Shang gehört hatte. Die Zhou machten Hao in der Nähe des heutigen Xian zu ihrer Hauptstadt und errichteten in Baoji ein Zentrum zur Verehrung der Ahnen. 300 Jahre lang, während der Westlichen Zhou-Zeit, herrschten die Zhou unangefochten. Viele Informationen über diese Zeit steckten in Inschriften auf Bronzegefäßen und in einem der ältesten Texte, dem *Shu Jing* (Buch der Dokumente). Forscher entdeckten viele Städte und Gräber dieser Epoche.

771 v. Chr. zwangen feindliche Invasoren die Zhou, ihre Hauptstadt nach Luoyang zu verlegen.

OBEN Rituelles *Gong*-Gefäß (24,1 cm hoch). Der Deckel ist vorne mit einem Tigerkopf und hinten mit einer Eule verziert. Die Bronzeschmiede der Shang verwendeten Gussformen aus Ton, um reich geschmückte Bronzegefäße für den Ahnenkult herzustellen. Tiger und andere Motive stammten aus dem südlichen Zentralchina. Ihr Vorkommen in Anyang kennzeichnete den Beginn einer kosmopolitisch orientierten Kunst in der Shang-Zeit.

Anyang: Hauptstadt der Shang

Grabungen unweit des heutigen Ortes Anyang brachten Überreste der Stadt Yin ans Licht, die der Shang-Herrscher Pan Geng um 1400 v. Chr. gründete. Sie lieferten den ersten archäologischen Beleg für die Richtigkeit der traditionellen chinesischen Geschichtsschreibung. Die 62 Quadratkilometer große Stätte besaß keine Mauer und bestand aus locker verbundenen Einzelsiedlungen. Man fand Reste eines Königsfriedhofs, Paläste, Tempel, Häuser und Werkstätten. Inschriften auf Orakelknochen, die bei den Grabungen in der ehemaligen Stadt gefunden wurden, zeugen von den Ursprüngen der chinesischen Kultur. Die Shang-Könige wurden in großen Schachtgräbern beigesetzt, von denen die meisten im Laufe der Jahrtausende ausgeraubt worden sind. Das Grab der Dame Fu Hao, der Gemahlin von König Wu Ding, blieb hingegen intakt. Es enthielt neben Menschenopfern über 440 Bronze-, 590 Jade- und 560 Knochenartefakte, dazu 7000 Kaurimuscheln, die Währung der Shang, und lässt erahnen, welche Reichtümer sich einst in den übrigen Gräbern befunden haben mussten. Fu Haos Identität ließ sich anhand von Inschriften auf Bronzegefäßen ermitteln. Sie nahm an Kriegen gegen Barbarenstämme teil ◆

OBEN AUSGEGRABENER STREITWAGEN AUS YIN, AUSGESTELLT IM ANYANG MUSEUM.

UNTEN Mit dem Beginn der Bronzebearbeitung gewannen Städte und Handwerker an Bedeutung. Viele in Inschriften erwähnte Orte hat man inzwischen identifiziert. Gegen Ende der Zhou-Dynastie hatte sich eine spezifisch chinesische Identität ausgeformt.

Mit diesem Ereignis beginnt die so genannte Östliche Zhou-Zeit. Nun gewannen kleine Feudalstaaten im Osten an Einfluss. Nach 500 v. Chr. rangen während der „Zeit der kämpfenden Staaten" (481–221 v. Chr.) unter anderem Qi, Zhou und Qin in wechselnden Koalitionen um die Vorherrschaft.

Krieg und Wohlstand

Die zunehmende Verwendung von Eisen ab dem 6. Jahrhundert v. Chr. führte zur Entwicklung von neuem Kriegsgerät. Die Staaten bauten an ihren Grenzen Verteidigungsmauern und ersannen Belagerungstechniken. Die Städte wuchsen: In Linzi, der Hauptstadt der Qi, lebten weit über 100 000 Menschen. An vielen Orten wurden Grabungen durchgeführt. Xiadu, eine Stadt des Yan-Staates, gliederte sich in mehrere Bezirke. Eine Mauer trennte den Palast und den Regierungsbereich von Werkstätten, Märkten und Wohnbereichen.

Eisenwerkzeug steigerte die landwirtschaftlichen Erträge. Der Handel blühte und machte die Herrscher reich, die Steuern und Zölle erhoben und in über 140 Münzämtern in ganz China Geld prägten. Trotz innerer Konflikte blühten in dieser Zeit Kunst und Philosophie. Das Grab des Markgraf Yo von Zeng in Leigudun (Provinz Hubei) aus dem 5. Jahrhundert v. Chr. barg ein bronzenes Glockenspiel, Seide, Jade und Gold. Dolchäxte, Hellebarden, Speere und über 3000 Pfeilspitzen zeugen von den kriegerischen Zeiten, in denen er gelebt hatte ◆

Ban Chiang: Datierungsprobleme

Bei Grabungen in Ban Chiang, einem kleinen Thai-Dorf, stießen Forscher in den 1970er Jahren auf zahlreiche Gräber mit rot bemalten Gefäßen. Einige der ältesten Gräber, die man mittels der C-14-Methode auf die Zeit um 4500 v. Chr. datierte, enthielten gegossene Speerspitzen, Arm- und Fußringe, die zu den ältesten Bronzeobjekten der Erde gehören. Wenn die Datierung stimmt, müsste sich die Bronzebearbeitung in der Region entwickelt haben, lange bevor die Chinesen sie beherrschten. Forscher vermuten darüber hinaus, dass die Menschen hier bereits um 2000 v. Chr. Eisen verwendet haben könnten. Allerdings bereitete die Datierung große Schwierigkeiten, und spätere Untersuchungen mithilfe des so genannten Beschleuniger-Massenspektrometers legen einen deutlich späteren Zeitrahmen für die Entstehung von Ban Chiang nahe. Die beiden bronzezeitlichen Gräber sollen demnach aus der Zeit von 1740 bis 1450 bzw. 1320 bis 1000 v. Chr. stammen. Dieser Zeitrahmen würde zu anderen, mit derselben Methode datierten bronzezeitlichen Stätten aus Non Nok Tha und Nong Nor passen. Aus diesem Grund gehen Forscher davon aus, dass man frühestens ab 1500 v. Chr. in Südostasien Bronze verarbeitete ◆

OBEN GEFÄSSFUNDE IN EISENZEITLICHEN GRÄBERN IN BAN CHIANG.

Die Bronzezeit in Südostasien

Französische Archäologen fanden im 19. Jahrhundert in Indochina (Laos, Kambodscha, Vietnam) erste Spuren bronzezeitlicher Kulturen in Südostasien. Jüngere Grabungen in thailändischen Kupferminen und eine beachtliche Anzahl von Grabfunden in derselben Region deuten darauf hin, dass die Menschen um 1500 v. Chr. – später als ursprünglich angenommen – Metall zu schmelzen begannen. Weniger als 15 Prozent der Gräber aus jener Zeit enthielten Bronzeobjekte, vermutlich kam das Metall niemals in größerem Umfang in Gebrauch. Auch existierten wohl keine ausgeprägten sozialen Hierarchien. Erst in der Eisenzeit bestattete man die Toten in dieser Gegend aufwändiger.

LINKS In Südostasien verfügten die Menschen in einem Streifen, der sich von Hongkong im Osten bis nach Nyaunggan im Chindwintal von Myanmar im Westen zog, über die zur Bronzeherstellung nötigen Techniken. In dieser Gegend gibt es seit jeher besonders viele Kupfererzlagerstätten. Die reichsten Vorkommen von Zinnerz liegen hingegen in den Gebieten zwischen Malaysia und Thailand. Vielleicht fanden die Menschen in der Region alleine heraus, wie man Kupfer schmelzen konnte, oder sie übernahmen die Technik der Bronzeverarbeitung von den Shang aus Nordchina. Spätneolithische Gräber in Südchina und zeitgleiche Stätten in Vietnam enthalten häufig Bronze- und Jadeobjekte der Shang.

Viele Informationen über die Metallverarbeitung in Südostasien stammen von Grabungen in Phu Lon und im Khao Wong Prachan-Tal, zwei Gebieten mit ausgeprägten Kupfervorkommen, in denen erzverarbeitende Stätten intensiv während der letzten Jahrzehnte untersucht wurden. Offensichtlich wurde Kupfer nur während der Trockenzeit abgebaut und verarbeitet. Man förderte das Erz in großen Stollen, zerkleinerte das Gestein und schmolz in kleinen Öfen das Metall zu runden Barren.

Über ein bereits existierendes Handelsnetz kamen die Barren in Umlauf. Die Bronzeherstellung wurde von Gemeinschaften vorgenommen, die sich am Tauschhandel beteiligten. Sie mischten Kupferbarren und Zinn, schmolzen beides in kleinen Tiegeln und gossen das flüssige Metall in zweischalige Tonformen. Auf diese Weise stellten sie Äxte, Speere und Pfeilspitzen, vor allem aber verzierte Armreifen her. Für Letztere wendeten sie das Wachsausschmelzverfahren an, mit dessen Hilfe sich bestimmte Ornamente erzeugen ließen. Dünnen Bindedraht aus Bronze nutzte man, um Stein- oder Muschelschmuck anzufügen oder zu reparieren.

Bronzezeitliche Gräber

Grabungen auf Friedhöfen erbrachten viele Hinweise auf das Leben während der Bronzezeit. Die am besten dokumentierten Stätten befinden sich in Thailand. Hier setzte man die Toten ausgestreckt auf dem Rücken liegend in Erdgräbern bei. In der Regel waren die Gräber in Reihen angeordnet. Männer, Frauen und Kinder lagen dicht beieinander. Thailands bronzezeitliche Friedhöfe teilen bei allen Unterschieden gewisse Gemeinsamkeiten. So enthielten die Gräber neben Tongefäßen und Schmuck aus Stein, Muscheln und Bronze oftmals Überreste von Tieren, die man im Rahmen der Begräbniszeremonie getötet hatte. In Ban Na Di wurden die Toten über mehrere Generationen mit dem linken Vorderfuß eines Rindes oder Schweines begraben. In einem Grab lag ein Kinderskelett unter einem Leichentuch aus Krokodilhaut Seite an Seite mit einer Frau, die einen großen Anhänger aus einem Krokodilschädel trug. In anderen Gräbern fand man Tonfigurinen von Rindern, Hirschen, Elefanten und Menschen.

Untersuchungen der Skelette von Ban Na Di zeigten, dass die Menschen robuste Knochen besaßen. Dies deutet auf eine gesunde Ernährung mit Reis, Fisch und Fleisch hin. Dennoch lebten nur wenige Menschen länger als 35 Jahre, auch war die Kindersterblichkeit hoch. Zwar entdeckten die Archäologen Gräber mit reichen Schätzen aus Muscheln und Stein, doch lässt keine einzige bronzezeitliche Stätte in Thailand auf die Existenz einer sozialen Hierarchie schließen. Exotische Materialien wie Muscheln, Karneol, Achat, Serpentin und Talk, aus denen die Beigaben gefertigt wurden, erreichten die Gemeinschaften über das ausgedehnte Handelsnetz. Werkzeuge mit Kupferfassungen aus zwei Gräbern in Nong Nor stammen vermutlich aus dem 180 Kilometer entfernten Khao Wong Prachan-Tal ◆

UNTEN Serpentinschmuck aus einem bronzezeitlichen Grab in Nong Nor (11 cm). Deutlich sind die Verbindungsstücke aus Bronze zu erkennen, die man zur Reparatur verwendete. Gräber in Nong Nor enthielten Hundeschädel, die man im Rahmen des Begräbnisses verspeiste.

Die ersten chinesischen Reiche

Während der Zeit der kämpfenden Staaten (s. S. 117) verfassten chinesische Gelehrte Abhandlungen über den Krieg. Am berühmtesten ist *Die Kunst des Krieges* von Sunzi (um 500 v. Chr.). Die Bauern erzielten höhere Erträge, was den Anstieg der Bevölkerungszahlen begünstigte. Dadurch konnten Herrscher nun große Armeen aufstellen. Reitertruppen ersetzten Streitwagen. Staaten, die bereits über komplexe Strukturen verfügten, hatten die besten Siegesaussichten. Ab 361 v. Chr. nahm der Staat Qin im Nordwesten Chinas eine Reihe von Reformen in Angriff. Die Feudalherren verloren an Einfluss, die Macht wurde zentralisiert und lag nun in der Hand der Regierung. Das Heer gewann an Bedeutung und schuf die Grundlage für eine stetige Expansion, die Ende des 4. und Anfang des 3. Jahrhunderts v. Chr. erfolgte. Im Jahr 256 v. Chr. setzten die Qin den letzten Herrscher der östlichen Zhou-Dynastie in Luoyang ab. Zwischen 230 und 221 v. Chr. eroberten sie weitere Staaten, dann nahm der Qin-König Zheng den Kaisertitel Shihuangdi an.

Unter dem ersten Kaiser kam es in China zu Reformen, die den Lauf der Geschichte dauerhaft beeinflussten. Eine totalitäre Zentralmacht mit einer regionalen Beamtenklasse ersetzte die brüchigen Feudalstrukturen. Um das riesige Reich kontrollierbar zu machen, vereinheitlichte die Regierung Schrift, Münzen, Maße, Gewichte und sogar die Achsbreite der Wagen. Zheng hatte im Staat Qin bereits großflächige Bewässerungskulturen angelegt, um die landwirtschaftliche Produktivität zu steigern. Als Kaiser initiierte er in ganz China große Bauprojekte. Arbeiter legten Straßen und Kanäle an und schlossen die von den Zhou-Staaten zur Abwehr von Nomaden aus dem Norden angelegten Grenzwälle zu

RECHTS Der erste chinesische Kaiser, Shihuangdi, schuf eine starke Infrastruktur mit Straßen und Verteidigungsmauern. Seine Nachfolger dehnten die Herrschaft nach Zentral- und Südostasien weiter aus und förderten intensiv den Handel entlang der Seidenstraße (s. S. 134f.). Chinesische Güter gelangten bis ins Römische Reich, während neue Ideen und Lehren wie der Buddhismus im Gegenzug China erreichten.

OBEN TERRAKOTTA-SOLDATEN SOLLTEN DEN ERSTEN KAISER VON CHINA AUCH NACH DESSEN TOD BESCHÜTZEN.

Xianyang: ein gigantisches Kaisergrab

Shihuangdi, der erste Kaiser von China, war besessen von dem Gedanken, Unsterblichkeit zu erlangen. Er starb bei einer Reise durch die Provinzen im Jahre 210 v. Chr. Bereits kurz nach der Einigung Chinas hatte er jedoch Vorkehrungen für sein Leben nach dem Tod getroffen. Etwa 40 Kilometer östlich der Hauptstadt Xianyang, unweit der heutigen Stadt Xian, ließ er einen etwa 50 Meter hohen und 1400 Meter Durchmesser betragenden Grabhügel mit Blick auf den Berg Li errichten. Angeblich arbeiteten bis zu 700000 Männer an der Realisierung dieses Unterfangens mit. Das Mausoleum des Herrschers, der sich zu seinen Lebzeiten durch große Härte und besondere Strenge ausgezeichnet hatte, blieb stets unangetastet. Das Grab selbst ist Teil eines größeren Bezirks, der einen Palast, einen Tempel und mindestens vier große Gruben umfasst. Im Jahre 1975 entdeckte man in der größten dieser Strukturen eine Armee von unzähligen Terrakotta-Soldaten mit Pferden und Wagen. Der Bereich erstreckte sich über 210 Meter in Ost-West- und 60 Meter in Nord-Süd-Richtung und gliederte sich in elf Korridore mit Galerien am Ost- und Westende und fünf Erdrampen, die zur Oberfläche führten. Die 3200 detailreich gestalteten Soldaten wirken sehr natürlich, jede einzelne Figur trägt individuelle Gesichtszüge ◆

einem fortlaufenden Verteidigungssystem, der Chinesischen Mauer, zusammen. Feinde des Reiches vernichtete man ebenso wie missliebige Schriften. Der erste Kaiser herrschte etwas über ein Jahrzehnt. Er wurde in einem großen Mausoleum bei seiner Hauptstadt unweit von Xian begraben (s. Kasten).

Die Han-Dynastie

Nach dem Tod des ersten Kaisers brach ein Krieg aus. 206 v. Chr. wurde die gesamte Kaiserfamilie hingerichtet. Dennoch fiel das Reich nicht auseinander. Im Jahre 202 v. Chr. übernahm ein ehemaliger Qin-Offizier, Lui Bang, unter dem Titel Gaodi die Macht und gründete die Han-Dynastie. Die fortschrittliche und liberalere Regierung der Westlichen oder Frühen Han-Zeit (202 v. Chr.–8 n. Chr.) stärkte die staatlichen Strukturen, festigte das Kaisertum und ermöglichte die weitere Expansion des Reiches.

In den 1960er und 1970er Jahren untersuchten Archäologen Gräber, die Aufschluss über das Leben hochrangiger Beamter in der Frühen Han-Zeit gaben. Der 186 v. Chr. verstorbene Markgraf von Dai wurde in einem Schachtgrab in Mawangdui (heute Changsha) beigesetzt. Zahlreiche Beigaben, darunter Lackarbeiten, Flechtwerk, Holzartefakte und die ältesten Beispiele auf Seide gemalter chinesischer Karten, blieben erhalten. In einem anderen Grab in Mancheng trugen die Verstorbenen, der Han-Prinz Lui Sheng und seine Gemahlin, Jadekleidung, die den Körper der Toten intakt halten sollte. Jedes dieser Gewänder bestand aus 2500 mit Golddrähten verbundenen Jadeplatten. Die Herstellung nahm vermutlich zehn Jahre in Anspruch.

Expansion und Zusammenbruch

Mehrere Han-Kaiser dehnten die Grenzen des Reiches nach Zentral- und Südostasien aus. Zwischen 127 und 92 v. Chr. wurden mehr als zwei Millionen Menschen an die nördlichen Grenzen umgesiedelt. Die Xiongnu, die kriegerischsten unter den Nomadenstämmen, wurden 36 v. Chr. besiegt. Aufgrund der politischen und ökonomischen Zustände wuchs die Unzufriedenheit beim Volk, was zu einer Phase der Wirren führte, in der der Höfling Wang Mang die Xin-Dynastie (9–23 n. Chr.) errichtete.

Während der Östlichen oder Späten Han-Zeit (25–220 n. Chr.) residierten die Kaiser wieder in Luoyang, der ehemaligen Zhou-Hauptstadt. Auch Feldzüge vermochten den wirtschaftlichen Niedergang nicht aufzuhalten. Viele Menschen wanderten nach Süden ab. Ab Mitte des 2. Jahrhunderts kam es zu häufig religiös begründeten Aufständen, denn der Taoismus fand bei den einfachen Leuten zunehmend Anhänger. Über 500 000 Menschen kamen im Jahre 184 bei der Rebellion der Gelben Turbane ums Leben. Nach dem Ende der Herrschaft von Xiandi (189–220 n. Chr.) brach die geschwächte Han-Dynastie schließlich endgültig zusammen ◆

OBEN Die Oberschichten, die sich im 1. Jahrtausend v. Chr. in Korea und Japan formten, besaßen viele Gemeinsamkeiten. Typisch waren zum Beispiel Hügelgräber. Der archäologische Befund stützt das in historischen Quellen gezeichnete Bild rivalisierender Staaten, die um die Kontrolle von immer größeren Gebieten kämpften.

Kyongju: die „goldene" Stadt

Die Hauptstadt der Silla in Kyongju, später als Kumsong (die goldene Stadt) bekannt, gehört zu den bedeutendsten Städten der Antike. Auf dem Höhepunkt lebten hier bis zu einer Mio. Menschen. Teile der Stadt waren angelegt wie Changan, die große chinesische Hauptstadt, die auch für Nara, die erste Hauptstadt des japanischen Yamato-Staates, Modell stand. Im Gegensatz zu den meisten chinesischen Städten besaß Kyongju keine Mauer, jedoch fünf Festungen, darunter Panwolsong, die von einem Erdwall mit 800 Metern Durchmesser umschlossene „Halbmondfestung". Die Stadt umfasste Paläste, buddhistische Tempel, Landschaftsgärten, einen künstlichen See und ein im Jahre 640 von König Sondok errichtetes Observatorium. Über 150 Hügelgräber bergen die sterblichen Überreste der Silla-Elite, viele von ihnen blieben unversehrt. Die Silla-Herrscher wurden mit üppigen Beigaben bestattet. Im Grab des Himmlischen Pferdes und im Grab der Goldenen Krone fand man erlesene Goldobjekte, darunter Kronen und andere Insignien. Die Goldarbeiten koreanischer Handwerker waren an der Seidenroute bekannt, arabische Händler nannten Silla im 9. Jahrhundert daher auch das „goldglitzernde Land" ◆

OBEN VIELE KÖNIGSGRÄBER IN KYONGJU BERGEN SCHÄTZE DES SILLA-REICHES.

Frühe Staaten in Korea und Japan

Anfang des 1. Jahrtausends entwickelten sich zunächst auf der koreanischen Halbinsel, wenig später auch auf den japanischen Inseln erste Staaten. Diese protohistorische Phase, die in späteren koreanischen und japanischen Schriften wie dem *Samguk Sagi* (Geschichte der Drei Königreiche, 1146) oder dem *Nihon Shoki* (Annalen Japans, 720) sowie in anderen zeitgleich verfassten chinesischen Chroniken beschrieben wird, gilt es im Kontext des Zerfalls von China nach dem Niedergang der Wei-Dynastie im frühen 3. Jahrhundert eingehend zu betrachten, als die in diesen Gebieten ansässigen Herrscher ihre Macht durch Bündnisse und Kriege zu festigen versuchten.

In dieser Zeit nahm die Kommunikation und Interaktion zwischen den rivalisierenden Staaten deutlich zu. Die neuen Eliteschichten umgaben sich mit Luxus und holten Handwerker und Künstler aus fernen Gegenden in ihre Städte, die für sie Metall-, Ton- und Steinarbeiten anfertigen mussten. In diesem Zusammenhang gelangten der Gedanke eines auf konfuzianischen Prinzipien gegründeten Staates, die chinesische Schrift und ab dem 4. Jahrhundert auch der Buddhismus in die Gebiete südlich von China.

Die koreanische Halbinsel

Nach der Überlieferung des *Samguk Sagi* wurden die drei Königreiche von Korea – Paekche, Koguryo und Silla – in den Jahren 18, 37 und 57 v. Chr. gegründet. Koguryo entwickelte jedoch zuerst staatliche Strukturen und herrschte im 1. und 2. Jahrhundert von der Hauptstadt Tounggou am Fluss Yalu aus über weite Teile des Nordens. Bedeutende Könige setzte man in herrlich bemalten Gräbern bei; die detailreichen Darstellungen von Jagdszenen und Festen mit Musik, Tanz und Gauklern entwerfen ein lebendiges Bild vom Leben der Oberschicht zu jener Zeit. Als die Chinesen ihr Reich während der Östlichen Han-Zeit (s. S. 120f.) ausdehnten, errichteten sie eine Kolonie in Lelang im Norden der koreanischen Halbinsel. Im Jahre 313 wurde sie jedoch von Soldaten aus Koguryo erobert, doch der Einfluss der chinesischen Kultur dauerte in dieser Region fort. 366 gelangte der Buddhismus nach Korea, wenig später gab es auch eine konfuzianische Schule. Im Jahre 427 wurde die Hauptstadt nach Pjöngjang verlegt, wo sich zuvor die Garnison von Lelang befunden hatte.

Im Südwesten residierten die Herrscher des Reiches Paekche zunächst in Wirysong (unweit der heutigen Stadt Seoul), dann in Hansan (heute Kwangju), Ungjon (heute Kongju) und Puyo. Das üppig ausgestattete Grab von König Munyong (501 bis 523) lässt den Reichtum der Oberschicht erahnen. Mehrfach versuchte Paekche, seine Position gegenüber Koguryo durch Bündnisse mit China und dem frühen Yamato-Staat in Japan zu stärken. Schließlich stieg jedoch das Reich Silla auf, ein kleiner Staat rund um die südöstlich gelegene Stadt Kyongju (s. Kasten). Silla besiegte 663 Paekche und 668 Koguryo, errichtete eine starke Zentralmacht mit strenger sozialer Hierarchie und dominierte im 7. Jahrhundert die koreanische Halbinsel.

OBEN An vielen japanischen *Kofun* fand man Hunderte solcher Grabwächter aus Terrakotta *(Haniwa)*, am Grab von Kaiser Nintoku waren gar 20 000 dieser Figuren in sieben Reihen angeordnet. Einige *Haniwa* bestehen aus einfachen Zylindern, andere haben menschliche Gestalt (Krieger, Sänger, Tänzer), gleichen Tieren (Hunden, Wildschweinen, Vögeln) oder Gebäuden. Man fand auch *Haniwa* auf Grabhügeln, etwa in Mitsudera, wo sie die Residenz des Herrschers mit Hilfe von Modellbauten nachbildeten. Die Grabwächter liefern wertvolle Informationen über den Alltag zur Zeit der ersten japanischen Staaten.

Frühe japanische Staaten

Reisanbau, Metallbearbeitung und andere neue Technologien erreichten Japan etwa zeitgleich um 400 v. Chr. Der intensive Reisanbau und die Fähigkeit, neue Werkstoffe, insbesondere Metall, zu formen, führten zu einem radikalen Bruch mit der Lebensweise der Jomon-Wildbeuter (s. S. 110f.) und schufen die Grundlagen für eine neue soziale und kulturelle Ordnung während der Yayoi-Periode (ca. 400 v. Chr.–300 n. Chr.). In diesen Jahrhunderten erlangten lokale Herrscher durch Kriege und strategische Bündnisse die Kontrolle über immer größere Gebiete. Befestigte Siedlungen wie Yoshinogari im nordwestlichen Kyushu vermitteln heute einen guten Eindruck vom Leben dieser Fürsten und ihres Gefolges. Bronzeobjekte wie zum Beispiel Glocken, Speerspitzen, Hellebarden und Schwerter galten als Statussymbole und finden sich daher in vielen Gräbern aus jener Zeit. In einigen Gebieten bestattete man die Herrscher in großen Hügelgräbern, den Vorläufern von Gräbern der Yamato-Kaiser, etwa in Tatetsuki auf Honshu.

Zwischen dem 4. und dem 8. Jahrhundert dehnten die Fürsten, die am östlichen Ende der Inlandsee auf Honshu residierten, ihre Herrschaft auf den größten Teil der japanischen Inseln aus. Wie in Korea demonstrierten die frühen Eliten ihre Macht, indem sie imposante Hügelgräber *(Kofun)* errichten ließen, nach denen die gesamte Periode benannt wurde. Aufgrund ihrer Form – rund auf der Rückseite und quadratisch an der Vorderseite – werden sie auch „Schlüssellochgräber" genannt. Das größte dieser Gräber umfasste ein Areal von insgesamt 32 Hektar und gehörte angeblich Nintoku, einem im *Nihon Shoki* erwähnten protohistorischen Kaiser aus dem frühen 5. Jahrhundert. Alltagsfunde aus der *Kofun*-Zeit sind seltener, doch blieben aufgrund eines Vulkanausbruchs im 6. Jahrhundert in der Region des Haruna in der Provinz Gunma ein Bauerndorf und eine Residenz in Kuroimine und Mitsudera unter einer dicken Asche- und Schlammschicht erhalten. Wegen der historischen Parallelen bezeichnet man diese Orte auch als „Japanisches Pompeji" ◆

Die Eisenzeit in Südostasien

Die Eisenzeit, die in Südostasien um 500 v. Chr. begann, führte zu tief greifenden Veränderungen der Sozialstruktur. In den fruchtbaren Gegenden Südchinas und im Delta des Roten Flusses entstanden blühende Reiche. Vermutlich trug die Konkurrenz um die Kontrolle des Handels mit dem mächtigen Staat Chu in der Mitte des Yangtzetals wesentlich zu dieser Entwicklung bei. Der Prozess intensivierte sich, als im 1. Jahrhundert die Han-Dynastie ihren Einfluss auf das Gebiet geltend machte (s. S. 120f.). Als die eisenzeitlichen Ackerbaugemeinschaften südlich des Truong-Son-Gebirgszugs allmählich zu Wohlstand gelangten, nahm der Handel mit Indien zu. Neue religiöse Lehren, die den Weg für Hinduismus und Buddhismus bereiteten, führten zur Entstehung einer sozialen Hierarchie. Beide Faktoren spielten bei der Gründung früher Staaten im unteren Mekongtal ab dem 3. Jahrhundert eine entscheidende Rolle. Aus diesen eisenzeitlichen Zentren in Südostasien entwickelten sich im Laufe des nächsten Jahrtausends Kulturen wie Angkor, die größte Residenz- und Tempelstadt der Khmer-Könige.

Zwei Kulturen – Dian und Dong Son – hoben sich aus der Fülle rivalisierender Fürstentümer heraus, die zu Beginn der Eisenzeit das Bild in Südchina und Vietnam prägten. Dies könnte aber auch daran liegen, dass an den zugehörigen Stätten intensiver geforscht wurde als an anderen Orten.

Fürstengräber

Das Fürstentum Dian in Yunnan beherrschte den gleichnamigen See, der günstige Bedingungen für den Reisanbau schuf und dem Reich dadurch zu Wohlstand verhalf. Am Südostrand des Sees ragte Shizhaishan hoch über der Ebene empor. Archäologen legten eine Königsnekropole frei, in der tote Angehörige der Oberschicht mit reichen Beigaben in lackierten Holzkisten bestattet wurden. Ein solches Grab barg ein goldenes Siegel (das Geschenk eines Han-Kaisers) mit der Inschrift „Siegel des Königs von Dian". Zu den typischen Beigaben gehören vor allem Miniaturfiguren aus zum Teil vergoldeter Bronze, die auf einem Bronzebehälter mit Kaurimuscheln platziert wurden. Diese Figürchen stellen Szenen aus dem höfischen Leben dar – Frauen, die Rituale ausführen oder Männer in Schlachten. In Lijiashan, einer weiteren Nekropole, begrub man reiche Frauen mit Webgeräten aus Bronze, wohlhabende Männer dagegen mit Waffen.

Der Rote Fluss, der in Yunnan entspringt, verbindet das Gebiet von Dian mit jenem von Dong Son. Auch hier untersuchte man Gräber der herrschenden Elite. Die Leichname ruhten häufig in hölzernen Kisten, die schöne Bronzeartefakte, zum Beispiel verzierte Zeremonialtrommeln, enthielten. Viele waren mit Friesen verziert, die mit Federn geschmückte Krieger, Musikanten, das Dreschen von Reis, Wohnhäuser oder geometrische Muster zeigen. Die Bronzeobjekte wurden in der Regel vor Ort gefertigt, ein besonders großer, bootförmiger Sarg in Viet Khe enthielt neben einheimischen auch aus Südchina importierte Stücke. Ähnliche Gräber in Xuan La bargen Textilien, hölzerne Schäfte von Bronzewaffen und chinesische Münzen.

Eisenzeitliche Bauern

Jenseits des Truong-Son-Gebirgszugs veränderte die Technik der Eisenverarbeitung nach 500 v. Chr. Kultur und Gesellschaft in erheblichem Maße. In Nordost- und Zentralthailand gab es zahlreiche Eisenerzlagerstätten. Werkzeuge aus geschmiedetem (erhitztem und gehämmertem) Eisen steigerten den landwirtschaftlichen Ertrag, denn nun konnte man leichter Bäume fällen und den Boden umgraben. Für die Öfen benötigte man ständig Brennholz, so dass viele Flächen gerodet wurden und als Felder zur Verfügung standen. Die Bevölkerung wuchs, und es ent-

RECHTS Während der frühen Eisenzeit bildeten sich in Südostasien zwei Einflusssphären. Die Reisbauern in Südchina und Vietnam waren den Expansionsbestrebungen der nordchinesischen Han-Dynastie ausgesetzt. Dies begünstigte eine klare Hierarchie und die Entstehung rivalisierender Militärstaaten im Gebiet des Roten Flusses. Südlich des Truong-Son-Gebirgszugs nahm dagegen der Wohlstand in den Ackerbaugemeinschaften Kambodschas und Thailands durch den Gebrauch von Eisen zu. Hier knüpften die Menschen engere Handelskontakte mit Indien.

Noen U-Loke: reiche Gräber

Bei den 1997/98 durchgeführten Grabungen in Noen U-Loke in Thailand stießen Archäologen auf die größte bislang entdeckte eisenzeitliche Siedlung Südostasiens. Menschen lebten hier von 400 v. Chr. bis mindestens ins 5. Jahrhundert. Forscher legten insgesamt 125 Gräber frei und fanden zahlreiche Hinweise auf Eisen- und Glasverarbeitung. Die ältesten Gräber enthielten eisernen Zierrart. In der vierten Phase (2.–3. Jh.) bestattete man die Toten (Männer, Frauen und Kinder) in Gruppen, füllte die Gräber mit verbranntem Reis und deckte sie mit Tonerde ab. Drei Gräber enthielten außergewöhnlich reiche Beigaben. Ein Mann trug beispielsweise drei Bronzegürtel, 150 Armreifen, Ringe und Fußringe aus Bronze sowie mit Gold verkleideten, silbernen Ohrschmuck, ein anderer vier Bronzegürtel und schweren bronzenen Ohrschmuck. Die Halskette einer Frau bestand aus Gold, Achat und Glasperlen. Alle wurden mit Eisenmessern bestattet ◆

RECHTS EIN EISENMESSER STECKTE NOCH IN EINEM BAMBUSSCHAFT (14 CM HOCH).

standen Dörfer an bislang unbesiedelten Orten. Einige waren nach kurzer Zeit deutlich größer als ihre bronzezeitlichen Vorgänger.

Eisen eignete sich für viele Zwecke: Man stellte daraus Messer, Spaten, Hacken und Sicheln her. Auch Eisenwaffen kamen in Gebrauch, finden sich jedoch erst in Gräbern der späten Eisenzeit. Bei Ausgrabungen in Noen U-Loke (s. Kasten) entdeckte man einen Mann mit einer eisernen Pfeilspitze im Rücken. Der neue Wohlstand der Siedlungen ist zum Beispiel in Ban Don Ta Phet in Zentralthailand erkennbar, wo Gräber Schmuck aus Karneol, Achat, Glas, Eisenartefakte wie Speere und Hippen und verzierte Bronzen bargen, die Szenen mit Lotusblüten, schönen Häusern und eleganten Frauen zeigten.

Der Handel und Kulturkontakt mit Indien nahm zu: Ein Karneollöwe, den man an einer um das 4. Jahrhundert v. Chr. datierten Stätte fand, kann nur vom indischen Subkontinent stammen, wo der Löwe als Symbol für Buddha galt. An indischen Stätten entdeckte Bronzegefäße könnten von thailändischen Orten wie Ban Don Ta Phet importiert worden sein. Die Funde deuten auf die zunehmende Präsenz indischer Kaufleute in Südostasien hin, die dort exotische Waren gegen Gewürze, Bronze und Gold eintauschten und zugleich religiöse und kulturelle Ideen verbreiteten. Die Dorfoberen die den Handel mit diesen Gütern kontrollierten, und die Kaufleute, die in ferne Länder reisten, gelangten zu Reichtum und Ansehen und bildeten bald eine Eliteschicht ◆

OBEN Dong-Son-Zeremonialtrommel (30 cm Höhe, 53 cm Durchmesser). Frühe chinesische Quellen berichten, dass die Führer der im Süden lebenden Menschen in Kriegszeiten die Trommel schlugen. Viele dieser eindrucksvollen Instrumente fand man im Delta des Roten Flusses und in der chinesischen Provinz Yunnan. Häufig sind sie mit Kriegsszenen verziert. Andere zeigen Prozessionen mit Musikern und Tänzern.

Spätere Staaten Südasiens

Im 2. Jahrtausend v. Chr. drangen berittene Nomaden von Zentralasien auf den indischen Subkontinent vor. Die indo-arischen Sprachen, die sie einführten, setzten sich nach und nach durch. Bei den Nachfolgern der Induskultur mischten sich einheimische und fremde Kulturanteile. Die Eisenverarbeitung fand überall dort rasch Verbreitung, wo reiche Eisenerzvorkommen in der Natur vorhanden waren. Mit Eisenwerkzeug konnte man Wälder roden und Platz für Felder schaffen. Im Gangestal entstanden Städte und neue Kulturen, die stetig Einflüsse von Händlern und Invasoren aufnahmen.

UNTEN Der Buddhismus inspirierte in besonderem Maße Künstler und Architekten. Üppig verzierte Stupas wie diese in Sanchi, ursprünglich gebaut, um die Reliquien des Buddha und späterer Heiliger zu beherbergen, wirkten stilbildend für ganz Südasien. Auch entstanden Tempel, häufig in Verbindung mit Klöstern, die zunächst Mönchen während der Regenzeit als Zuflucht dienten, sich Ende des 2. Jahrhunderts v. Chr. jedoch zu dauerhaft bewohnten großen Komplexen ausweiteten. Die Klöster etablierten sich daraufhin als Kultur- und Studienzentren und förderten Handel und Handwerk.

Die Veden und andere heilige Schriften erzählen, wie sesshafte Bauern vom Gangestal Besitz ergriffen und sich allmählich aus Ackerbaugesellschaften kleine, rivalisierende Königreiche entwickelten. Die Ursprünge des Vedismus, eine der Grundlagen des Hinduismus, gehen auf das 1. Jahrtausend v. Chr. zurück. Inschriften auf Siegeln und Zitadellen deuten darauf hin, dass er Elemente der indo-aryanischen Kultur mit den religiösen Praktiken des Indusvolkes (s. S. 114f.) verband. Die ältesten vedischen Texte wurden in Brahmi und Kharoshti niedergeschrieben, die von nord- und westsemitischen Schriften abstammten.

Die Mauryas

Zur Zeit der großen religiösen Reformer Mahawira (dem Begründer des Jainismus) und Siddharta Gautama Buddha, die im 6. und 5. Jahrhundert v. Chr. wirkten, existierten im Norden Indiens traditionellen Quellen zufolge 16 große Reiche. Am bedeutendsten war Magadha, das seinen Einfluss durch eine geschickte Eroberungs-, Bündnis- und Heiratspolitik erweiterte. Ende des 4. Jahrhunderts v. Chr. herrschte König Candragupta Maurya (reg. 321–ca. 293 v. Chr.) über weite Teile des Subkontinents.

In den Städten der Gangesregion produzierten kunstfertige Handwerker Werkzeug und Schmuck. Münzen kamen im 6. Jahrhundert v. Chr. sowohl im Gangestal als auch in Handelsstädten im Punjab auf. Diese Orte gehörten bis zum Eroberungszug Alexanders des Großen zum Persischen Reich. Nach Alexanders Tod dehnte die Maurya-Dynastie ihr Gebiet nach Nordwesten aus.

Zeitgenössische Texte, etwa von Megasthenes, einem seleukidischen Gesandten am Hof von Candragupta Maurya, beschreiben die Pracht öffentlicher Gebäude wie etwa der Säulenhalle von Pataliputra, der Hauptstadt der Maurya. Archäologen fanden Überreste dieser Halle und einer mächtigen hölzernen Einfriedung, welche die Stadt einstmals umgab. Hier und an anderen Orten zeichnete sich die Architektur von Wohnhäusern durch große, ringförmige Brunnen aus, die auf die Bedeutung von Wasser und Reinigungsriten in der Induskultur und den späteren Gangesstaaten verweisen.

Unter Candraguptas Enkel Ashoka (reg. 272 bis 231 v. Chr.) erreichte das Gebiet der Maurya seine größte Ausdehnung. Ashoka, ein glühender Anhänger des Buddhismus, entsandte Missionare in benachbarte Gebiete und sogar bis nach Sri Lanka. Einige Edikte, die Ashoka im Grenzgebiet seines Reiches in Felsen hauen ließ, blieben bis heute erhalten.

Spätere Staaten

Nach dem Zusammenbruch des Maurya-Reiches im Jahre 192 v. Chr. herrschten in der Gangesregion

RECHTS Etwa 1000 Jahre nach dem Zusammenbruch der Induskultur ging von den Bauernsiedlungen in der Gangesebene eine kulturelle Erneuerung aus. Die Maurya-Dynastie des Magadha-Reiches dehnte ihren Einfluss im späten 4. Jahrhundert v. Chr. von hier aus über Nord- und Zentralindien aus. Handel und Kulturkontakte mit Zentralasien vollzogen sich vornehmlich über Gebirgspässe im Nordwesten, wo in der Folge neue Siedlungen entstanden. An den Handelsrouten auf dem Subkontinent errichteten Mönche Klöster. In den Westghats grub man reich verzierte Tempel in das weiche Gestein.

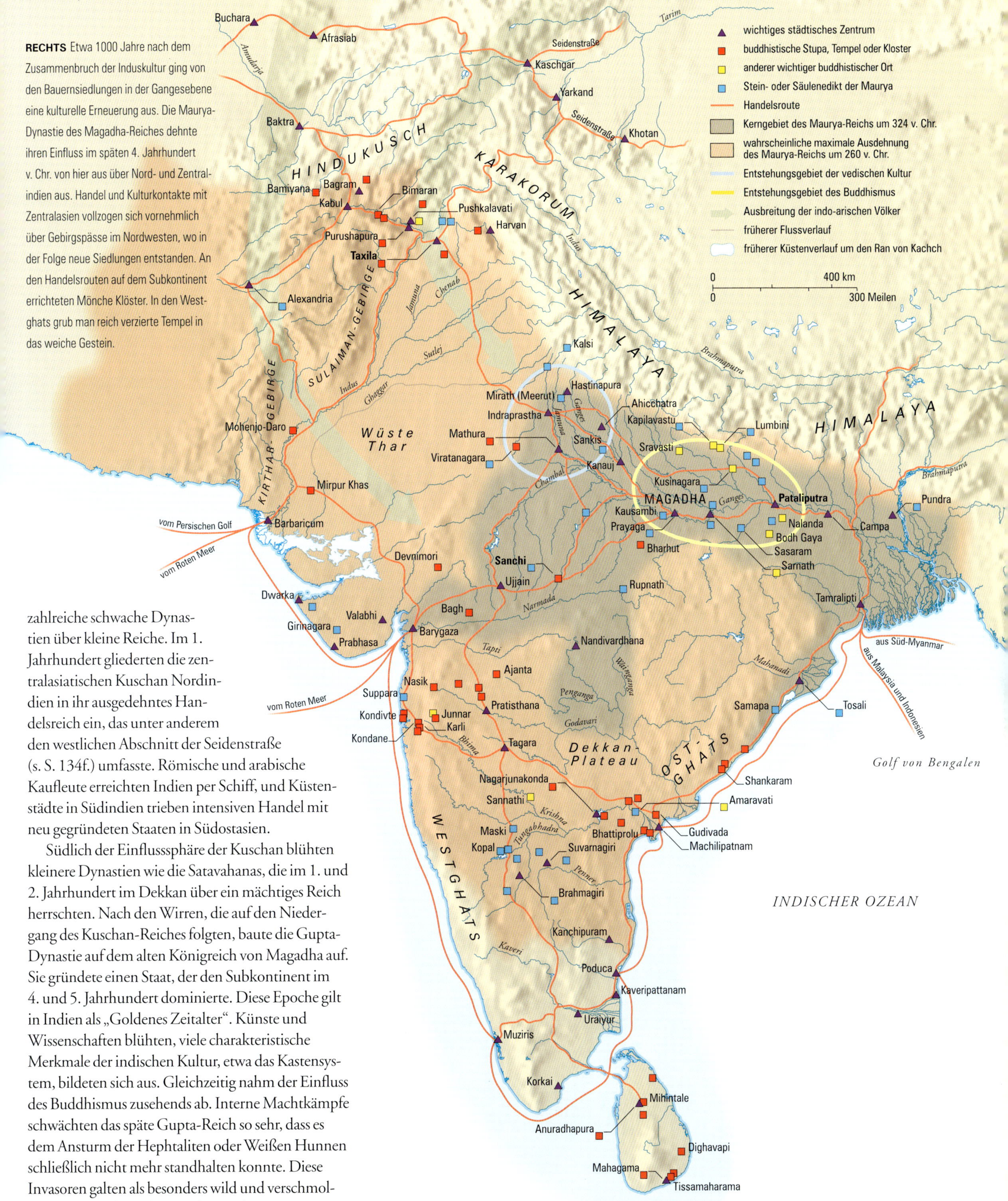

zahlreiche schwache Dynastien über kleine Reiche. Im 1. Jahrhundert gliederten die zentralasiatischen Kuschan Nordindien in ihr ausgedehntes Handelsreich ein, das unter anderem den westlichen Abschnitt der Seidenstraße (s. S. 134f.) umfasste. Römische und arabische Kaufleute erreichten Indien per Schiff, und Küstenstädte in Südindien trieben intensiven Handel mit neu gegründeten Staaten in Südostasien.

Südlich der Einflusssphäre der Kuschan blühten kleinere Dynastien wie die Satavahanas, die im 1. und 2. Jahrhundert im Dekkan über ein mächtiges Reich herrschten. Nach den Wirren, die auf den Niedergang des Kuschan-Reiches folgten, baute die Gupta-Dynastie auf dem alten Königreich von Magadha auf. Sie gründete einen Staat, der den Subkontinent im 4. und 5. Jahrhundert dominierte. Diese Epoche gilt in Indien als „Goldenes Zeitalter". Künste und Wissenschaften blühten, viele charakteristische Merkmale der indischen Kultur, etwa das Kastensystem, bildeten sich aus. Gleichzeitig nahm der Einfluss des Buddhismus zusehends ab. Interne Machtkämpfe schwächten das späte Gupta-Reich so sehr, dass es dem Ansturm der Hephtaliten oder Weißen Hunnen schließlich nicht mehr standhalten konnte. Diese Invasoren galten als besonders wild und verschmolzen nicht mit der einheimischen Kultur ◆

Skythen und Steppennomaden

Im 1. Jahrtausend v. Chr. tauchten unter den Völkern der zentraleurasischen Steppen Hirtennomaden auf. Sie gelangten durch große Herden zu Reichtum und zogen je nach Jahreszeit auf festgelegten Routen über weite Strecken zu bestimmten Weidegründen. Da sie nie lange an einem Ort blieben, besaßen sie nur wenige und leichte Dinge sowie einfach aufzubauende Zelte zum Schutz vor Regen und Kälte, die sie auf Karren und Wagen mit sich führten. Hinweise auf die umfangreichen Wanderungsbewegungen liefert der charakteristische Tierstil, der sich im 8. und 7. Jahrhundert v. Chr. vom östlichen Ende des Steppenkorridors bis in die Gebiete nördlich des Schwarzen Meeres verbreitete. Die Menschen, die hierher zogen, verschmolzen mit den vor Ort lebenden Völkern zu den Skythen, die Herodot und andere griechische Schriftsteller erwähnen. Die Skythen knüpften enge Beziehungen zu den griechischen Schwarzmeerkolonien (s. S. 90f.), die sich zu wichtigen Handelszentren mit eigenständiger Kultur entwickelt hatten. In den darauf folgenden 500 Jahren – bis zu ihrer Niederlage im Kampf gegen Philipp II. von Makedonien im Jahre 339 v. Chr. – gewannen sie zunehmend an Macht und Reichtum. In Südrussland und der Ukraine fand man zahlreiche Grabhügel mit letzten Ruhestätten bedeutender Krieger, die zum Teil erstaunliche Mengen an Gold- und Silberartefakten, Zaumzeug, Waffen und die für das Nomadenleben typischen Wagen bargen. Weit im Osten führten mit den Skythen verwandte Hirtenvölker auf den Hochebenen des Altai-Gebirges ein ähnliches Nomadenleben. Auch die Altai-Nomaden häuften durch den Handel mit Pferden, die sie nach Persien, Indien und China verkauften, große Reichtümer an.

OBEN In den eurasischen Steppen lebten im 1. Jahrtausend v. Chr. vornehmlich berittene Hirtennomaden. Griechische Handelskolonien, die ab 600 v. Chr. an der Nordküste des Schwarzen Meeres entstanden, machten das unter dem Namen Skythen bekannt gewordene Volk reich, wie viele üppig ausgestattete Gräber aus jener Zeit belegen. Im Osten standen im Altai-Gebirge andere Hirtennomaden in Kontakt mit China, Persien und Indien.

Aufsehen erregende Gräber *(Kurganen)* bilden die wichtigste Informationsquelle zum Leben der Skythen. Die Hinterbliebenen gruben einen zehn bis 15 Meter tiefen, zentralen Schacht in den weichen Lößboden und höhlten dann eine gruftähnliche Kammer aus, die sie häufig mit Holz verkleideten. Weitere Nischen zweigten oftmals von der Hauptkammer ab und bargen die sterblichen Überreste von Dienern oder Verwandten, die dem Verstorbenen ins Grab gefolgt waren. Hatte man die Beigaben neben dem Toten platziert, wurde der Schacht

OBEN ARCHÄOLOGEN UNTERSUCHEN EINEN GRABHÜGEL *(PAZYRYK)* BEI KARA UKOK.

Kara Ukok: ein eisiges Grab

Die Hirtennomaden im Altai-Gebirge an der Grenze zwischen Russland, China und der Mongolei werden oft *Pazyryk* genannt, was übersetzt soviel wie „Grabhügel" bedeutet. Aufgrund der extrem kalten Temperaturen gefroren die mit Holz verkleideten Grabkammern beinahe sofort, weshalb die Grabbeigaben außergewöhnlich gut erhalten blieben und Archäologen mit faszinierenden Details über die eisenzeitlichen Völker dieser kalten und abgelegenen Region beliefern. Eine der spektakulärsten Entdeckungen ist ein im Sommer 1993 auf dem Kara Ukok-Hochplateau gefundenes Grab, in dem der tätowierte Leichnam einer etwa 25-jährigen Frau zusammen mit Stoff- und Lederbeigaben in einem Holzsarg ruhte. Auf hölzernen Tellern hatten die Hinterbliebenen Hammel- und Pferdefleisch angerichtet. Vor der Holzkammer wurden sechs Pferde begraben, die zuvor mit einem Schlag auf den Kopf getötet worden waren. Besonders gut waren die Kleider der Frau konserviert. Sie trug eine Kopfbedeckung aus Filz, einen mit goldenen Panthern verzierten Seidenkaftan, ein Wollkleid und Filzstiefel mit Goldeinlagen. Lange Zeit glaubte man, die Seide stamme aus China, doch neueren Untersuchungen zufolge kam sie wohl eher aus Indien ◆

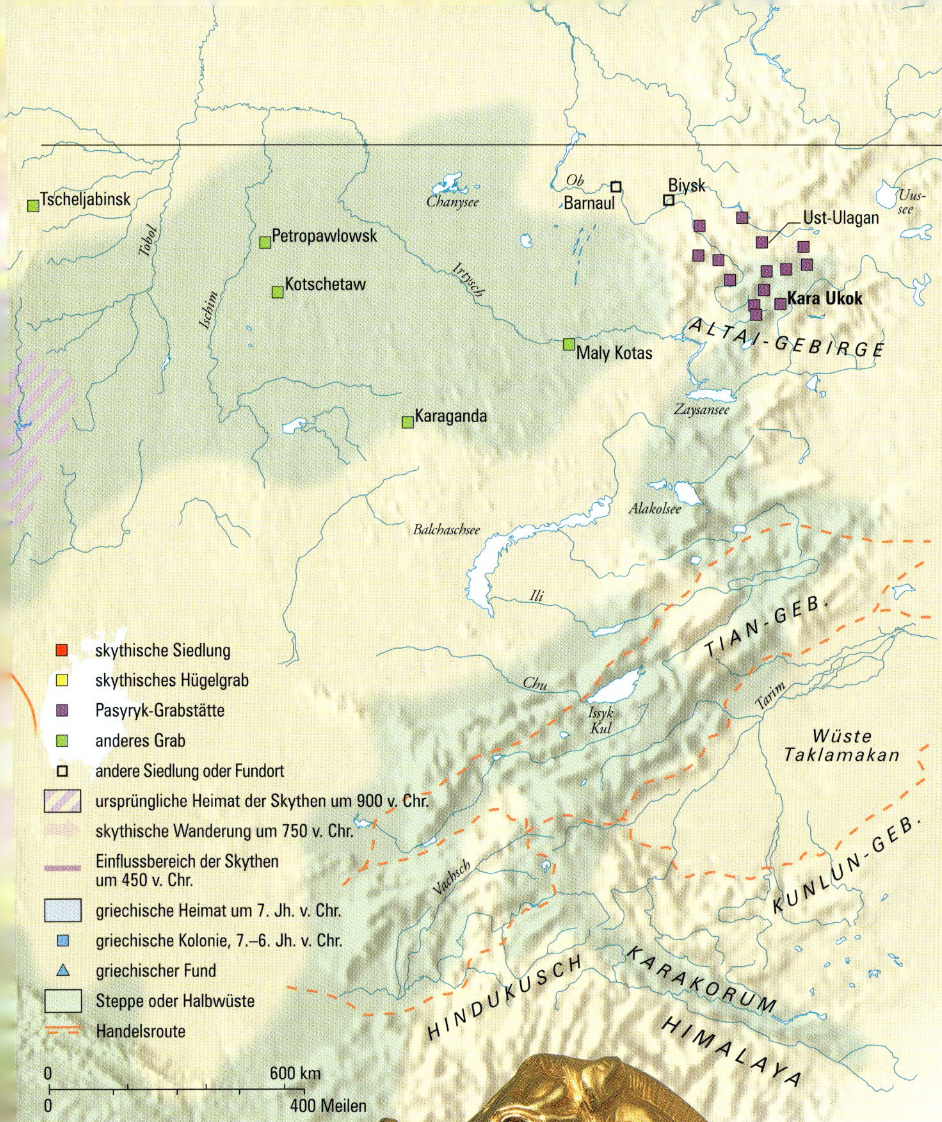

mit Erde und Steinen aufgefüllt. Sodann schüttete man einen bis zu 20 Meter hohen Hügel auf. Später grub man zuweilen noch Schächte für weitere Gräber in den Hügel und stach Tunnel durch, um sie mit dem Ursprungsgrab zu verbinden.

Spektakuläre Artefakte

Ein klassisches Skythengrab entdeckte man in Tolstaja Mogila. Die Hauptkammer barg die Überreste eines etwa 50-jährigen Mannes. Sie wurde in der Antike geplündert, doch ließen die Diebe ein Schwert in einer goldenen Scheide und ein goldenes Pektoral zurück. Ein zweiter Schacht mit fünf Gräbern war intakt. Hier hatte man Seite an Seite eine junge Frau mit Kind bestattet, außerdem einen jungen Mann mit Pfeil und Bogen. In einer Nische ruhte eine junge Frau, der man Nahrung mit auf die letzte Reise gegeben hatte, daneben lag ein Mann mit einem vollständigen Wagen und mehreren Pferdeskeletten. Im Graben, der sich rund um die Anlage zog, entdeckten Archäologen Knochen von Pferden, Ebern und Hirschen sowie Scherben von Weingefäßen – vermutlich Überreste der Bestattungszeremonie.

Die Skythen verzierten Gold- und Silberschmuck sowie Gefäße häufig mit aufwändigen Darstellungen wilder Tiere oder mit Schlachtszenen. Es gibt jedoch auch friedvollere Szenen. Ein goldener Fries auf einem silbernen Becher aus Gaymanowa zeigt zwei ältere Krieger im Gespräch. Sie trugen skythische Gewänder aus pelzbesetztem Leder. Auf einem Pektoral aus Tolstaja Mogila, einem der schönsten Beispiele skythischer Goldschmiedekunst, sind ein Kind beim Melken eines Schafes und zwei Männer zu sehen, die ein Ledergewand fertigen.

RECHTS Skythisches Goldartefakt mit einem Muster aus fein gearbeiteten Pferdeköpfen.

Dauerhafte Siedlungen

Der Kontakt mit den Griechen führte dazu, dass die nomadischen Skythen Siedlungen errichteten. Elisavetowskoje auf einer Insel im Mündungsgebiet des Don entwickelte sich in der zweiten Hälfte des 4. Jahrhunderts v. Chr. zu einem mit Wall und Gräben befestigten Handels- und Handwerkszentrum. Bislang fand man nur wenige Skythensiedlungen, doch 1996 entdeckten Archäologen in Rischanowka südlich von Kiew ein Grab, das auf eine sesshafte Lebensweise hindeutet, war es doch wie ein Zweiraumhaus angelegt. Ein Zimmer mit einer Feuerstelle und Bronzekesseln, die Spuren von gekochtem Pferdefleisch und Lammknochen enthielten, stellte die Küche dar, ein zweites das Schlafzimmer. Hier ruhte der Tote auf einem hölzernen Podest. Aus dem Datum (300 v. Chr. oder später) und der „häuslichen" Struktur des Grabes schließen Archäologen, dass die Skythen sich damals von Nomaden zu sesshaften Bauern entwickelten ◆

Das Persische Reich

Im 1. Jahrtausend v. Chr. beherrschten aus Zentralasien stammende, iranischsprachige Völker die westliche Hochebene südlich des Kaspischen Meeres. Von dort aus breiteten sie sich westwärts und südwärts durch das Sagros-Gebirge aus. Die Meder profitierten vom Zusammenbruch des Assyrischen Reiches im 7. Jahrhundert und gründeten selbst ein Reich mit der Hauptstadt Ekbatana (Hamadan), das sich von Anatolien bis Afghanistan erstreckte. Ein verwandter Zweig ließ sich im Gebiet von Persis (heute Fars bzw. Shiraz) im südwestiranischen Hochland nieder. Mitte des 6. Jahrhunderts befreiten sich die Perser unter dem Achämenidenkönig Kyros dem Großen von der Herrschaft der Meder und eroberten deren Reich. Dann nahmen sie das anatolische Königreich Lydien und die griechischen Städte in Kleinasien ein, bevor sie sich nach Babylonien wandten. Kyros' Nachfolger verleibten dem Reich Ägypten und den Norden Thrakiens ein. Lediglich den Griechen gelang es, die Invasionsversuche des Xerxes abzuwehren (s. S. 96f.). Die Achämeniden versuchten ihr Gebiet zusammenzuhalten, indem sie verschiedene Regierungsformen erlaubten und Raum für einheimische Sitten und Kulte ließen, gleichzeitig aber einen zentralisierten Verwaltungsapparat und ein staatliches Heer schufen. Ihr Reich hatte zwei Jahrhunderte Bestand, bis Alexander der Große es eroberte.

Als Begründer des politischen und administrativen Systems der Achämeniden gilt Dareios I. (reg. 522–486). Er gliederte das Reich in Satrapien (Provinzen), denen persische Satrapen (Statthalter) vorstanden. Ackerland teilte er in Parzellen und vergab es an Adlige oder als Entlohnung für den Dienst in der Armee. Auch führte er als erster nahöstlicher Herrscher feste Jahressteuern ein. Nach dem Vorbild der Lyder begannen die Perser, Gold- und Silbermünzen zu prägen. Die persischen Könige ließen auch ein weit verzweigtes Straßennetz anlegen, das ihr riesiges Gebiet durchzog. Auf der Königsstraße konnte man beispielsweise von Susa binnen einer Woche in das 2575 Kilometer entfernte Sardis, der ehemaligen Hauptstadt Lydiens, gelangen.

Gräber und Paläste

Rund um Shiraz im iranischen Sagros-Gebirge blieben viele Spuren der Achämenidenherrschaft erhalten. In der ursprünglichen Hauptstadt, Pasargadae, birgt eine schlichte steinerne Krypta auf einem Stufensockel das Grab Kyros' des Großen. Dareios gründete eine neue Hauptstadt, Persepolis, die seine Nachfolger Xerxes und Artaxerxes (s. Kasten) vervollständigten. Er ließ auch das erste Königsgrab in eine Felswand in Naqsch-i Rustem unweit von Persepolis graben. Die Säulen an der Fassade ließ er mit dekorativen Reliefs und zahlreichen Inschriften verzieren, die der Nachwelt ein eindrucksvolles Bild von der erfolgreichen Herrschaft des ehemaligen Archä-

RECHTS Das persische Achämenidenreich war das größte der Antike. Die Herrscher schufen ein neues Verwaltungssystem, das spätere Reiche im Nahen Osten übernahmen.

UNTEN Der Relieffries aus mehrfarbigen, glasierten Ziegeln zeigt Bogenschützen der königlichen Leibwache. Palast des Dareios in Susa, um 500 v. Chr.

menidenkönigs vermitteln. Der Herrscher selbst ist bei Kulthandlungen an einem Altar zu sehen, er steht auf einem Podium, das von Vertretern der verschiedenen Völker des Reiches getragen wird. In Besutun, einem heiligen Ort im Sagros-Gebirge, zeigt ein in den Fels gehauenes Relief Dareios vor gefesselten Rebellen. Die in parallelen Kolumnen angeordnete Inschrift in Altpersisch, Assyrisch und Elamisch trug wesentlich zur Entschlüsselung der Keilschrift bei.

Die Achämenidenkönige entfalteten außerhalb des persischen Kernlandes eine intensive Bautätigkeit. In Susa gründeten sie eine zweite Hauptstadt und errichteten dort einen riesigen Palast. Auch in Babylon, einem weiteren bedeutenden Zentrum, entstand ein solcher Komplex, für den Baumaterial, Edelsteine, Gold, Silber und Elfenbein aus dem gesamten Reich herangeschafft wurden. Babylonische Ziegelbrenner, Steinmetzen aus Ionien und Lydien, Holz- und Metallarbeiter aus Ägypten arbeiteten an dem Bau mit. Viele Elemente wirkten stilbildend und wurden in die Architektur von benachbarten oder späteren Herrschern übernommen ◆

Persepolis: ein Zeremonialzentrum

Die von Dareios I. gegründete Hauptstadt Persepolis diente als königliche Residenz und als Zeremonialzentrum. Die Zitadelle erhob sich auf einer riesigen steinernen Plattform innerhalb eines massiven Rings aus Lehmziegeln, der längst dem Zahn der Zeit zum Opfer gefallen ist. Auf der Plattform standen große Säulenhallen, Pavillons und Zeremonialtore, auch fand man Reste von Treppen, Lagerräumen und Stallungen. Der Palast des Dareios grenzte an die Apadana (Audienzhalle), einer eindrucksvollen Säulenhalle auf einem Podium, die auf drei Seiten von Säulenvestibülen begrenzt wurde. Die Säulen besaßen einen lang gezogenen Schaft, der griechische oder lydische Einflüsse vermuten lässt, während die Säulenenden von Tierdarstellungen (Greifen, Löwen oder Stieren) gekrönt wurden, die hingegen typische Elemente der persischen Architektur waren. Die Reliefdarstellungen nahmen vielfach assyrische Traditionen auf. Viele zeigen den König mit Insignien und Symbolen der Macht. Die zur Apadana führenden Treppen sind dagegen mit persischen Soldaten, Adligen und Vertretern unterworfener Völker verziert ◆

OBEN DIE APADANA – EINIGE SÄULEN STEHEN NOCH AN ORT UND STELLE.

Die Griechen in Asien

Die Eroberung des Perserreiches durch Alexander den Großen (s. S. 98f.) führte dazu, dass sich die hellenistische Kultur in Westasien und Teilen Nordwestindiens verbreitete, wo sie dauerhafte Spuren hinterließ. Doch der Kontakt der Griechen (bzw. Makedonier) mit Asien trug deutlich komplexere Züge, als westliche Historiker zuweilen wahrhaben wollen. Tatsächlich siedelten Alexander und seine Nachfolger Kriegsveteranen auf Ländereien in den eroberten Gebieten zwischen Syrien und Afghanistan an. Die Städte und Garnisonen, welche sie gründeten, orientierten sich in Stil und Anlage ebenso wie die Kultur durchaus an griechischen Vorbildern und Ideen. Doch einige hellenistische Stätten in Westasien belegen, dass die Kolonisten an vielen Orten in Westasien Seite an Seite mit der einheimischen Bevölkerung lebten. Diese nahm die griechischen Sitten zwar zur Kenntnis und übertrug sie oberflächlich auf ihre eigene Kultur, pflegte aber weiter ihre eigenen Gebräuche. Oft waren es eher die Neuankömmlinge, die bereit waren, sich zu assimilieren.

Ohne Glück und militärisches Geschick hätte Alexander das Perserreich niemals erobern können. Dass er es aber auch behielt, verdankte er nicht zuletzt dem funktionstüchtigen Verwaltungssystem, welches die Achämeniden geschaffen hatten. Die lange Tradition zentralistischer Herrschaft im Nahen Osten hatte die Eigenständigkeit der Provinzen geschwächt. Da Alexander lokale Sitten respektierte und keine unmäßigen Tributforderungen erhob, gab es keine ernst zu nehmende Opposition gegen ihn. Sein Reich zerfiel, weil seine Nachfolger sich in Machtstreitigkeiten verstrickten.

Griechische Städte in Asien

Alexander gründete Städte (ursprünglich Kolonien makedonischer Veteranen) im gesamten Reich, eine Politik, die die Seleukiden, seine Nachfolger in den asiatischen Provinzen, fortführten. Auch vergrößerten sie bereits existierende Orte. Viele hellenistische Städte in der Türkei und im östlichen Mittelmeerraum sind bis heute besiedelt, so dass nur wenige Spuren von ihren Ursprüngen erhalten blieben. Weiter östlich verschwanden berühmte hellenistische Siedlungen wie Seleukeia am Tigris. Archäologen

UNTEN Die Seleukiden traten in Asien das Erbe Alexanders des Großen an, nachdem sie die Kriege für sich entschieden hatten, die nach dem Tod des großen Herrschers im Jahr 323 v. Chr. um das riesige Reich ausgebrochen waren. Die Ostgrenze hielten sie nicht lange: Gandhara und Arachosien im Industal fielen 304 an die Herrscher der Maurya-Dynastie im Gangestal. Baktrien wurde unter Diodotus I. ein eigenständiges Königreich. Mitte des 2. Jahrhunderts v. Chr. drangen die Parther von ihrem Kernland im nordöstlichen Iran nach Westen vor und eroberten um 130 v. Chr. Babylonien. Die Römer, die Griechenland eingenommen hatten und nun den östlichen Mittelmeerraum beherrschten, stoppten die Parther durch eine neue Ostwestgrenze. Im Osten übernahmen nach blutigen Kämpfen die Saken (1. Jh. v. Chr.) und die Kuschan (1. Jh.) die Macht über die baktrischen Reiche und verdrängten die Parther.

OBEN Um 162 v. Chr. verloren die geschwächten Seleukiden Kommagene im Taurus-Gebirge in der Zentraltürkei. Unter Antiochos I. (reg. 69–34 v. Chr.) erlebte die Region eine neuerliche Blüte. Der Tendenzen von Größenwahn zeigende Herrscher ließ zu seinem Gedenken ein herrliches Mausoleum und eine umfangreiche Tempelanlage im Gebirgszug Nemrut Dagi unweit des Wansees errichten. Die Kolossalköpfe gehörten einst zu monumentalen Sitzfiguren griechischer und persischer Götter.

förderten einige antike Stätten zutage, darunter Dura Europos am Euphrat, Failaka vor der Küste von Kuwait und Ai Khanum in Afghanistan. Die meisten waren genau wie griechische Städte rechtwinklig nach dem Hippodamischen System angelegt und mit einer Agora, einem Gymnasium, Theatern, Tempeln und anderen typisch griechischen Bauten ausgestattet.

Griechische Architektur prägte auch das Bild in Städten, die schon lange existierten, etwa in Babylon und anderen Orten Mesopotamiens. Die meisten Menschen lebten jedoch weiter in ihren traditionellen Häusern, benutzten lokaltypische Gefäße, beteten zu ihren Göttern und sprachen wie eh und je. Grabungen, unter anderem in Susa, brachten Häuser im griechischen Stil ans Tageslicht, die direkt neben mesopotamischen Bauten standen. Überall in Westasien fand man einheimische Gefäße und andere Alltagsgegenstände neben solchen, die von griechischen Einflüssen geprägt waren.

Kulturmischung

Die regierenden Eliten akzeptieren einheimische Sitten und förderten sie sogar, vermutlich in erster Linie aus politischen Gründen. In Mesopotamien finanzierten sie den Wiederaufbau der Tempel von Babylon, Borsippa und Warka, gestatteten die dort angesiedelten Kulte und hielten dies auf Keilschrifttafeln fest. Selbst weltliche Wohnhäuser der hellenistischen Herrscher griffen oft lokale Elemente auf. Ein Palast in Susa wurde z. B. im früheren persischen Stil erbaut. In Seleukeia am Tigris, einer griechische Gründung, stand vielleicht eine Zikkurat. Hellenistische Bauten weisen häufig Einflüsse verschiedener Traditionen auf. In Ai Khanum, einem Außenposten der hellenistischen Kultur, findet sich eine Mischung aus baktrischer, mesopotamischer und persischer Architektur.

In Mesopotamien scheinen Eltern babylonischer Herkunft ihren Kindern bevorzugt griechische Namen gegeben zu haben, weil sie hofften, dies würde den sozialen und politischen Aufstieg ihrer Nachkommen fördern. Menschen, die am Rande der hellenistischen Welt lebten, bedienten sich griechischer Machtsymbole. Vermeintlich unbedeutende Herrscher an der arabischen Küste des Persischen Golfes etwa ließen Silbermünzen prägen, die hellenistischen Geldstücken glichen. Im 1. Jahrhundert bauten die Nabatäer in Transjordanien Felsengräber, die monumentalen Grabstätten im Mittelmeerraum glichen. Griechische Kontakte mit Nordwestindien führten dazu, dass in Taxila, einem zeitweise von baktrischen Griechen kontrollierten Ort, Bauwerke im Ghandara-Stil entstanden.

In den multikulturellen Gesellschaften Westasiens waren die Griechen jedoch nur ein Element unter vielen. Keine Stätte verdeutlicht dies anschaulicher als Dura Europos. Die Stadt, über die im 1. Jahrhundert v. Chr. erst die Römer und dann die Parther regierten, umfasst griechische, römische und syrische Tempel, eine Synagoge, eine christliche Kirche und einen Mithrasschrein. Offizielle Dokumente liegen auf Griechisch, Latein, Aramäisch und in weiteren Sprachen vor ◆

OBEN UND LINKS Baktrische Münzen aus dem 3. bis 1. Jahrhundert v. Chr. zeugen nicht nur von der Übernahme griechischer Standards in Zentralasien, sondern vermitteln auch ein Bild von der lokalen Rezeption des mediterranen Gebrauchs.

Reiche entlang der Seidenstraße

Zwischen China und dem Iran dehnt sich eine unwirtliche Region mit Wüsten, Bergen und Hochebenen aus. Die Seidenstraße, der alte Karawanenweg, der durch diese wenig einladende Gegend führte, war der zarte Faden, der einst die westliche mit der östlichen Welt verband. Nicht nur Seide, die der Straße ursprünglich ihren Namen verlieh, sondern Waren aller Art wurden hier transportiert: Edelsteine, Perlen, Elfenbein, Duftstoffe, Gewürze, Gold- und Silberarbeiten, Sklaven und Pferde. Bereits in der Bronzezeit oder früher entstanden an besonders schwierigen Abschnitten, wie in der Gegend um Xinjiang, Oasensiedlungen. Im Norden Baktriens (Afghanistan) fand man 4000 Jahre alte Seide, die belegt, dass China bereits zu diesem frühen Zeitpunkt Güter exportierte. Die Route verhalf vielen angrenzenden Städten und Reichen zu Wohlstand. Wandgemälde und Skulpturen aus alten Siedlungen wie Afrasiab (Samarkand), Buchara, Penjikent, Kaschgar, Kucha und Turfan veranschaulichen, wie viele Völker und Kulturen entlang der Seidenstraße aufeinander trafen und in welchem Maße sie Ideen und Glaubensvorstellungen untereinander austauschten.

OBEN Am Fuß des Tian-Gebirges unweit der Stadt Turfan gruben buddhistische Mönche oberhalb einer Oase an der Seidenstraße Tempel in die Felswände. Oasensiedlungen wie diese boten Wasser und Übernachtungsmöglichkeiten für die Kamelkarawanen, die Seide und andere Luxusgüter von China nach Westen brachten. Denn die meisten Kaufleute legten nur kurze Strecken auf der Route zurück. Sie reisten bis zur jeweils nächsten Stadt, wo weitere Zwischenhändler warteten.

Als vor ca. 2000 Jahren die Nachfrage nach Luxusgütern aus fernen Ländern in China, Indien und im Mittelmeerraum stieg, nahm der Warenaustausch entlang der Seidenstraße eine beachtliche Dimension an. Der Reichtum lockte kriegerische Hirtennomaden aus dem östlichen Zentralasien an, die nun nach Westen drängten. Einige raubten und plünderten, was ihnen in die Hände fiel, andere gründeten eigene Reiche. Im 2. Jahrhundert v. Chr. kontrollierten die Saken Städte wie Khotan und fielen im griechischen Baktrien, im östlichen Iran und in Nordindien ein. Ihnen folgte ein Furcht einflößendes Volk, zu dem auch die Kuschan gehörten. Sie bauten im 1. Jahrhundert ein mächtiges Reich auf, das Abschnitte der Seidenstraße umfasste und sich bis nach Nordindien zog.

Bagram: Schatz der Kuschan

In den 1930er Jahren legten Archäologen in Bagram Reste eines Königspalastes aus dem Beginn des 1. Jahrtausends frei. Dabei entdeckten sie Schatzkammern, in denen sich exotische Waren stapelten: chinesische Lackarbeiten, indisches Elfenbein, Glas und Bronze aus Rom. Die Artefakte zeigen, wie weit das Handelsnetz sich ausdehnte und welche Reichtümer die Kuschan, die große Abschnitte der Seidenstraße kontrollierten, im Laufe der Zeit anhäuften. Bagram (das alte Kapisa) liegt ca. 80 Kilometer nördlich von Kabul im afghanischen Hindukusch-Gebirge auf einem Pass, der die Seidenstraße mit Routen aus Indien verband. Möglicherweise gründeten ursprünglich achämenidische Perser den Ort als Kolonie. Im 2. Jahrhundert v. Chr. entstand unter dem Einfluss baktrischer Griechen eine hellenistische Stadt. Zu höchster Blüte gelangte Bagram aber im 1. und 2. Jahrhundert unter den Kuschan. Sie errichteten noch weitere Zentren, etwa in Surkh Kotal, und investierten hohe Summen in Bewässerungsprojekte, die der Bevölkerung in ihrem weitläufigen Reich zugute kamen. Die Kuschan scheinen den Buddhismus gefördert zu haben, möglicherweise aus wirtschaftspolitischen Erwägungen, um den Warentransfer entlang der Seidenstraße zu steigern. Das berühmte Höhlenkloster von Bamiyana mit riesigen, in den Fels gehauenen Buddhabildern und Wandgemälden, die indische und iranische Stilelemente vereinen, verweist auf die Bedeutung des Buddhismus in jener Zeit. Wandgemälde und Skulpturen in Chaltschajan im Norden Baktriens entstanden ebenfalls mit Unterstützung der Kuschan. Viele afghanische Stätten und Kunstobjekte, darunter der im Museum von Kabul ausgestellte Schatz von Bagram, wurden in den Kriegen seit den 1980er Jahren zerstört ◆

LINKS BEMALTE GLASVASE (ALEXANDRIA, ÄGYPTEN, 10 CM HOCH) AUS DEM SCHATZ VON BAGRAM.

Im 3. Jahrhundert eroberten die Sassaniden das Gebiet. Zwei Jahrhunderte später folgte die Invasion der Weißen Hunnen, die von Osten her über Baktrien und Sogdiana im östlichen Iran hereinbrachen. Etwa zur gleichen Zeit suchten die westlichen Hunnen Europa heim. Eine andere Volksgruppe, die in chinesischen Quellen unter dem Namen „Jouan-Jouan" auftaucht, kontrollierte zeitgleich die Oasenstädte von Xinjiang. Im 6. Jahrhundert gewannen die Sassaniden Sogdiana zurück, wurden jedoch kaum 150 Jahre später von den ostwärts drängenden muslimischen Armeen wieder verjagt.

Zahlreiche Einflüsse

In der Zeit zwischen dem Tod Alexanders des Großen und dem Vordringen des Islam nahm der Handel entlang der Seidenstraße trotz der politischen Wirren weiter zu. Mit ihm einher ging ein kultureller Austausch, der die Grundlage für eine kosmopolitische Gesellschaft legte, in der sich indische, chinesische und iranische Elemente verbanden. Der Buddhismus, der immer mehr Anhänger außerhalb Indiens fand, sorgte an der Seidenstraße für gewisse allgemeinverbindliche ethische Normen. Khotan, Kucha und Dunhuang entwickelten sich zu buddhistischen Gelehrtenzentren – hier wurden heilige Schriften in viele lokale Sprachen übersetzt. In der trockenen Wüste Taklamakan blieben viele wertvolle Objekte erhalten, zum Beispiel wunderschöne buddhistische Reliquiare, verzierte Seidenstoffe oder bemalte Holztafeln. Nestorianer (eine der Häresie angeklagte Gemeinschaft östlicher Christen) und Manichäer (eine religiöse Bewegung, die im 3. Jahrhundert in Persien blühte) wanderten ebenfalls über die Seidenstraße. Auch ihre Schriften waren aufgrund der klimatischen Bedingungen gut konserviert.

Weiter westlich fand man bei Grabungen in Afrasiab und Penjikent Häuser, die mit herrlichen Wandgemälden verziert waren. Die Bilder erinnern an ähnliche Darstellungen in Dunhuang und Turfan, lassen jedoch buddhistische Inhalte vermissen. Viele der alten Seidenstraßenkulturen, auch die von Sogdiana, verschwanden, als der vom Islam geförderte Einfluss Persiens immer mehr zunahm ◆

OBEN Die Seidenstraße, die aus mehreren Teilabschnitten bestand, zog sich von China westwärts. Xinjiang (das chinesische Turkestan), war der gefährlichste Teil der Strecke. Die Reisenden mussten dann am Rand der Wüste Taklamakan entlangziehen, einem kargen, 1000 Kilometer langen und 400 Kilometer breiten Niemandsland. In Kaschgar, einem großen Handelsplatz an der Seidenstraße unterhalb eines Passes durch das Pamir-Gebirge, trafen sich die Straßen wieder. Jenseits der Berge konnten die Handelskarawanen entweder westwärts durch den Iran zur Mittelmeerküste, nordwärts durch Samarkand nach Russland und zum Kaspischen Meer oder südwärts nach Indien gelangen.

AFRIKA

DIE AFRIKANER HABEN sich mit ihren Ursprüngen, ihrer Geschichte und den Hinterlassenschaften vergangener Zeit seit alters in Mythen, Kulthandlungen und mündlichen Überlieferungen beschäftigt. Mit dem Ägyptenfeldzug Napoleons im Jahre 1798 begann die wissenschaftliche Erforschung der Altertümer dieser Region, denn mit den Soldaten reisten Gelehrte, die viele Monumente untersuchten. Bis zur Erforschung Afrikas südlich der Sahara vergingen jedoch noch weitere hundert Jahre.

Zu den Gelehrten, die Ägyptens Kulturschätze bekannt machten, gehörte Baron Vivant Denon, ein Diplomat und Zeichner, der Napoleons Ägyptenfeldzug begleitete. Er veröffentlichte Bilder der Pyramiden und anderer Monumente, die jenseits des Mittelmeeres die bis heute andauernde Begeisterung für Ägypten weckten. 1822 gelang es Jean-François Champollion (1790–1832) mit Hilfe einer dreisprachigen Inschrift auf dem Stein von Rosette, einer 1799 ausgegrabenen Basaltstele, die Hieroglyphenschrift zu entschlüsseln. Damit war die Ägyptologie als Wissenschaft geboren.

Da das Interesse an ägyptischen Altertümern in Europa und Nordamerika stetig wuchs, begannen Museen, Sammlungen anzulegen, die vielfach aus gestohlenen, jedenfalls aber unsystematisch angehäuften Antiken bestanden. Den ersten Versuch, dem Treiben der häufig selbst ernannten Altertumskundler Einhalt zu gebieten, unternahm 1863 Auguste Mariette (1821–81), Gründer des Ägyptischen Museums. Bis heute mangelt es jedoch in vielen afrikanischen Ländern an Gesetzen, die antike Kunstschätze schützen.

Zu Beginn konzentrierten sich die Ägyptologen auf große Monumente, Nekropolen und Königskartuschen. Mit dem Alltag der einfachen Leute befasste man sich erst später. Obwohl man immer mehr Goldschätze und Mumien von Pharaonen und Angehörigen der Oberschicht entdeckte, richteten die Forscher ihr Augenmerk jedoch allmählich auf die Ursprünge des alten Ägyptens und untersuchten die gesellschaftlichen und wirtschaftlichen Verhältnisse aller Klassen der bemerkenswerten Kultur am Nil. Heute bemüht man sich, Monumente wie die Sphinx und die großen Pyramiden von Giseh, die unter der Umweltverschmutzung und dem Ansturm der Touristen leiden, für die Nachwelt zu erhalten.

Südlich der Sahara

Südlich der Sahara begannen ernsthafte archäologische Forschungen erst, als Briten und Franzosen sich dort ein Jahrhundert später als Kolonialmächte etabliert hatten. Siedler und europäische Reisende fanden die ältesten Spuren frühzeitlicher Besiedlung, interpretierten sie jedoch aus ihrem europäischen Blickwinkel, der alle afrikanischen Gesellschaften von vornherein als primitiv und wild abstempelte. Beispiele für Monumentalarchitektur wie die Ruinen der Festung von Groß-Zimbabwe, der Hauptstadt des riesigen Shona-Reiches, hielt man für Werke nichtafrikanischer Einwanderer oder bestenfalls für ägyptisch inspirierte Bauten, galt das Land am Nil doch als kulturelle Wiege des gesamten Kontinents. Trotz jahrzehntelanger systematischer Untersuchungen, die den mittelalterlichen Ursprung von Groß-Zimbabwe eindeutig belegten, bezeichneten Texte die Ruinen immer wieder als Wunder. Noch heute hegen manche Wissenschaftler Zweifel an der Herkunft der Shona.

Die ersten hauptberuflichen Archäologen, die Grabungen in Schwarzafrika durchführten, stammten fast ausschließlich von europäischen Universitäten. Sie interessierten sich vor allem für die Steinzeit und stellten Reihen von Steinartefakten zusammen, um sie mit jenen in Europa zu vergleichen, das damals noch als Ursprungskontinent der technischen Entwicklung galt. Der Archäologe John Goodwin erkannte als Erster, dass es für Afrika eine eigene Terminologie und Chronologie zu erstellen galt. Die Gliederung der südafrikanischen Steinzeit in eine frühe, mittlere und späte Phase, die er mit C. „Peter" von Riet Lowe 1929 vornahm, bildet in weiten Teilen Afrikas südlich der Sahara noch immer die Grundlage für die Datierung von Funden der Steinzeit.

ca. 1 Mio. J.v.h. *Homo erectus* in Asien

Regionale Zeitskala

ca. 7–6 Mio. J.v.h. Trennung von Hominiden und Menschenaffen

5 J.v.h.

ca. 2,5 Mio. J.v.h. Erste Steinwerkzeuge

ca. 2,3 Mio. J.v.h. Erste bekannte *Homo*-Art in Afrika

ca. 1,4 Mio. J.v.h. Große Faustkeile (Acheuléen)

ca. 100 000 J.v.h. Moderner Mensch in Afrika

100 000 J.v.h.

ca. 28 000 J.v.h. Älteste Felsenkunst (Namibia)

LINKS Goldene Totenmaske Tutanchamuns. Howard Carters Entdeckung des unversehrten Grabes im Jahre 1922 gehört zu den Sternstunden der Ägyptologie.

Fossilien und Rivalitäten

Raymond Darts Pionierstudien in den 1920er Jahren belegten, dass in Südafrika frühe Hominiden gelebt hatten. Jahrzehntelang blieben die Funde jedoch weitgehend unbeachtet, denn nur wenige Europäer konnten sich mit dem Gedanken anfreunden, dass die Wiege der Menschheit in Schwarzafrika liegen sollte. Dies änderte sich erst, als die beiden britischen Anthropologen Louis und Mary Leakey 1959 in Ostafrika ein Australopithecus-Fossil entdeckten. Seitdem erlangten Fossilien wie „Lucy", das 3,18 Mio. Jahre alte Teilskelett einer Australopithecus-Frau, das Donald Johanson und Tom Gray 1974 in Äthiopien fanden, weltweit Berühmtheit. Als Tim White 1994 ebendort die Existenz eines 4,4 Mio. Jahre alten, aufrecht gehenden Wesens nachwies, stand endgültig fest, dass der moderne Mensch sich von Afrika aus verbreitet haben musste. Die Paläoanthropologie, die Wissenschaft von den Ursprüngen des Menschen und seiner Vorfahren, hat sich in den letzten Jahrzehnten zu einer bedeutenden Disziplin entwickelt, in der unterschiedliche Schulen zuweilen erbitterte Dispute führen.

OBEN Fußspuren von mehreren *Australopithecus afarensis*-Individuen, die vor 3,7 Mio. Jahren aufrecht durch die Vulkanasche liefen, wurden 1978 in Laetoli entdeckt.

Afrikanische Archäologie heute

Als sich in der zweiten Hälfte des 20. Jahrhunderts in zunehmendem Maße ein afrikanisches Nationalbewusstsein entwickelte und die Staaten nach und nach ihre Unabhängigkeit erlangten, begannen die Afrikaner selbst ihre ferne und nähere Vergangenheit intensiver zu erforschen. Sie stellen im Unterschied zu europäischen Wissenschaftlern allerdings afrikanische Bezüge stärker in den Vordergrund. Seit den 1960er Jahren konzentrieren sich die Arbeiten besonders auf die letzten drei Jahrtausende, vor allem auf die Ursprünge der westafrikanischen Städte und Staaten sowie auf die Wanderungen der bantusprachigen schwarzen Bauern innerhalb und außerhalb Zentralafrikas. An einigen Orten, insbesondere in Südafrika, befassen sich Archäologen mittlerweile auch mit kolonialzeitlichen Überresten.

Nur wenige afrikanische Länder verfügen jedoch über die finanziellen Mittel und die institutionelle Basis, die man für groß angelegte Forschungsprojekte benötigt. Diese liegen nach wie vor häufig in europäischer oder nordamerikanischer Hand. Andererseits bemüht man sich, die zum Teil nicht literalisierte afrikanische Öffentlichkeit über ihr Kulturerbe zu informieren und dieses trotz der Probleme zu bewahren, die Bevölkerungsexplosion, Umweltzerstörung und Verstädterung mit sich bringen ◆

ca. 13 000 J.v.h. Getreideanbau im Nahen Osten

ca. 2000 J.v.h. Moundbuilder in Nordamerika

ca. 9000 J.v.h. Keramiken bei Wildbeutern der Sahara

ca. 7000 J.v.h. Domestiziertes Getreide im Niltal

ca. 5000 J.v.h. Schrift in Ägypten

ca. 4000 J.v.h. Pyramidenbau in Ägypten

ca. 2500 J.v.h. Eisengebrauch in Westafrika

ca. 2000 J.v.h. Hirten im südlichen Afrika

ca. 1200 J.v.h. Erste Städte in Westafrika

ca. 1000 J.v.h. Frühe Staaten im südlichen Afrika

10000 J.v.h.

4000 J.v.h.

1000 J.v.h.

Jäger und Hirten

Ehe vor 10 000 bis 7000 Jahren das Hüten von Rindern in Nordafrika Verbreitung fand, ernährten sich die Menschen von Vögeln, Säugern und Insekten, die sie erbeuteten, von Fischen und essbaren Wildpflanzen. Als Werkzeuge verwendeten sie Mikrolithe, kleine bearbeitete Feuersteinabschläge, die sie an Schäften aus Holz oder Knochen befestigten. Auch dienten sie als Speer- oder Pfeilspitzen, die vor 40 000 bis 20 000 Jahren im Jungpaläolithikum aufkamen. Andere Werkzeuge nutzte man für spezielle Verrichtungen, etwa, um Knochen oder Muscheln zu verzieren. Einige wenige Gemeinschaften wie die Buschmänner oder San der Kalahari im Süden Afrikas blieben bis in unsere Zeit hinein Jäger und Sammler. Zwar lebten sie nicht völlig isoliert, doch behielten sie bestimmte Aspekte ihrer uralten Lebensweise bei. Ihre Werkzeuge und Sitten können Archäologen helfen, Funde aus der afrikanischen Steinzeit zu interpretieren.

Zwar werden die Abschnitte der Steinzeit gemäß bestimmten Werkzeugtechniken unterteilt, doch kennen Archäologen durchaus auch Artefakte aus vergänglichen organischen Materialien wie Holz, Leder und Knochen. Sie fanden Überreste von essbaren Pflanzen (Samen und Hülsen) sowie Lager aus Blättern und anderen Materialien, die sich mit Hilfe der Kohlenstoff-14-Methode recht genau datieren ließen. Vor 7000 bis 2000 Jahren kamen Tongefäße auf. An jüngeren Fundstätten fand man oftmals Eisen- und Glasartefakte zusammen mit Sammlungen von Steinwerkzeugen.

Vermutlich ernährten sich die Menschen vorwiegend von Pflanzen, aber auch kleinere Beutetiere standen auf ihrem Speiseplan. Im Jungpaläolithikum besaßen die Jäger bereits eine umfangreiche Ausrüstung, zu der unter anderem Pfeile, Bogen und Gift gehörten. Sie jagten so geschickt, dass eine Reihe von Tieren vor 12 000 bis 8000 Jahren ausstarb.

Kleine nomadische Wildbeutergruppen versammelten sich wahrscheinlich zu bestimmten Zeiten, um Geschenke wie Halsbänder oder Kopfschmuck aus Straußeneiperlen auszutauschen und soziale Bindungen zu festigen. Man bestattete die Toten, oftmals ebenfalls mit Perlen oder mit Steinwerkzeugen. Manchmal wurden die Gräber auch mit bemalten Steinen, Mahlsteinen oder Kieseln bedeckt.

Bemerkenswerte Kunsttradition

Die steinzeitlichen Jäger hinterließen auch Bilder auf Felsen. Höhlen im südlichen und östlichen Afrika bieten eine reiche Sammlung von Gemälden, darunter Darstellungen von Tieren und Menschen, Verbindungen von Tieren und Menschen (Therianthropen), Handabdrücke, geometrische Muster und historische Szenen.

Die ältesten bekannten Felsenbilder Afrikas entdeckte man auf schmalen Vorsprüngen der Apollo 11-Höhle in Südnamibia. Sie entstanden vor etwa 27 000 bis 19 000 Jahren. Noch im 19. Jahrhundert schufen Wildbeuter in dieser Region Felsenbilder (das Datum lässt sich bestimmen, weil britische Soldaten mit Uniformen zu sehen sind) und setzten damit eine der längsten und kulturell reichsten Felsenkunsttraditionen der Erde fort. Einige Anthropologen nehmen an, dass viele Felsenbilder im südlichen Afrika auf halluzinatorische Trancezustände von Schamanen zurückgehen. Andere Wissenschaftler glauben vielmehr, dass die Szenen mythologische Themen aufgreifen.

RECHTS Im Laufe des Jungpaläolithikums veränderten sich die Werkzeugtechniken. Bis vor ca. 18 000 Jahren waren Abschläge in Süd-, Zentral- und Ostafrika weit verbreitet. Vor 12 000 bis 8000 Jahren verwendete man im südlichen Afrika breite seitlich behauene Abschläge, aus ihnen entwickelten sich weitere Werkzeugindustrien. Um 4000 v. Chr. hielten die Menschen in Nordafrika erstmals Viehherden, doch fand diese Lebensweise aufgrund der in Waldgebieten heimischen Tsetsefliegen, welche die Viehbestände drastisch dezimierten, kaum Verbreitung. Um 2500 v. Chr. verschob sich der Lebensraum der Tsetsefliegen nach Süden, als die Spahararegion trockener wurde.

OBEN Petroglyphen einer Giraffe und eines menschlichen Fußes in Twyfelfontein, Namibia.

In ganz Afrika findet man Felsenbilder. Zu den eindrucksvollsten Beispielen gehören die Darstellungen von wilden sowie domestizierten Tieren und von Pferden gezogenen Wagen, die man in den Bergen der mittleren und westlichen Sahara entdeckte.

Erste Hirtengemeinschaften

Keines der wirtschaftlich relevanten Haustiere im heutigen Afrika stammt von einheimischen Arten ab. Vielmehr wurden alle aus Asien eingeführt. Die ältesten Knochen nachweislich domestizierter Tiere gehen auf 7000 v. Chr. zurück und wurden an Stätten in der damals feuchteren Region der Libyschen Wüste entdeckt. Hirtengemeinschaften tauchten in Ostafrika frühestens um 2000 v. Chr. auf. Eisenzeitlichen Bauern führten vor rund 2000 Jahren Rinder und andere domestizierte Tiere in Zentralafrika und im südöstlichen Afrika ein (s. S. 150f.).

Vor ca. 2000 Jahren lebten an den Rändern der Kalahari im westlichen Südafrika Khoikhoin, ein steinzeitliches Nomadenvolk, das Tongefäße besaß und Schafe, später auch Rinder und Ziegen hütete. Einige Anthropologen glauben allerdings, dass zuwandernde Völker Haustiere in die Region brachten. Diese Hirten, die Tiere mehr als persönlichen Reichtum denn als Nahrungsquelle betrachteten, hatten Wertvorstellungen, die sich deutlich von jenen der bereits vor Ort lebenden Jäger und Sammler unterschieden. Ob einheimische und fremde Kulturen tatsächlich in dieser Weise aufeinander trafen, gilt es ebenso zu untersuchen wie die Wege, über die neu hinzustoßende Gruppen in das Gebiet gelangten. Frühe europäische Reisende beschrieben die riesigen Lager der Khoikhoin, in denen oft über 500 Menschen lebten. Ihre Behausungen bestanden aus einem Rahmen aus Pfählen, über die sie Bastmatten legten. Beide konnte man abbauen und auf dem Rücken von Ochsen zu neuen Weidegründen transportieren. Ob diese Gemeinschaften aber schon vor sehr langer oder erst in jüngerer Zeit entstanden, bleibt zu klären ◆

LINKS Im Jungpaläolithikum entstanden in wasserreichen Regionen an den Rändern des Nildeltas und stromaufwärts zahlreiche Bauerndörfer. Als sich die Landwirtschaft verbreitete, verschoben sich die am dichtesten besiedelten Gebiete weiter nach Süden. Es entwickelten sich verschiedene lokale Kulturen, die sich im Spätneolithikum ausdifferenzierten. Schließlich etablierten sich Abydos und Hierakonpolis als bedeutende politische Zentren. Während der frühen dynastischen Zeit nahm die Einigung Ägyptens hier ihren Ausgang.

UNTEN Rote Ware aus der prädynastischen Zeit mit poliertem schwarzen Rand. Hochwertige Gefäße wie dieses wurden in vielerlei Formen hergestellt und zum Teil bemalt. Manche zeigen Szenen vom Nil, zum Beispiel große Boote, andere verzierte man mit dekorativen Einritzungen.

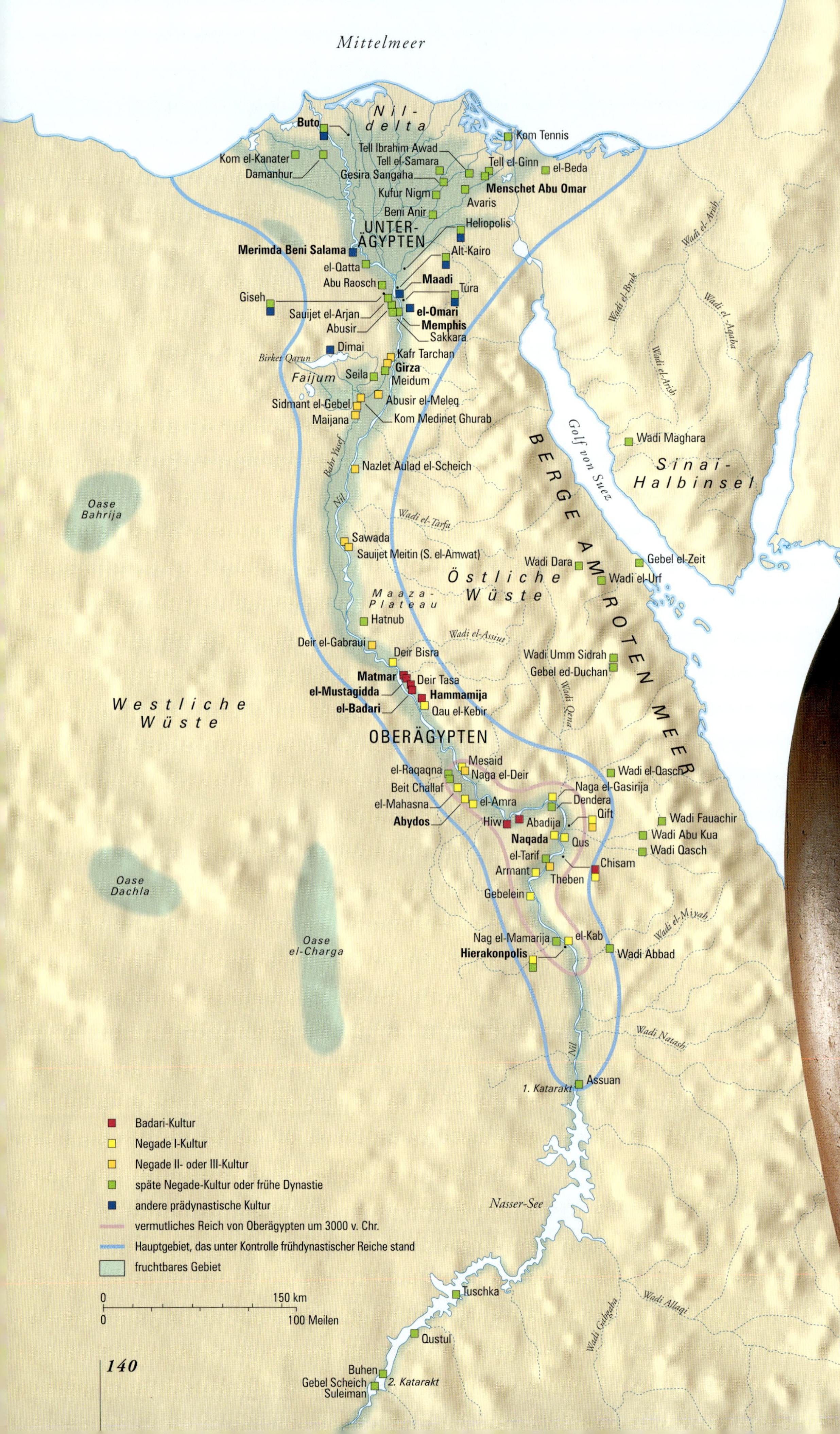

Prädynastisches Ägypten

Als prädynastisch bezeichnen Archäologen eine Reihe von jungsteinzeitlichen Kulturen, die sich im Niltal entwickelten, ehe um 3000 v. Chr. Erbdynastien ein geeintes Reich schufen. Im Jungpaläolithikum weideten große Giraffen- und Elefantenherden in den Savannen. Im Niltal lebten Flusspferde. Die Menschen ernährten sich von ihrer Jagdbeute und ernteten wilde Gräser, bis sich vor ca. 7000 Jahren das Klima in der Region veränderte. Nun begannen die Wildbeuter Viehherden zu halten und gründeten sesshafte Ackerbaugemeinschaften. Bald gab es im Niltal viele Dörfer und erste kleine Städte.

Merimda Beni Salama am Westrand des Nildeltas gehört zu den frühneolithischen Übergangsstätten: Funde belegen, dass die Bewohner sowohl von der Jagd als auch vom Ackerbau lebten. Sie gaben den Ort vermutlich auf, nachdem ein Seitenarm des Nils seinen Lauf verändert hatte, denn ohne Wasser konnte man nicht überleben. Die Bedeutung von Merimda ist groß, weil in der Deltaregion aufgrund der hohen Feuchtigkeit nur wenige prädynastische Städte erhalten blieben.

Prädynastische Kulturen

Bei den bislang entdeckten prädynastischen Stätten handelt es sich überwiegend um Friedhöfe am Rande der Wüste im Süden Ägyptens. Archäologen identifizierten eine Reihe unterschiedlicher Kulturen. Die älteste, Badari (um 4500–3800 v. Chr.), wurde nach dem Ort el-Badari in Mittelägypten benannt. Zu dieser auf kleinen, dörflichen Strukturen basierenden Kultur gehörende Funde förderte man auch in Hammamija, el-Mustagidda und Matmar zutage.

Die wichtigste neolithische Kultur trägt die Bezeichnung Negade und untergliedert sich in Negade I (auch Amratien, ca. 4000–3600 v. Chr.), Negade II (auch Gerzéen, ca. 3600–3200 v. Chr.) und Negade III (um 3200–3050 v. Chr.). Wie Badari beschränkte sich auch Negade I auf kleine Siedlungen in einem engen Raum, während der archäologische Befund von Negade II und III auf die Entwicklung komplexerer sozialer und politischer Strukturen hindeutet. Gräber von Angehörigen einer Eliteschicht zeigen nicht nur, wie die Gesellschaft sich im Laufe der Zeit ausdifferenzierte und lokale Königreiche entstanden, sondern auch, wie sich die Kultur von ihrem Kerngebiet in Abydos-Hierakonpolis nordwärts zum Faijum und nach Girza ausdehnte. Einige Gräber bargen Objekte mesopotamischer Herkunft, etwa zylindrische Siegel. Möglicherweise wurden sie gegen Gold aus dem Süden Ägyptens eingetauscht.

Obgleich man in Unterägypten auf weitaus weniger prädynastische Stätten stieß, existierte auch im Norden eine eigenständige Kultur, die nach der Siedlung Maadi südlich von Kairo benannt wurde. Im nahe gelegenen el-Omari und in Buto am Nordwestrand des Nildeltas entdeckte man vergleichbare Objekte. In der Maadi-Kultur spielten soziale Unterschiede aber allem Anschein nach eine geringere Rolle als in der Negade-Kultur.

Die Einigung Ägpytens

In Menschet Abu Omar im nordöstlichen Delta entdeckte man eine prädynastische Nekropole mit Artefakten aus der späten Negade-Zeit. Sie könnten die These untermauern, dass die im Nildelta lebenden Menschen in einem einzigen, geeinten Reich unter der Herrschaft oberägyptischer Pharaonen aufgingen. Funde aus Hierakonpolis (Nechen, dem heutigen Kom el-Ahmar), der Hauptstadt Oberägyptens in der späten Negade- und frühen dynastischen Zeit (ca. 3000–2650 v. Chr.), stützen diese Annahme. Ende des 19. Jahrhunderts legte man hier einen Tempel mit Votivobjekten frei. Einige wurden vermutlich von prädynastischen Königen gestiftet und während einer Phase politischer Umwälzungen vergraben. Eine überdimensionale Schminkpalette aus Schiefer erinnert an Narmer und zeigt den Herrscher, wie er Feinde aus dem Norden unterwirft. Narmer wird daher oft als der Pharao bezeichnet, welcher Ober- und Unterägypten einte. Die frühe dynastische Zeit brachte tief greifende Veränderungen. Die Ägypter führten die Schrift ein, machten Memphis zur politischen Hauptstadt und förderten einen Königskult, der seinen Höhepunkt während des Alten Reiches erlebte ◆

OBEN Während der prädynastischen Zeit entwickelte sich die Landwirtschaft im Niltal. Bis zum Delta ist das Tal nur wenige Kilometer breit. In der Region fällt fast kein Regen – ohne die jährlichen Überschwemmungen könnte man hier keine Felder bestellen. Der Nil tritt meist im Spätsommer über die Ufer und bedeckt dann das gesamte Tal mit frischen Schichten fruchtbaren Schlamms. Damals wie heute wird im Oktober und November gesät, wenn der Pegel wieder sinkt, und im Frühjahr geerntet. Vieh weidete vermutlich vor allem im Delta an den Rändern von Sumpfgebieten.

UNTEN Die Schieferpalette in Form eines Widders diente vermutlich zum Mahlen von Schminkstoffen. Solche Objekte gehörten während der prädynastischen Zeit zu den typischen Grabbeigaben. Archäologen entdeckten auch zahlreiche bearbeitete Feuersteinmesser und Steingefäße sowie eine große Anzahl von Tonwaren.

Das Alte Reich Ägyptens

Das Alte Reich (ca. 2650–2150 v. Chr.) hat mit den Pyramiden von Giseh ein weithin sichtbares Erbe hinterlassen, das schon in der Antike zu den Weltwundern zählte. Sowohl die monumentale Größe als auch die ausgefeilte Bauweise der Pyramiden zeugen vom hohen technischen Entwicklungsstand und der wirtschaftlichen Blüte Ägyptens zur Zeit des Alten Reiches und sprechen zudem für stark zentralisierte politische Herrschaftsstrukturen. Andererseits gibt es aus jener Phase zu wenig archäologische Funde, um ein kohärentes Bild zu entwerfen. Bei der Mehrzahl handelt es sich um Königs- oder Privatgräber; Spuren von Siedlungen fehlen dagegen fast völlig.

Der Bau von Pyramiden spielte im Alten Reich eine entscheidende Rolle. Von Pharao Djoser (3. Dynastie, ca. 2630–2611 v. Chr.) bis zum Ende des Alten Reiches wurden alle ägyptischen Pharaonen in monumentalen, meist pyramidenförmigen Steinstrukturen beigesetzt. Diese Gräber entstanden dort, wo das Plateau der Libyschen Wüste an das Niltal grenzt, also westlich und vielfach in Sichtweite der Stadt Memphis. Obwohl man von Memphis selbst keine Überreste fand, verweist allein die Menge der Gräber von Pharaonen und hochrangigen Privatleuten auf die Bedeutung der Stadt.

Bald schon erhielten die Pyramiden ihre typische Form. Sie ersetzte die unter Djoser in Sakkara erstmals erbaute Stufenpyramide (s. Kasten). Während der 4. Dynastie baute Pharao Snofru (2575–2551 v. Chr.) mindestens zwei, wahrscheinlich sogar drei Pyramiden in Meidum und Dahschur. Sein Sohn Khufu (Cheops) ließ in Giseh die mit 146 Metern Höhe größte Pyramide errichten. Dessen Sohn Chephren und sein Enkel Mykerinos gaben in Giseh ebenfalls große Pyramiden in Auftrag; spätere Pyramiden des Alten Reiches, etwa in Abusir und Sakkara, waren jedoch kleiner und schlichter.

Privatgräber

Für hochrangige Beamte baute man immer größere und prachtvollere Gräber. Bei den flachen, rechteckigen Mastabas handelt es sich vermutlich häufig um Geschenke des Pharaos für verdiente Würdenträger. Oft gehörten diese allerdings selbst zur Familie des Herrschers und durften nach ihrem Tod in der Nähe des Königs ruhen, dem sie zeitlebens gedient hatten. Im Unterschied zu den Pyramiden waren die Innenwände der Privatgräber reich mit Reliefs und Fresken verziert, die zeigten, was die Seele *(Ka)* des Verstorbenen für das Leben nach dem Tod benötigte. In frühen Gräbern mit wenig Raum stellte man lediglich Nahrung dar, die dem Verstorbenen angeboten wurde, doch als die Größe der Gräber zunahm, schmückte man die Wände auch mit Szenen, die den früheren Rang oder die Aktivitäten des Toten ins Bild fassten. Besonders eindrucksvolle Beispiele für Mastabas aus der Endphase des Alten Reiches sind die Gräber von Ti und Mereruka in Sakkara. Diese beiden Regierungsbeamten besaßen große Ländereien; die Szenen an ihren Grabwänden zeugen vom Wohlstand, zu dem sie durch die Landwirtschaft gelangt waren und von dem sie der gängigen Glaubensvorstellung zufolge nach dem Tod profitierten.

Die meisten Inschriften auf Grabwänden umfassen Gebete und Wünsche für die Reise ins Jenseits. Einige geben Auskunft über den Verstorbenen und nennen positive Charaktereigenschaften. Viele enthalten unschätzbar wertvolle Informationen. Die Gräber von Beamten bei Assuan verraten allerlei über die ägyptischen Handelsbeziehungen zu Nubien ◆

RECHTS Fast alle Rohstoffe, die die Ägypter für den Bau großer Monumente benötigten, stammten von den Grenzen des Reiches. Graffitis in Steinbrüchen der Libyschen und Arabischen Wüste und der Sinai-Halbinsel erinnern an die Pharaonen, die Expeditionen mit der Suche nach hochwertigen Steinen für den Bau von Pyramiden, besonders Granit aus Assuan und Diorit aus Abu Simbel, beauftragten. Von außen sollten die Bauten so eindrucksvoll wie möglich wirken, im Innern verwendete man dagegen den reichlich vorhandenen Kalkstein. Schon bald nach Beginn des Alten Reiches beutete man Türkis- und Kupferminen aus. Hochwertiges Holz kam sowohl im Alten Reich als auch in späteren Zeiten aus den Wäldern des Libanon. Ab der 3. Dynastie schickten die Pharaonen regelmäßig Geschenke an die Herrscher der Stadt Byblos, damit diese Holz von guter Qualität bereitstellten.

RECHTS Diese eindrucksvolle Skulpturengruppe aus poliertem Schiefer von Mykerinos zeigt den Pharao zwischen der Göttin Hathor, erkennbar an der Sonnenscheibe zwischen den Kuhhörnern, und dem Gott Hardai, der einen ägyptischen Stadtbezirk repräsentierte. Man fand die Mykerinostriade bei der Freilegung der Mykerinospyramide, der kleinsten Pyramide von Giseh, im Taltempel, den die Priester für den Totenkult nutzten. Von den ursprünglich wohl 42 Statuen (eine für jeden Bezirk) blieben über die Jahrtausende nur vier erhalten.

OBEN DJOSERS TOTENTEMPEL IN SAKKARA MIT DER STUFENPYRAMIDE IM HINTERGRUND.

Sakkara: eine Königsnekropole

Sakkara liegt unweit von Memphis am Rand der Wüste. Hier wurden ab der 2. Dynastie Könige und Würdenträger begraben. Djosers 60 Meter hohe Stufenpyramide, der älteste steinerne Monumentalbau der Erde, überragt die Stätte. Sie gehört zu einem Komplex von Gebäuden, der auch einen Totentempel umfasste und von einer 1600 Meter langen Einfriedungsmauer umschlossen war. Hier wurden regelmäßig Opfergaben zu Ehren der toten Könige dargebracht. Auf dem Areal befanden sich auch Gebäude für die Feierlichkeiten zum Hebsedfest. Anlässlich seines 30-jährigen Regierungsjubiläums musste der Pharao einen Lauf über eine festgelegte Strecke zurücklegen, um seine königliche Macht zu erneuern. Reliefdarstellungen zeigen Djoser, während er diese Aufgabe im Rahmen einer Zeremonie absolviert. Auf dem Gelände der Nekropole stehen noch 15 weitere Pyramiden aus dem Alten Reich. Oft verbindet ein langer Pfad die hoch gelegene Grabstätte mit einem Taltempel, der dem Kult des toten Königs diente. Rund um die Pyramiden gruppieren sich Gräber von Adligen. Die meisten entstanden zeitgleich mit den Pyramiden, wurden aber erst benutzt, wenn ihr Besitzer die Reise ins Jenseits antrat ◆

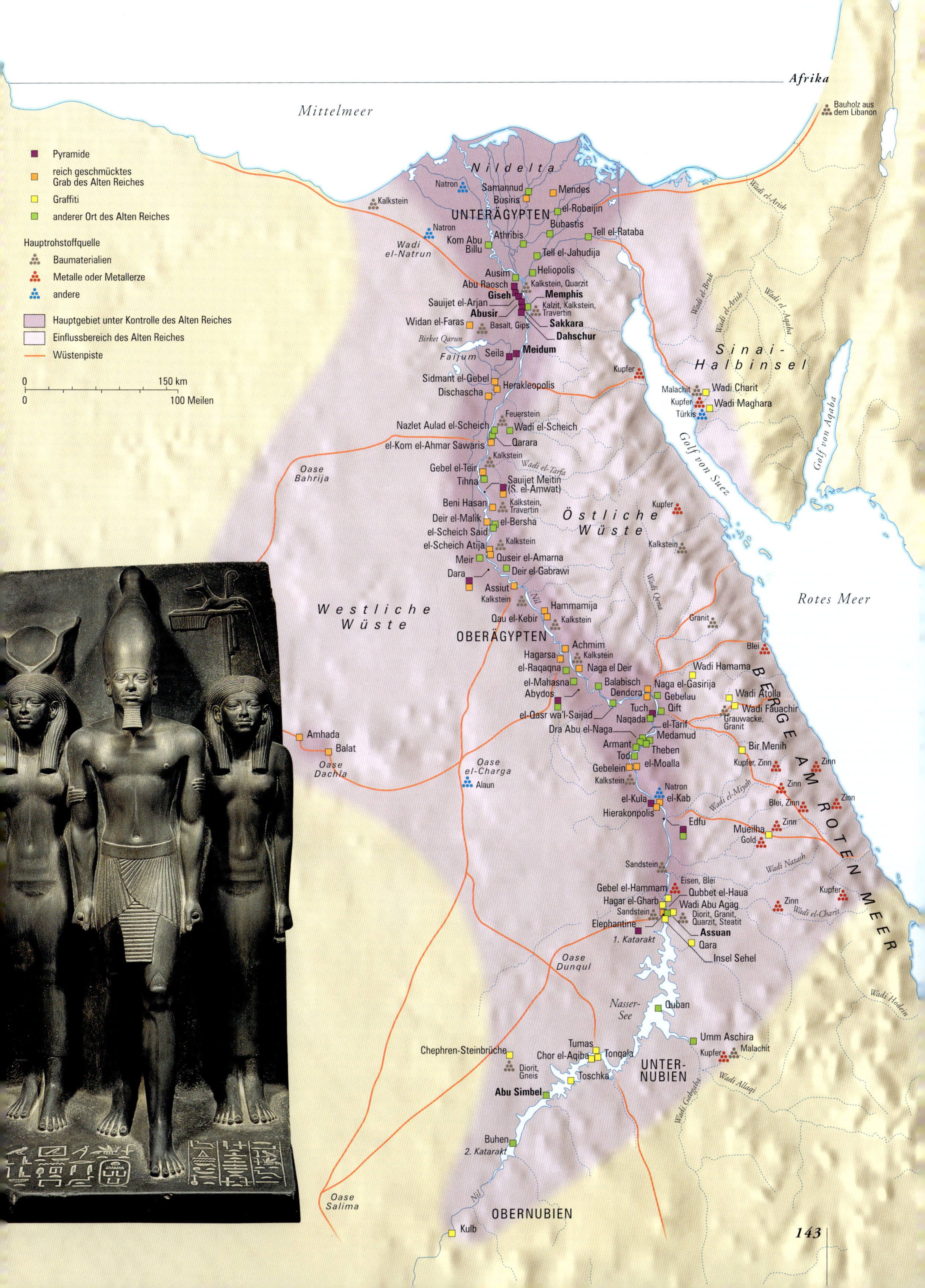
Afrika
Mittelmeer
Pyramide
reich geschmücktes Grab des Alten Reiches
Graffiti
anderer Ort des Alten Reiches
Hauptrohstoffquelle
Baumaterialien
Metalle oder Metallerze
andere
Hauptgebiet unter Kontrolle des Alten Reiches
Einflussbereich des Alten Reiches
Wüstenpiste
0 150 km
0 100 Meilen
Bauholz aus dem Libanon
Nildelta
Natron
Samannud
Mendes
Busiris
Kalkstein
el-Robaijin
UNTERÄGYPTEN
Bubastis
Natron
Tell el-Rataba
Wadi el-Arish
Wadi el-Natrun
Kom Abu Billu
Athribis
Tell el-Jahudija
Heliopolis
Ausim
Abu Raosch
Kalkstein, Quarzit
Giseh
Memphis
Sauijet el-Arjan
Kalzit, Kalkstein, Travertin
Abusir
Sakkara
Widan el-Faras
Basalt, Gips
Dahschur
Birket Qarun
Seila
Meidum
Faijum
Wadi el-Bruk
Wadi el-Arish
Wadi el-Aqaba
Sinai-Halbinsel
Kupfer
Sidmant el-Gebel
Herakleopolis
Dischascha
Malachit
Wadi Charit
Kupfer
Wadi Maghara
Türkis
Feuerstein
Nazlet Aulad el-Scheich
Wadi el-Scheich
el-Kom el-Ahmar Sawaris
Qarara
Golf von Suez
Golf von Aqaba
Kalkstein
Oase Bahrija
Gebel el-Teir
Wadi el-Tarfa
Tihna
Sauijet Meitin (S. el-Amwat)
Beni Hasan
Kalkstein, Travertin
Kupfer
Deir el-Malik
el-Bersha
Östliche Wüste
el-Scheich Said
Kalkstein
el-Scheich Atija
Kalkstein
Meir
Quseir el-Amarna
Deir el-Gabrawi
Dara
Assiut
Kalkstein
Nil
Wadi Qena
Rotes Meer
Westliche Wüste
Hammamija
Qau el-Kebir
Kalkstein
Granit
OBERÄGYPTEN
Achmim
Blei
Hagarsa
Kalkstein
el-Raqaqna
Naga el Deir
Wadi Hamama
el-Mahasna
Balabisch
Naga el-Gasirija
Abydos
Dendera
Gebelau
Wadi Atolla
Tuch
Qift
Wadi Fauachir
el-Qasr wa'l-Saijad
Naqada
Grauwacke, Granit
Amhada
el-Tarif
Dra Abu el-Naga
Medamud
Balat
Armant
Theben
Bir Menih
Oase Dachla
Tod
el-Moalla
Kupfer, Zinn
Zinn
Oase el-Charga
Gebelein
BERGE AM ROTEN MEER
Alaun
Kalkstein
Natron
Zinn
Zinn
el-Kula
el-Kab
Wadi el-Miyah
Blei, Zinn
Hierakonpolis
Zinn
Edfu
Mueilha
Gold
Wadi Natash
Sandstein
Eisen, Blei
Gebel el-Hammam
Qubbet el-Haua
Kupfer
Hagar el-Gharb
Wadi Abu Agag
Zinn
Sandstein
Diorit, Granit, Quarzit, Steatit
Wadi el-Charit
Elephantine
Assuan
1. Katarakt
Qara
Insel Sehel
Oase Dunqul
Nasser-See
Quban
Wadi Hodein
Umm Aschira
Chephren-Steinbrüche
Tumas
Kupfer
Malachit
Chor el-Aqiba
Tonqala
UNTER-NUBIEN
Diorit, Gneis
Toschka
Wadi Allaqi
Abu Simbel
Wadi Gabgaba
Buhen
2. Katarakt
Nil
Oase Salima
OBERNUBIEN
Kulb

Das Mittlere Reich Ägyptens

Das Alte Reich endete mit einer Phase politischer Wirren und sozialer Unruhen, die als Erste Zwischenzeit (ca. 2150–2040 v. Chr.) in die Geschichte einging. Die Zentralgewalt verlor ihre Macht, und Ägypten zerfiel in rivalisierende Kleinstaaten mit Sitz im Herakleopolis (heute Elnasiya el-Medine) im Norden und Theben (heute Luxor) im Süden. Erst während der 11. Dynastie gelang unter dem thebanischen Pharao Mentuhotep II. die Wiedervereinigung. Sie stand am Beginn des von Kontinuität und Wandel geprägten Mittleren Reiches (ca. 2040– 1640 v. Chr.). Mentuhotep verhalf der Königsmacht wieder zu Bedeutung und initiierte große Bauprojekte in ganz Ägypten. Das Reich dehnte sich schließlich bis nach Nubien mit seinen großen Goldvorräten aus.

LINKS Blick ins Innere eines großen Felsengrabes in Beni Hasan, einer Provinznekropole des Mittleren Reiches. Das Grab gehörte Chnumhotep III., einem lokalen Herrscher. Viele Fresken an den Wänden des Grabes zeigen Kriegsszenen.

RECHTS Die Herrscher des Mittleren Reiches errichteten zahlreiche monumentale Pyramidengruppen in Unterägypten sowie imposante Tempelanlagen im gesamten Land. Besonders eindrucksvoll ist die Kette von Grenzfestungen am Zweiten Katarakt, die wesentlich unter Sesostris I. und Sesostris III. entstanden. Viele dieser Bastionen wurden nach dem Bau des Assuanstaudamms im Jahre 1970 vom Nasser-See überschwemmt.

UNTEN Der Halsschmuck besteht aus Karneol, Feldspat und Goldperlen; Falkenköpfe bilden den Abschluss. Er stammt aus dem Grab einer Prinzessin der 12. Dynastie aus Dahschur und befindet sich heute im Ägyptischen Museum in Kairo. Schmuck gehörte unverzichtbar zur Ausstattung von Toten. Dieses Stück ist eine typisch ägyptische Arbeit jener Zeit.

Wie seine Vorgänger in der 11. Dynastie kontrollierte auch Mentuhotep zunächst nur das Gebiet um Theben (altägyptisch Uaset). Er wurde in Deir el-Bahari am Westufer des Nils gegenüber von Theben in einem herrlichen Grab beigesetzt, das offensichtlich den Stil des benachbarten, 550 Jahre später errichteten Grabmals von Königin Hatschepsut nachhaltig beeinflusste. Theben blieb Hauptstadt, bis der Wesir Amenemhet im Jahre 1991 v. Chr. durch einen Staatsstreich die Macht ergriff und die 12. Dynastie begründete. Amenemhet gründete im Norden des Reiches eine neue Hauptstadt, el-Lischt, unweit von Giseh.

Pyramiden im Mittleren Reich

Amenemhet war der erste Pharao der mächtigen 12. Dynastie, die in der Nähe bereits vorhandener Monumentalgräber erstmals wieder Pyramiden errichtete. Dahschur etwa befindet sich am südlichen Ende des großen Pyramidenfeldes von Memphis aus dem Alten Reich und zugleich am Nordrand einer Gruppe aus dem Mittleren Reich, welche die Pyramiden von Amenemhet II., Sesostris III. und Amenemhet III. einschließt. Die Pyramidenbauer des Mittleren Reiches verwendeten in der Regel schlichtere Materialen und Techniken als die Baumeister des Alten Reiches, bemühten sich aber, die Pharaonengräber besser vor Räubern zu schützen.

Für die Arbeiter und für jene Personen, die den Totenkult für den verstorbenen König pflegten, baute man spezielle Siedlungen. Die meisten dieser Orte sind verschwunden, lediglich eine von Sesostris II. in el-Lahun (Kahun) errichtete Stadt blieb gut erhalten und wurde freigelegt. Innerhalb einer rechteckigen Einfriedungsmauer standen über 200 kleine Häuser in geometrischen Reihen. Sie boten Raum für etwa 9000 Menschen. Sieben deutlich größere Gebäude dienten den Gemeindevorstehern als Unterkünfte. In ihnen befanden sich auch Werkstätten und Lagerräume für die Siedlung. An der Stätte fanden Archäologen darüber hinaus zahlreiche Verwaltungsdokumente und Briefe, darunter Rechnungen, Tempelschriften und medizinische Verordnungen.

Auf den Pyramidenfeldern des Mittleren Reiches fehlen die im Alten Reich üblichen Mastabagräber, die sich um die Pyramide gruppierten. Forscher werten dies als Anzeichen für einen stärkeren Provinzialismus in dieser Phase. In bedeutenden Nekropolen lagen Gräber ortsansässiger Herrscher und solche wichtiger Beamter nebeneinander, vermutlich existierten somit im gesamten Land regionale Machtzentren. Gräber dieser Art wurden oft in Felswände mit Blick auf den Nil gehauen, zum Beispiel in el-Bersha, Meir, Beni Hasan und Scheich Said in Mittelägypten, in Assiut, Deir el-Gabrawi und Qau el-Kebir und, weiter im Süden, in Theben und Assuan.

Tempel und Festungen

Obgleich die Hauptstadt nun weiter nördlich lag, vergaßen die Pharaonen des Mittleren Reiches ihre südliche Herkunft nicht. Sie ließen große Abschnitte des Amuntempels von Karnak erbauen, die allerdings bei den Umbau- und Erweiterungsarbeiten während des Neuen Reiches weitgehend verschwanden. Auch errichteten sie imposante Tempelanlagen in Hermopolis Magna in Mittelägypten, in el-Chatana im Delta und in Qasr es-